跨域青年學者

臺灣與東亞近代史

研究論集　第六輯

主編

林果顯
若林正丈
川島真
洪郁如
黃英哲

國立政治大學台灣史研究所　出版

U0128328

序 preface

　　本書為 2022 年「第六屆臺灣與東亞近代史青年學者學術研討會」選編之論文集。在本年年末撰寫此書序言，格外有感。歷經快三年的新冠肺炎疫情，讓本研討會深受影響，延期、復辦、實體改線上，歷歷在目。臺灣在三級警戒時期甚至學位論文口試也須以視訊進行，遑論跨國的面對面交流。今年夏天以來臺灣逐步解封，連國境管理也變得開放，過去數年困難的學術簽證申請、防疫旅館的嚴格規定，以及各種保護彼此的入境與防疫 APP，頓時被報復性的研討會及國際交流活動取代，若本研討會在此時舉辦，又會是什麼光景呢？

　　本次研討會，仍由政治大學台灣史研究所，以及常年合作的日本東京大學東京大學總合文化研究科、早稻田大學臺灣研究所、一橋大學大學院社會學研究科、中研院臺灣史研究所合辦，邀請海內外年輕研究者發表。感謝若林正丈、川島真、洪郁如、黃英哲與許雪姬、鍾淑敏諸位老師一直以來的鼎力支持，才能讓此一盛會從 2008 年延續至今。本研討會的合作源起，以及歷年的發展，可以參見上一屆《跨域青年學者台灣與東亞近代史研究論集》第五輯的序言。每次思及前輩們的盛情雅意，仍覺感動，謹此特致謝忱。

　　這次研討會在 2022 年 3 月 11、12 日舉辦，當時每天確診人數仍未破百，防疫措施依舊嚴峻，所以決定採取線上進行。一共有 24 位國內外師長支援主持人、評論人、開幕式與綜合座談，多人甚至身兼二職，主持兼評論。會議分兩天進行，第一天四個場次，第二天三個場次加綜合座談，共有 18 位海內外助理教授與博士生，來自政大、臺大、暨南、中興、臺北海洋科技大學日本東京大學、早稻田大學、立命館大學、大

阪大學、德國波昂大學、俄羅斯國家研究型高等經濟大學與澳洲雪梨大學。領域涵蓋臺灣史、中國近代現史、日本近現代史、政治學、語言學、文化人類學等。感謝這些年輕學者願意踏出自己的舒適圈，進行地域與學科的跨界交流。

本次收入論文集者共 8 篇，內容正符合本研討會主題臺灣與東亞近代史。包括 17 世紀的臺灣族群互動，明治時期日本的外交認知、日治初期臺灣的商業制度、戰間期的臺灣媒體、戰時的日本政治運動、戰後初期臺灣的歌舞團、戰後日本左派運動，以及日本大眾文化，課題多元，足見新一代研究者的視角與實力。

為了蓄積能量，第七屆青年學者學術研討會將於 2024 年 3 月舉辦。2024 年也是本所創所二十週年，我們將以一連串的學術活動，厚實創立初衷，透過勤勉學習、深化研究及國際交流，探索臺灣史更多不同的面貌。一所大學建制內的臺灣史研究所，除了政府部門的許可，更需要社會力的支持，以及來自國內外研究者與年輕學子的愛護，本研討會十四年來見證了這個力量，這本論文集也是。本所很榮幸能搭建此一平臺，歡迎願意將自己研究放在國際研討會上，親炙國內外一流臺灣史專家的年輕研究者們共襄盛舉，我們 2024 年 3 月見！

國立政治大學台灣史研究所所長

林果顯 謹識

2022.11.26

目錄 contents

01 清代康、雍、乾時期南北投地區漢人聚落的發展（1683-1790）

蕭坤松 [1]

一、前言

　　臺灣中央山地與西部平原交界的淺山丘陵地帶，是清代漢人較晚拓墾之區，被稱為「邊區」。通常具有明顯地域特徵，如沒有明確政治界限、族群複雜、治安不好、多重勢力擴張與相互競逐資源等。[2] 清代臺灣中部的南北投地區即屬上述所謂「邊區」。清康熙 24 年《臺灣府志》記載：「南北投社離府治三百七十里」。[3] 若以現代地圖來看，上述南北投社所在地區即指今日的草屯鎮、南投市以及部分的中寮、名間鄉地區，此一地域正位於清代番界線所通過地區。依據相關學者的研究，目前在清代輿圖或番界圖上，可具體辨識的番界線為乾隆 15 年的紅線，乾隆 25 年的藍線與乾隆 49 年的紫線，[4] 有關此三條番界線的研究，已有豐富的研究成

1　國立政治大學台灣史研究所博士候選人。

2　此「邊區（Borderland）」的意義依照陳志豪的說法，係指清代臺灣番界周緣的地區，其地理空間約為平原與山脈交會的淺山丘陵一帶。請見陳志豪，《清代北臺灣的移墾與「邊區」社會（1790–1895）》（臺北：南天書局，2019），頁 1。

3　蔣毓英，《臺灣府志》，收入《臺灣史料集成清代臺灣方志彙刊》（南投：國史館臺灣文獻館，2002），第 310 種卷 1，頁 11。

4　「綠線」番界線則尚未發現。請參考施添福，《清代臺灣的地域社會：竹塹地區的歷史地理研究》（新竹：新竹縣文化局，2001），頁 242。清康熙 61 年的 54 處界碑並未形成線狀分布。

果，[5] 而其設置的政策背景，筆者依照柯志明與其他眾多學者的研究，大致簡要整理成下表：

表 1-1 清番界線設置的政策沿革	
大約時間	**清丈劃界概況**
康熙 61 年	沿邊置 7 座界碑。
雍正 5 年	總督高其倬建議番界應該要清釐，並利用界碑標明。
雍正 7-8 年	頒布越界處罰禁令：民人逐令過水；官員降級調（革）職。
乾隆 3 年	閩浙總督郝玉麟奏准確定界內熟番與漢人地界後，界內私墾進一步受到限制。
乾隆 9 年	高山提出〈台郡民番現在應行，應禁事宜〉要求勘查熟番土地，將未墾荒地或無法自耕土地列為「禁地」，詳加清理舊邊界。 禁止駐臺武官置產，尤其是在番地上。
乾隆年 11 年	馬爾泰奏准：禁止民人贌耕番地；要求番地地界造冊報竣；令貼近生番莊社設望樓，定期派番人及民壯巡查。
乾隆 15 年	總督喀爾吉善劃定紅線番界。
乾隆 19 年	喀爾吉善飭令臺灣地方官員重新清查邊界，並要求鎮、道督令文武於生番出沒隘口多搭寮舍，撥熟番防守。
乾隆 21 年	臺灣道德文會同臺灣鎮馬龍圖查出彰化縣私開禁地共有 13 處。

5　如：施添福，〈清代臺灣竹塹地區的土牛溝和區域發展 --- 一個歷史地理學的研究〉，收錄於《清代臺灣的地域社會：竹塹地區的歷史地理研究》，頁 65-116；王慧芬，〈清代臺灣的番界政策〉（臺北：國立臺灣大學歷史系碩士論文，2000）；林聖蓉，〈從番界政策看東勢的拓墾與族群互動（1761-1901）〉（臺北：國立臺灣大學歷史系碩士論文，2008）；蘇峯楠，〈清治臺灣番界圖的製圖脈絡：以〈紫線番界圖〉的構成與承啟為中心〉《臺灣史研究》，22：3（臺北，2015），頁 1-50；葉高華、蘇峯楠，《十八世紀末御製臺灣原漢界址圖解讀》（臺南：國立臺南歷史博物館，2017）；林玉茹、詹素娟、陳志豪，《紫線番界：臺灣田園分別墾禁圖說解讀》（臺北：中央研究院臺灣史研究所，2015）；陳志豪，〈清乾隆時期臺灣的番界清釐與地圖繪製：以中國蘭州西北師範大學圖書館藏「清釐臺屬漢番邊界地圖」為例〉，《臺灣史研究》24：1（臺北，2017），頁 1-33；柯志明，《熟番與奸民：清代臺灣的治理部署與抗爭政治》（臺北：國立臺灣大學出版中心，2021）；李文良，《契約與歷史——清代臺灣的墾荒與民番地權》（臺北：國立臺灣大學出版中心，2022）等。

大約時間	清丈劃界概況
乾隆 22 年	知府鍾德再逐次勘丈，他留下的報告顯示彰化縣沿邊地區界外私墾的幕後黑手為張達京、林秀俊、陳媽生等漢通事。
乾隆 25 年	總督楊廷璋劃定藍線番界並堆置土牛，形成土牛番界；處分彰化縣 20 處私墾地。同時要求彰化縣應設 10 隘，且提供口糧。
乾隆 31 年	總督蘇昌奏准遷移番界零星大庄，並要求將竹製望樓改建火磚望樓，若有番地私贌私賣，應將田業歸官充公。設立理番同知。
乾隆 33 年	理番同知張所受奉命複勘界外私墾，又查出彰化縣原本劃歸界外的埔地 8 處，俱有隘番或軍工匠私墾。
乾隆 49 年	進一步清查界外勘墾埔地，並於紫線圖中註明彰化縣界外禁墾（4 處）與界外准墾（14 處）。
乾隆 53 年	徐夢麟清查已墾、未墾、續墾溢額之地，歸為屯地或養贍埔地。
乾隆 55 年	總督伍拉納奏准劃定綠線番界。

資料來源：柯志明，《番頭家》，2002 年；《熟番與奸民（上）》，2022 年。[6]

　　由上表可知，臺灣作為清代的邊區，清政府主要的治理政策之一就是於臺灣邊區不斷「清丈劃界」。依照柯志明的說法，清政府透過劃界發展出一套治理的「常態體制」。[7] 柯氏引用施添福的「三個人文地理區」，並深化其國家權力部署與族群空間分帶，建立了一套

6　本表的整理主要參考柯志明二本著作，另也參酌：黃叔璥，《臺海使槎錄》（台灣文獻委員會，1996 年）。《清高宗實錄選集（上）》（台灣省文獻委員會，1996 年）。《台案彙錄甲集》（台灣省文獻委員會，1997 年）。邵式柏，《台灣的邊疆治理與政治經濟（1600-1800）》（臺北：中央研究院社會學研究所，2002 年）。施添福，《清代台灣的地域社會：竹塹地區的歷史地理學研究》（新竹：新竹縣文化局，2001 年）。林玉茹，〈「台灣田園分別墾禁圖說」與十八世紀末的台灣〉，收入中研院台史所，《紫線番界：台灣田園分別墾禁圖說解讀》（臺北：中央研究院台灣史研究所，2015 年）。

7　即「三層制」的治理部署，柯志明說這個治理體制於乾隆 25 年劃定紅藍線界，加上先後實施的番政變革，「方得在硬體、軟體上均予落實」。請見，柯志明，《熟番與奸民：清代臺灣的治理部署與抗爭政治（下）》（臺北：國立臺灣大學出版中心，2021 年），頁 1057。

解釋臺灣歷史發展的觀點。[8] 筆者認為二位學者能夠將歷史文獻帶回其原屬的空間，是其理論觀點建立的主要基礎，因此番界劃定等空間分隔的概念是本研究的主要切入角度。

另一方面，檢視當今有關南北投社地區漢人聚落研究的成果，大部仍集中於早期漢人血緣聚落的討論。學者們利用族譜、古地契或實際口訪，從漢人入墾、土地持有、水利設施，到聚落成立，籌組神明會或建立宗族等，站在漢人拓墾角度來看南北投社地區漢人社會的建立。[9] 然而，上述研究並未具體指出清初十八世紀時，南北投區漢人聚落的名稱與確切分布，因此漢人聚落的討論不免流於空泛。[10] 筆者將從番界圖或輿圖、方志中聚落地名的辨識入手，初步繪製清代初期中部地區漢人聚落分布地圖，[11] 並從中討論南北投社漢人聚落建立的背景與脈絡。同時，筆者也企圖借用近幾年來有關番界研究的成果，從熟番地權的角度來討論清代乾隆時期，南北投地

8　柯志明認為三層制體制歷經林爽文的叛變，清政府方明瞭操作族群分類有助於其統治，因此出現所謂的「權變部署」；如此地「兼用經權」導致19世紀台灣沿山或地方社會的武裝化，進一步惡化了分類械鬥，並促成中部熟番社的集體遷移，終而造成三層制體制的崩潰。請見柯志明，《熟番與姦民（下）》，頁1068-1078。

9　聚落的發展亦放在這一脈絡中講述，請見：洪敏麟編，《草屯鎮誌》（草屯：草屯鎮誌編輯委員會，1986），頁174-211；林美容，〈草屯鎮聚落的發展與宗族發展〉，收入氏著《祭祀圈與地方社會》（臺北縣：博揚文化，2008），頁86-130；曾怡敏，〈草屯地區清代漢人社會的建立與發展〉（私立東海大學歷史系碩士論文，1998），頁111-121；楊坤仁，〈清代草屯漢番關係與宗族社會之建立〉（國立臺中教育大學區域與社會發展學系暑期在職進修專班碩士論文，2010），頁37-44，林、楊兩位大致採用洪氏與林氏的看法。有關南投社部分有：林欣怡，〈清代臺灣漢人社會的建立—以南投平林溪流域為例〉（國立臺南師範學院鄉土文化研究所碩士論文，2000年），頁38-55；田懷生，〈清代中寮地區的社會發展與民間信仰〉（國立中興大學歷史學研究所碩士論文，2012年）頁，23-46。蕭坤松，〈中寮鄉漢人聚落的發展〉，「2016南投學研討會」，南投縣政府文化局主辦，2016年10月22日。三篇論文均以古地契與族譜作為分析工具，但因中寮地區開發較晚，所以時間均集中於嘉慶年以後，乾隆時期的資料較少。

10　如以族譜記載（通常是入墾時間）為主，或水圳建立、廟宇成立來推論聚落出現時間，也有從古地契紀錄的地名來討論。比較具體且周詳的官方紀錄，只有道光16年周璽的《彰化縣志》，因此乾隆以前南北投社地區聚落的討論仍然未獲得一具體圖像。

11　地圖繪製的軟體採用Arcview9.3，數化的基本地圖或圖資有：柯志明、陳兆勇，《乾隆臺灣番界GIS地圖》（臺北：臺大出版中心，2021）；柯志明，《熟番與奸民：清代臺灣的治理部署與抗爭政治》書中相關附圖。為確認古地名的現在地點，亦參考內政部各縣市行政區域圖（2017版）；上河文化編，《臺灣地理人文全覽圖》（臺北：上河文化，2005）；內政部經建版二萬五千分之一地形圖數值資料檔等。

區漢人與熟番之間的土地競逐，試著跳脫漢人拓墾的思維，從較長時間的角度，來看清代臺灣邊區的歷史發展，如此的探究也許可以為嘉慶、道光年間熟番社會的轉變找到些許可能解答的線索。以下先從中部整體漢人聚落的發展背景來談，也就是從比較大的空間格局來看南北投地區地方社會聚落的發展。

二、清代初期臺灣中部漢人聚落發展

康熙 22 年（1683）清軍入臺，隔年即頒布渡海禁令，限制漢人往臺灣移墾。然而周鍾瑄曾感嘆：「自比年以來，流亡日集，……日事侵削。向為番民鹿場麻地，全為業戶請墾，或為流寓占耕，番民世守之業，竟不能存什一於千百。」[12] 可見康熙年間，漢人移墾之勢並未受到清政府的政策限制。經由「民番無礙，朦朧給照」或「贌墾番地」方式貼納番餉以取得土地耕種，[13] 進而招眾聚居，形成聚落。圖 1-1 即是康熙末年漢人聚落的空間分布，[14] 該圖顯示康熙年間方志所記的漢人拓墾區域，主要分布於濁水溪以南，濁水溪以北只有半線庄（半線街），這時水沙連邊區幾無漢庄。[15]

進入雍正朝，為強化對臺的控制，將「諸羅中間百餘里之地，南截虎尾，北抵大甲，設彰化縣治」，[16] 同時因朱一貴事件，重新檢

12　黃叔璥，〈臺海使槎錄・番俗雜記〉，收入《臺灣歷史文獻叢刊》（南投：臺灣省文獻委員會，1996），第 4 種卷 8，頁 165。

13　柯志明，《番頭家：清代臺灣的族群政治與熟番地權》，（臺北：中研院社會學研究所，2002），頁 86-103。

14　清代方志中所登載的漢庄可能不是自然村庄，筆者認為行政區的可能性較大，亦即每一莊（庄）名泛指村庄所在的地區，其間可能存在許多自然村。

15　雖然如此，然而我們仍可從其他民間古文書中找到漢人在今彰化縣，甚或今臺中市擴墾的足跡，如張國所闢張鎮庄、張達京拓墾今神岡區，以及施世榜、黃利英等人在彰化的拓墾等。所以，漢人真正擴展的村庄，方志所紀錄的很可能僅是其中的一部分，然而方志聚落的釐清，卻也是必要的基本功夫。

16　周璽，〈彰化縣志・封域志〉，收入《臺灣歷史文獻叢刊》（南投：臺灣省文獻委員會，1993），第 156 種卷 1，頁 2。

視對臺治理政策,包括開放番地鹿場(雍正 2 年)、准番業戶成立(雍正 8 年)、開放家眷合法渡臺(雍正 10 年)等,加上降低土地稅率(雍正 9 年)與增加臺灣軍事配置,[17] 直接間接地鼓勵漢人渡臺拓墾,漢人聚落即快速發展。圖 1-2 是乾隆 7 年左右彰化縣漢人聚落的空間分布概況,從圖中可以看出彰化平原漢庄廣布,特別是主要河道之外的平原或近山一帶,而臺中盆地的藍張興庄大致已近開墾就緒。因此,臺灣中部漢人拓墾的高潮應該出現在雍正時期,到了乾隆中葉時,漢人聚落已沿八卦山麓東西麓發展,且在今竹山地區標示許多漢莊(即水沙連官庄),此時中部近山地帶漢人聚落逐漸

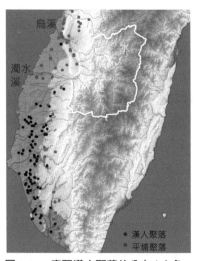

圖 1-1　康熙漢人聚落的分布(白色範圍為水沙連地域)

資料來源:漢人聚落辨識自:《臺灣府志》;《臺灣縣志》、《鳳山縣志》與《諸羅縣志》。平埔聚落數化自柯志明、陳兆勇,《乾隆臺灣番界 GIS 地圖》。

圖 1-2　乾隆 7 年漢人聚落的分布

資料來源:漢人聚落辨識自:《重修福建臺灣府志》。平埔聚落數化自柯志明、陳兆勇,《乾隆臺灣番界 GIS 地圖》。

17　邵式柏,《臺灣邊疆的治理與政治經濟(1600-1800)》,頁 359。康熙 61 年,清政府於近山要道設置 54 座界碑,隔年設彰化縣治,並置 13 汛,帶管 10 塘,同時增設鹿港、水裡港、三林港以及海豐港等四個營汛。參見周璽,《彰化縣志 · 兵防志》,卷 7,頁 192-193。

出現（圖 1-3），[18] 緊接著臺中盆地漢庄也快速增加，並於邊界上出現許多無法確知是否為漢庄的地名，直到乾隆末期（圖 1-4）。[19] 上述漢庄的成長與分布似乎反映了漢人移墾的路徑。[20]

圖 1-3　乾隆 25 年漢人聚落的分布
資料來源：漢人聚落暨平埔聚落數化自柯
　　　　　志明、陳兆勇，《乾隆臺灣番
　　　　　界 GIS 地圖》。

圖 1-4　乾隆 49 年漢人聚落的分布
資料來源：漢人聚落暨平埔聚落數化自
　　　　　柯志明、陳兆勇，《乾隆臺灣
　　　　　番界 GIS 地圖》。

三、南北投社漢人聚落的發展

柯志明近期對臺中地區土牛紅線以東的研究，讓我們明瞭岸裡社番對於當時界外拓墾的主導性與影響力。[21] 然而同屬臺中盆地的

18　依據陳志豪研究「乾隆台灣輿圖」，彰化縣約有 139 個漢人聚落，筆者辨識出約 100 個。乾隆 7
　　年刊行的劉良璧《重修福建臺灣府志》記載彰化縣共有 10 保管 110 庄，筆者辨識出 96 個；兩
　　份資料重疊者有 40 個。然而乾隆 39 年刊行的余文儀《續修臺灣府志》，彰化縣有 16 保 132
　　庄，但實際登錄只有 61 庄。目前筆者尚無法列出其餘未記錄的庄名，這待往後的研究。

19　乾隆時期彰化平原以及大肚山以西海岸地帶漢庄應該仍會持續增加，但因方志沒有登錄，且本
　　研究許多聚落轉繪自番界圖，因此此一時期漢庄的出現就以沿邊一帶為主。雍正乾隆時期西部
　　平原（含臺中盆地）所出現的漢庄，仍需靠古文書或其他資料進一步地研究。

20　清初漢人拓墾彰化縣大致路線有二條：一是從當時彰化縣四港口上岸，往東或向北渡大肚溪，
　　沿大肚臺地兩側或順大肚溪接貓羅溪，進入南投地區；另一是從南部沿著山邊，渡越濁水溪，
　　一方面沿著八卦臺地兩側北上，另一方面順著濁水溪向水沙連方向拓墾。請參閱洪麗完，〈二林
　　地區漢人拓墾過程與平埔族群居活動之探討〉，《臺灣史研究》，4：1（臺北，1999），頁 67。

21　乾隆 21 年喀爾吉善要求下屬對彰化地區「東勢厚邊一帶」，確實勘丈清釐。臺灣道德文、臺灣
　　鎮馬龍圖回報這些沿邊私墾地「為首之人，或係通事，或係勢豪……」科氏認為臺中盆地土
　　牛界線以東的私墾地拓墾，岸裡社通事扮演重要的角色。請見柯志明，《熟番與奸民：清代臺
　　灣的治理部署與抗爭政治（上）》頁 246-247。

南緣,南北投社番所扮演的拓墾角色與漢人在此地的私墾活動,柯氏尚未有進一步析論。同時檢視中部地區不同時期漢人聚落的發展,到乾隆時期臺中盆地漢人聚落發展甚速,特別是在南北投番界線以外地區,出現眾多私墾活動,從清代番界政策的推動來看,如此的區域發展現象,值得進一步了解。

漢人入墾前,南北投社大致以採集、游獵維生,土地共有,大家聚集而居。[22] 一般認為南北投社大致以樟平溪為界南北分布,北投社控制今草屯大部分地區,而南投社則以南投市為中心發展。[23] 在漢人進入後,紛紛以業主身分,招漢佃墾荒;或請漢人開鑿水圳後給予漢人開墾權,最終往往因乏銀費用而杜賣土地,慢慢地地權逐步流失;[24] 特別是在設屯後,流失的現象更為頻繁,導致於道光年間離開故土,進入埔里。[25] 因此既有的研究均指向,南北投社因地權流失或因勞役剝削,導致貧困化,最終遠赴他鄉。離開故土既是歷史事實,那麼南北投社,在乾隆時期漢人聚落逐步出現之際,熟番社會已有趨於崩解的徵象嗎?筆者將在以下的分析,企圖回答這個提問。

---

22 參考陳哲三,〈草屯地區清代的拓墾與漢番互動〉,收入古鴻廷、黃書林合編,《臺灣歷史與文化(二)》(臺北:稻香出版社,2000 年),頁 12-19;張家榮,〈清代北投社社址初步研究 — 以社址、社域變遷為中心〉(私立東海大學歷史學碩士論文,2004),頁 37-45;林欣怡,〈清代臺灣漢人社會的建立 — 以南投坪林溪流域為例〉(國立臺南師範學院鄉土文化研究所碩士論文,200 年),頁 14-15 等。

23 有關南北投社社域的研究,有林欣怡、王育傑與張家榮等研究,張家綸認為透過古契約的地名分布來界定社域範圍,缺乏時間變遷的因素,故將南投社社域範圍稍作調整,認為南投社社域是以現南投市附近為中心,沿著溪流逐步往外擴大。請見張家綸,〈清代臺灣南投社之地權流失與轉移〉,《臺灣文獻》,60:3(臺北:2009),頁 174-175。

24 請見陳哲三,〈草屯地區清代的拓墾與漢番互動〉,頁 31-49;曾怡敏,〈草屯地區清代漢人社會的建立與發展〉,頁 57-77;楊坤仁,〈清代草屯番關係與宗族社會之建立〉,頁 82-84、97-99。

25 張家綸,〈清代臺灣南投社之地權流失與轉移〉,頁 180-184,張氏解釋南投社地權流失,所舉例子即是乾隆末年設屯後至道光年間,所發生的南投社土地流失現象。

（一）漢人入墾

依據現有的研究成果，漢人入墾南北投社地區的時間大約在雍正年間。[26] 康熙朝時，漢人欲取得番地需透過「民番無礙」方式向官府申請墾照，雍正 3 年清政府允許漢人瞨耕番地，但須代繳番租與納正供，雍正 8 年允許番業戶成立，可招漢佃但須繳正供（若自耕則免）。因此據史料記載，雍正年間官方並未禁止漢人越界進入南投社地區拓墾，例如雍正 7 年間，漢人簡經向北投社番葛買奕等瞨耕北投社公共草地並繳納番餉與租穀，地點大吼凹仔（即今南投內轆）。後因拖欠租穀以及應減免之番丁餉，以致引發一連串的控案，甚至誘引生番出山殺人，史稱「內凹庄事件」。[27] 這說明此時應出現漢庄（劉志稱為南北投庄），但因文獻缺乏，只能推測漢人已入墾，至於大量開墾可能在乾隆時期，[28] 這可以從古地契看出。整理現今有關南北投在乾隆時期的古地契 39 張（如附錄 2），北投社地區計有 35 張，南投社較少 4 張（編號 11、23、28、31），而有 9 張（近 1/4）文書載明是北投社番或土目、通事招墾。可見當時漢人已可合法瞨耕番地，且南北投社亦可以番業戶名義招漢人入墾。[29] 南投縣丞於乾隆 24 年設置在今南投市，也約略可推測此時漢人已在此積極活動。

26　洪敏麟提到雍正年間已有多位漳州平和縣李姓漢人入墾草屯下庄地區，請見洪敏麟，《臺灣舊地名之沿革第二冊（下）》（臺中：臺灣省文獻委員會，1984），頁 440。另依據伊能嘉矩的說法，雍正 3 年前後，漳州人已進入南投地區開發萬丹，請見：伊能嘉矩，吳密察譯，翁佳音審訂，《伊能嘉矩・臺灣地名辭書》（新北市：遠足文化，2021），頁 271。羅美娥也認為雍正三年後，清政府准許漢人承租番地，漢民因而積極進入南投市開墾，建立村莊，見《臺灣地名辭書 - 卷十南投縣》，頁 29。

27　陳哲三，〈18 世紀中葉中臺灣的漢番關係 -- 以彰化縣內凹庄、柳樹湳汛番殺兵民事件為例〉，《逢甲人文社會學報》，19（臺中，2009），頁 143-173。

28　陳哲三認為漢人大量進入草屯地區的時間應在乾隆時期，陳哲三，〈清代草屯地區開發史 — 以地名出現街庄為中心〉，收入《古文書與臺灣史研究 — 陳哲三教授榮退論文集》（臺北：文史哲出版社，2008），頁 214。

29　基本上，清政府於乾隆三年禁止漢人以貼納番租方式購買番地報墾陞科，可見包含北投社在內於乾隆年間的土地杜賣，其實都不合法。也就是這些漢人取得土地後也未向政府登記陞科。

（二）漢人聚落的發展

依據方志所載，乾隆年間南北投社地區的漢庄只有南北投庄與大好庄，若加上「乾隆臺灣輿圖」，則有 12 個，但於「乾隆中葉番界圖」上則標示 33 個聚落，直到乾隆 49 年的「紫線番界圖」，維持在 31 個（表 1-2）。可見南北投地區漢庄的成長應該出現在乾隆年間，至少在乾隆中葉已達 33 個聚落的水準。若把上述聚落點繪在現代地圖上，則如圖 1-5 所示，進一步說明如下：

表 1-2 清代方志與番界圖上的漢庄（包含番社、汛）		
來源	聚落名稱	數量
重修福建臺灣府志	南北投庄、大好庄	2
續修臺灣府志	南北投庄、大好庄、南北投汛	3
乾隆臺灣輿圖	頂茄荖庄、馬頭普庄、北投社、月眉厝、新庄仔庄、南北投汛、內凹庄、林仔庄、社口庄、南投社、五里林厝、濁水寮	12
清乾隆中葉番界圖	頂茄荖庄、大哮庄、石頭埔庄、新庄、中庄、外凹庄、下溪洲庄、林仔庄、內凹庄、南北投汛、北投社、下庄仔、陳山庄、馬邊庄、樹腳庄、廖折祖厝、張成厝、黃怡春眷、牛吃水庄、南投街、南投庄、茄荖腳、社口庄、田中央庄、埤腳庄、牛角厝、牛牯嶺庄、嵌頂寮、松栢坑、粗坑頭、竹腳寮、南靖厝、廣福新庄	33
御製臺灣原漢界址圖	草鞋墩庄、頂茄荖庄、大哮庄、石頭埔庄、新庄、中庄、外凹庄、下溪洲庄、林仔庄、內凹庄、南北投汛、北投社、下庄仔、陳山庄、馬遴庄、楓樹腳庄、廖振祖厝、張成厝、黃懷春厝、牛吃水厝、南投街、南投庄、佳冬腳庄、社口庄、田中央庄、埤腳庄、牛角厝、牛牯嶺庄、松栢坑、粗坑頭、竹腳寮、南靖厝、廣福新庄	33

來源	聚落名稱	數量
紫線番界圖	草鞋墩庄、頂茄荖庄、大哮庄、石頭埔庄、新庄、中庄、外凹庄、下溪洲庄、林仔庄、內凹庄、南北投汛、北投社、下庄仔、陳山庄、馬遴庄、楓樹腳庄、牛吃水厝、南投街、南投庄、茄荖腳庄、社口庄、田中央庄、埤仔腳庄、牛角厝、牛牯嶺庄、嵌頂寮、松栢坑、粗坑頭、竹腳寮、南靖厝、廣福新庄	31

資料來源：取自方志與各番界圖。

圖 1-5　南北投社漢人聚落與番界附近小地名（私墾地）

資料來源：柯志明、陳兆勇，《乾隆臺灣番界 GIS 地圖》。

從圖中我們可以發現至乾隆末年，今草屯地區（北投社）至少有 14 個漢庄（附錄 1，北投街列入草鞋墩庄、內外凹庄合計），[30] 這些漢庄均位於番界線以西，且在乾隆中期就已形成，於土牛番界以東幾無漢庄。就今南投市附近的南投社來說，到乾隆末年至少有 21 個漢庄，同樣地，絕大部分於乾隆中葉就已出現且分布於土牛番界以西；與北投社不同的是，在南投社附近出現許多漢地名，依據柯志明的研究，似乎這些地名地與當時的非法墾地有關。[31] 進一步觀察圖 1-5，發現乾隆時期南北投社地區地漢庄大部位於貓羅溪沖積平原上，或近八卦山麓階崖，今名間鄉的臺地上也分布著一些聚落，不過令人好奇的是為何南投社附近的漢庄較多？而且從番界圖中很多未標示「庄」的地點（可能是私墾地），為何南投社附近特別多？[32]

林美容在草屯的調查，同時參考族譜分析，提出了草屯地區屬血緣性聚落的說法，她進一步指出草屯鎮四大姓所組成的血緣聚落的空間分布，[33] 並認為這些聚落大致形成於乾隆末年，[34] 聚落

30　本研究中的「漢庄」界定為方志「規制志」中的庄或街名（為求統一，一律將「莊」改為「庄」），或番界圖中有註記漢人聚落符號者，番社不歸於漢庄。番界圖中有許多僅註記地名，沒有填入漢庄聚落符號者，除非另有佐證來成形成漢庄，否則仍不計入。

31　許多未註記漢人聚落符號的地名，幾乎都是在清代官員土地清查後出現，可能已有漢人聚集，不清楚當時是否已成為聚落。不過，其中後來成立者，如萬丹坑（萬丹庄）、虎仔坑。然而絕大數地名已消失，有些地名存留至今，如土地公崎、二重埔、三條崙、出林虎等。

32　筆者推測可能與南投社（街）交通較為便利且自然環境優於北投社有關。夏獻綸的〈彰化縣輿圖說略〉提到由縣城往南投路程：出東門後沿八卦山麓南行，未渡貓羅溪，經內外快官、本線庄、月眉庄、盤營口（南北投汛所在）直達南投（即今日省道臺 14 號支線丁線）。紫線番界圖中的道路也只行經北投社，未進入草鞋墩庄。可見草鞋墩庄（北投街）的發展較南投街晚，且乾隆 24 年即在南投社設置縣丞，附近又有南北投汛，安全較有保障。更何況北投社、草鞋墩所在地域正是貓羅溪流動的氾濫平原，河道擺動，不易產生固定性聚落，而南投社所在正位於山麓階地，又有湧泉，相較產生永久性聚落的可能性較大。請參閱，夏獻綸，〈臺灣輿圖〉收入《臺灣歷史文獻叢刊》（南投：臺灣省文獻委員會，1996），第 45 種，頁 27。

33　林美容將各姓氏聚落的空間分布說明如次：洪姓聚落沿著烏溪南岸分布，包含石頭埔、頂茄荖、田厝仔、新庄、番仔田、牛屎崎，北勢湳；而林姓為主的聚落分布在貓羅溪東岸，包括北投埔、月眉厝、溪洲。李姓聚落則分布於洪姓聚落南方，包括下庄、草屯、匏仔寮、南埔、頂崁仔等。最南邊則以簡姓為主的聚落，包括新厝、山腳、林仔頭、中庄仔、阿法庄等。請見林美容，〈草屯鎮聚落的發展與宗族發展〉，頁 99。

34　本研究從乾隆臺灣輿圖與番界圖上來看，大部分聚落出現於乾隆中葉。

的空間發展大致由西向東擴展。[35]若檢視本研究圖 1-5 中的聚落分布位置，與林、洪兩氏的研究結果若合符節，但此時（乾隆時期）番界線以東應該尚未出現漢人聚落，查閱洪敏麟的研究也支持這個說法。[36]若把空間尺度放大到整體水沙連地區，劉枝萬曾指出乾隆中葉設置縣丞時，漢人開發水沙連地區僅止於濁水溪南北兩岸（集集、竹山等鄉鎮），以及南北投區（草屯、南投市與名間鄉），這也呼應本研究所指出漢人聚落的分布趨勢。事實上目前眾多研究成果，基本上與本研究的發現大同小異，唯一要指出的是，過去的研究僅利用古文書或族譜資料，模糊地推論清初漢人聚落的名稱與分布地點；本研究則以乾隆時期的輿圖與番界線圖，從官方角度，較為完整地將清代初期，漢人在南北投區的活動所產生的聚落，顯示於現代地圖上，並可作為後續研究的基礎。

（三）漢人聚落出現的背景——私墾活動

劉枝萬曾將清代水沙連漢人社會的歷史發展分為五個時期，這是以重要歷史事件，亦是從開發的角度來看水沙連漢人社會的發展。[37]其中的第一期，劉枝萬稱為「漢人社會初開時期（雍正 3

35　見林美容，〈草屯鎮聚落的發展與宗族發展〉，頁 99，並請參考楊坤仁，〈清代草屯漢番關係與宗族社會之建立〉，頁 69-75。

36　林、洪兩位依據族譜的研究，顯示藍線以東的北勢湳、南埔、頂崁仔、匏仔寮等漢人聚落均出現於嘉慶道光年間。

37　重要事件依序指彰縣縣丞之設置（乾隆 24 年）、郭百年事件（嘉慶 20 年）、開山撫番（同治 13 年）與建省（光緒 11 年）等。乾隆 24 年之前到雍正 3 年這段時間，劉枝萬稱為「漢人社會初開時期」；乾隆 24 年到嘉慶 20 年時期，稱為「漢人社會膨脹發展期」，這兩段時間內出現於水沙連地域的聚落：前者有今南投市附近的萬丹莊、位於今竹山附近「水沙連官庄」、今草屯地區漢人修築的陝圳灌溉十餘庄；後者有現在的集集鎮境內的林尾庄、湳底庄、吳厝庄、柴橋頭庄、八張犁庄、集集街等，並由集集開始往內山水沙連番境發展，陸續有屯田庄、洞角莊、草嶺莊、公館莊、銃櫃庄等出現。請參見劉枝萬，《南投縣志稿卷 11》，《南投文獻叢輯》（臺北：成文出版社，1983），頁 108-122；張勝彥基本上亦延續劉枝萬的觀點。請見張勝彥，《南投開拓史》（南投：南投縣政府，1984），頁 26-43。

年——乾隆 24 年）」。[38] 依據本文的研究，南北投社大量漢庄的出現時間也大致在土牛番界設置（約乾隆 25 年）之前，即是劉氏的第一期。所以在乾隆中葉設置土牛番界時，南北投社漢人社會已有初步發展，但同時亦可以看到界外出現許多私墾地，象徵著漢人聚落持續往內山推進，即將逐步進入劉氏第二期「漢人社會膨脹發展期」，筆者認為此時的私墾與乾隆時期的邊界政策息息相關。

康熙到乾隆時期至少 4 次以上清查界外埔地並釐訂番界，乾隆 15 年劃定紅線之前，南北投地區的就出現私墾活動。乾隆 2 年有多達數百人的越界者，在彰化知縣允許下，進入界外的南投社的頭二重埔、萬丹坑從事開墾或搭寮抽藤吊鹿。經查證後，係因水沙連通事必須每年代納水沙連 25 社等歸化生番銀餉，「而通事苦於賠墊，不得不招引民人吊鹿抽藤，借完公事」。[39] 乾隆 19 年，喀爾吉善在內凹庄案處理接近尾聲時，也是在紅線番界定界後的第 4 年，通令臺灣地方官員重新徹底清查並勘定邊界，可見當時界外私墾並未隨著邊界的確定而停止。乾隆 21 年 12 月臺灣道德文會同臺灣鎮馬龍圖查出彰化縣私開禁地共有 13 處，[40] 都是通事或豪勢，各據一地，聚佃數十人私自開墾旱園數十到數百甲不等，且瓦草房屋既多，人亦頗眾，雖經知縣

38　謝銘育亦從漢人拓墾的角度，將中部地區市街的發展分為三期，第一期（康熙 43 南 - 乾隆 20 年）為奠基期，因水利設施帶來市街的發展；第二期（乾隆 21 年－道光 2 年）為發展期，漢人社會形成，平埔族遷移；第三期（道光 3 年－光緒 20 年）飽和期，聚落往山區發展。請見謝銘育，〈清代中部市街與商業網絡〉（東海大學歷史學系碩士論文，2005），謝氏分期類似於劉枝萬，但時間劃分未如劉氏明確。

39　柯志明，《熟番與奸民：清代臺灣的治理部署與抗爭政治（上）》，頁 207。因此越界私墾與生番歸化政策有關。

40　即：清水溝、集集埔、八娘坑、虎仔坑、萬丹隘、臟塞頭、葫蘆肚、頭、二三重埔、中洲仔、萬斗六、東勢山腳庄、黃竹坑、三十張犁連界之積積巴來地方等，見柯志明，《番頭家：清代臺灣的族群政治與熟番地權》，頁 171。這次清界乃係稍前（乾隆 21 年）北路武職舉報的稟文中提到：「臺灣各屬山場係官山，禁止民人開採，因樹木極為稠密，一經軍工匠役砍伐之後，民人隨之而開墾。清水溝、集集埔、八娘坑、廣福新庄、湳仔、崁頂寮、二重埔、頭重埔、牛轄嶺、虎仔坑、萬丹坑、臟塞頭、葫蘆肚、小登臺、萬斗六、阿罩霧、大小黃竹坑、校栗林、沙歷巴來積積、三十張犁等二十一處私墾」，前舉 13 處即再次勘察的結果，相關地名請參閱圖 1-6、圖 1-7。

驅逐，但未解散。隔年（22年）五月再由知府鍾德逐次勘丈，他留下的報告顯示彰化縣沿邊地區界外私墾的幕後黑手為張達京、林秀俊、陳媽生等漢通事。[41] 乾隆25年新任總督楊廷璋即依據鍾德勘查的結果，將「迫近生番」地帶劃出界外，[42] 並以溪溝水圳、外山之根為界，若無溪溝相連，則挑挖深溝，堆築土牛；同時處分了截入彰界共20處私墾土地。[43] 進一步查看「清乾隆中葉番界圖」，當時在南北投社地區的私墾幾乎全被劃入界內，只有虎仔坑被劃出界外。這些私墾地除了菓稟因番民自耕，准其自行管業，照例陞科，餘廣福寮等「均應還番，以各社通事、土目為管事，以各墾戶為佃人，依照臺例，分別納租。該通土於完課後，餘栗勻給眾番以為口食並守隘番丁口糧，即該番等往來貿易飯食之需」。[44] 因此我們明瞭南投社地區新舊番界間的私墾地，如廣福寮、廣福新庄、頭二重埔、二重埔、湳仔、崁頂寮、牛轄嶺、萬丹坑、臘塞頭、葫蘆肚、小登臺（圖1-6）等原本界內或界外園埔，通通成為南投社或水沙連社通事土目管轄，向漢佃收租作為番社、隘丁口糧

圖 1-6　乾隆中葉南北投社附近私墾地
資料來源：柯志明，《番頭家》，頁 171。

41　柯志明，《熟番與奸民：清代臺灣的治理部署與抗爭政治（上）》，頁258。

42　劃出界外者有：沙歷巴來積積、東勢山腳、大姑婆、校栗林、大小黃竹坑、阿罩霧、集集埔、清水溝、八娘坑、虎仔坑。

43　柯志明，《番頭家：清代臺灣的族群政治與熟番地權》，頁387附錄四。

44　柯志明，《番頭家：清代臺灣的族群政治與熟番地權》，頁387附錄四。

或往來行政費用。原在界外拓墾的漢佃並未被驅逐，反而可以合法地落地生根。

乾隆 19 年閩浙總督喀爾吉善曾奏報敕令：「鎮、道督令文武於生番出沒隘口多搭寮舍，撥熟番防守」，陳宗仁認為這時隘制應已逐步醞釀成形。[45] 到乾隆 25 年楊廷璋的奏摺中要求彰化縣應設 10 隘，且提供口糧：「今定界之後，彰屬沿邊共應設隘寮 10 處，派撥熟番 217 名，……加謹防守，庶己嚴密。但查守隘番丁一名每日應給二升，彰屬即於該番社年收廣福寮等處租粟內，照數撥給」。[46] 上述隘寮係設在土牛新界上，撥派各社番把守，且將新舊界間埔地撥給守隘熟番收租或自行耕作，以充為守隘口糧收入，因此守隘熟番成為彰化縣新舊界間私墾田園的新業主。乾隆 25 年在南北投社共有內木柵、圳頭坑與虎仔坑等三處隘寮（表 1-4），主要任務為守邊。[47] 雖然如此，守隘卻是界外私墾的蹊徑。[48] 乾隆 33 年理番同知張所受奉命複勘界外私墾，又查出彰化縣原本劃歸界外的埔地：清水溝、集集埔、八娘坑、虎仔坑、萬斗六、黃竹坑、大姑婆、校栗林、沙歷巴來積積、阿里史等，除八娘坑外，俱有隘番或軍工匠私墾。[49] 乾隆 49 年進一步清查界外勘墾埔地，並於紫線圖中註明界外禁墾（4處）與界外准墾（14 處）。[50] 到乾隆 53 年再次勘察界外已墾田園、

45　請見陳宗仁，〈十八世紀清朝臺灣邊防政策的演變：以隘制的形成為例〉，《臺灣史研究》，22：2（臺北，2015），頁 28。

46　柯志明，《番頭家：清代臺灣的族群政治與熟番地權》，頁 388。

47　守邊雖然是主要任務，但仍需支援其他工作，如：維護邊界建物、接受主管官員的撥派、處理邊界糾紛，還要護衛軍工匠寮的安全等。請見柯志明，《番頭家：清代臺灣的族群政治與熟番地權》，頁 188。

48　柯志明在其新書中曾提到界外私墾的蹊徑有：「藉隘私墾」、「藉餉私墾」、「藉匠私墾」與「監守自盜」等四種類型，柯志明，《熟番與奸民：清代臺灣的治理部署與抗爭政治（中）》，頁 414-439。

49　柯志明，《番頭家：清代臺灣的族群政治與熟番地權》，頁 239。

50　林玉茹，38-39。界外禁墾四處，有二處在本研究區，即永平坑、圳頭坑；界外准墾者虎仔坑與內木柵。

未墾荒埔，發現有「丈溢」（墾戶匿報並私自續墾），全納為屯田，至於清丈無礙開墾的未墾地則設定為養贍埔地（圖 1-7），提供給屯番自耕或招漢佃開墾。

　　由上的分析可知，土牛番界劃定前後，到紫線圖勘定之前，南投社附近共被查獲多處私墾地。這些新墾、未墾或續墾的園埔於 55 年綠線番界劃定時，全歸為屯地或養贍埔地，仍然由各番社領有管轄。因此漢人或熟番越界私墾雖經查獲，並未受嚴厲處分，地方官府反而考量治安或隘糧、屯餉需求，最終往往合法化這些私墾活動。清廷的邊界政策落實到地方社會，竟形成某種鼓勵機制，間接引領漢人到邊界拓墾。從乾隆初葉到中葉不到 20 年間，南北投地區漢庄快速增加（圖 1-3、表 1-2），似乎引證了這一歷史事實，而這時的南北投社熟番社會是否面臨挑戰？

表 1-3 南北投社附近私墾地及後續處理概況				
時間	私墾位置	私墾者	處理概況	出處
乾隆2年	頭二重埔	水沙連通事陳蒲的族人陳本、陳慘	有取得縣府墾照	柯志明，《熟番與奸民（上）》，頁 207
	萬丹坑	余才、蕭著		
土牛番界設置之前	臘塞頭	廖振祖		取自葉高華、蘇峯楠，《十八世紀末御製臺灣原漢界址圖解讀》，頁 95-96
	葫蘆肚	以張成為主的私墾集團		
	南投社附近	黃懷春		
乾隆22年	虎仔坑	陳天觀為首	劃出界外	柯志明，《番頭家》，頁 171
	菓凓		劃入界內。因番民自耕自行業管，並照例陞科	

表 1-3 南北投社附近私墾地及後續處理概況				
時間	私墾位置	私墾者	處理概況	出處
乾隆22年	萬丹隘	賀循等為首	劃入界內。土地歸番業管,以各墾戶為佃人,納租完課	柯志明,《番頭家》,頁171
	臘塞頭	許欲垣等為首		
	葫蘆肚	張成等為首		
	頭、二三重埔	吳校等為首		
	中洲仔	簡日寶等為首		
乾隆23年	中洲子	向係鄧雲、張君從等前後違禁私墾	應請禁逐,退為南投社番管耕輸課	〈清釐臺屬漢番邊界地圖〉有關南投社附近私墾地圖上註記,取自柯志明,《乾隆臺灣番界GIS地圖》,說明代碼,無頁碼
	葫蘆肚	係張城等私墾頂耕	請歸南投社番,收租完課	
	萬丹坑	係南北投二社番墾耕	請歸該二社番自耕陞課	
	菓廍	向係社丁賀循等違禁私墾	應請禁逐,退為水沙連社番管耕輸課	
	臘塞頭	係民番廖振祖、食魚等私墾頂耕	請歸南投社番收租完課	
	虎仔坑	係民番陳彬老、食魚等招墾頂耕	坑溝之東應請禁墾,退為南投社番荒埔	
	截存虎仔坑溝	截存虎仔坑坑溝之西係馮斌等墾耕	請歸南投社番收租完課	
	牛軸嶺	係陳賢等等私墾頂耕		
	頭二重埔	係陳營、林梓等私墾頂耕		
	松柏坑	等處荒埔、旱園係簡法等私墾頂耕	請歸大武郡社番收租完課	
	南靖厝		仍歸南投社番認管墾陞	

時間	私墾位置	私墾者	處理概況	出處
乾隆23年	湳仔	係何拐等招墾頂耕	請歸各墾戶為佃，輸納水沙連社租課	〈清釐臺屬漢番邊界地圖〉有關南投社附近私墾地圖上註記，取自柯志明，《乾隆臺灣番界GIS地圖》，說明代碼，無頁碼
	廣福寮	係楊仔耽等私墾頂耕		
	廣福新庄	係莊建等私墾頂耕		
	崁頂寮	係吳興等私墾頂耕		
	八娘坑	係游定波等私墾頂耕		
	集集埔	係原通事陳媽生等贌給羅成貴等私墾	應請禁逐，退為水沙連社番鹿場	
	清水溝	係原通事賴烈等僱墾		
乾隆49年	永平坑	漢人墾戶楊友	歸為養贍埔地，分給蕭壠社、蔴豆社、蕭里社	林玉茹，頁38；《清代大租調查書下》，頁1042
	虎仔坑	南投社甲頭潘子政	歸為南投社養贍埔地	林玉茹，頁38；《清代大租調查書下》，頁1044
	圳頭坑	北投社番洪保	紫線圖劃為界外禁墾地	林玉茹，頁38
	內木柵	吳光斗帶領開墾	歸為北投社養贍埔地	林玉茹，頁38；《清代大租調查書下》，頁1044

表 1-3 南北投社附近私墾地及後續處理概況

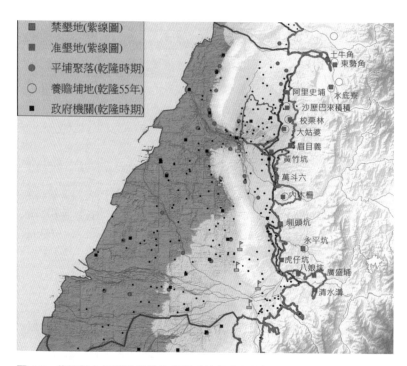

圖 1-7　紫線圖中界外私墾地的處理（禁墾或准墾）暨乾隆 55 年的養贍埔地

資料來源： 林玉茹，〈「臺灣田園分別墾禁圖說」與十八世紀末的臺灣〉，頁 38-39；
柯志明，《熟番與奸民：清代臺灣的治理部署與抗爭政治（下）》，頁 652-
653。

表 1-4 南北投社隘寮概況				
隘寮	隘丁數（人）	隘糧穀（石）	負責番社	隘糧出處
虎仔坑	12	168.8	南投社	虎仔坑、臌塞頭、中洲仔處田園番租
圳頭坑	15	216	北投社	北投社自墾北投埔田園番租並漢業戶簡經等貼納番租
內木柵	15	216		

資料來源：取自柯志明，《熟番與奸民：清代臺灣的治理部署與抗爭政治（中）》，頁
290。

（四）私墾與熟番社會

　　如前述，早在乾隆年初就有水沙連通事引介數百民人越界私墾，而且這一越界活動亦獲地方政府允可，主要原因在幫忙籌措水沙連 25 社餉銀。從表 1-3 亦可以看出乾隆中葉界外土地清查後續的處理均是歸番業管，以各（私）墾戶為佃戶，納租完課。這些私墾地在乾隆時期番界線圖上，大部分均未註記為漢庄（是否尚未成庄？），但應該有大批漢人在此耕墾，例如乾隆 23 年的私墾地廣福寮，在 5 年後（即乾隆 28 年）時即已入額；[51] 而漢人何擇、賀循等的私墾地湳仔、萬丹隘，最遲到道光年間已成為漢庄（湳仔庄、萬丹庄）；可見乾隆時期南北投社界內外的私墾漢人十分活耀。官府考量穩定邊區社會，並未驅趕私墾漢人，反而在清界後，將這些私墾地墾戶納管，交由南北投社、水沙連社通事土目，負責收租完課。同時也因清政府的恤番政策，雖有頻繁地私墾活動，乾隆年間的南北投社，在地權上並未受到嚴厲挑戰，往往受到官府的保護。例如陳哲三曾利用五張漢番土地糾紛的地契，說明當時官府的判決並未全然站在漢人的立場，番社社民的權益獲得政府的承認與保障。[52]甚至部分漢人的私墾，就如柯志明的研究，必須與番社建立某種程度的共生互利。[53]

　　守隘也是另一種熟番拓墾契機，由表 1-4 可知所謂隘糧的出處幾乎全取自私墾地，或番社自墾地（仍召漢佃）。[54] 為安定番社口

51　廣福寮等處中則田，共徵粟九百四十二石五斗四升二合九勺；又中則園：共徵粟二百九十九石三斗四升四合七勺；又下則田，折徵粟一百一十七石六斗一合五勺；又下則園，折徵粟六百三十六石六斗七升五合五勺等。見周璽，《彰化縣志》，頁 166。

52　陳哲三，〈草屯地區清代的拓墾與漢番互動〉，頁 49-56。

53　乾隆 22 年臺灣知府鍾德清查彰化縣東勢山腳私墾地，在漢人私墾地的認狀內，岸裡社土官敦仔自願把私墾漢人認做自己的個人，承認是「田園是漢人所開的」，請見柯志明，《熟番與奸民：清代臺灣的治理部署與抗爭政治（上）》，頁 251。

54　官府也承認這些「越界墾耕田園均屬各番社地」，是熟番口糧的重要來源。柯志明，《番頭家：清代臺灣的族群政治與熟番地權》，頁 181。

糧來源，以讓番社勻派人力守隘，隘糧來源必須完備，處理的方式是：「番社立下口供與認狀，詳明認管的甲數與四至，其中由漢人墾熟的田園向熟番認佃，並與少數自行墾熟的田園一併報隘，未熟埔地則由番社認明收管，墾成隨即報隘」。[55] 李文良提到守隘乃是一種控制土地的方式，他舉乾隆 25 年閩浙總督楊廷璋奏准的隘番制在南投社的隘寮規劃為例，指出：原先規劃中洲、萬丹坑與虎仔坑共 3 處，但最後僅置虎仔坑隘寮 1 座，此一政策的轉變乃導源於南投市東南山區漢人、熟番社（南投社與水沙連社）的地紛爭。[56] 可見乾隆時期，南北投社界外邊區並非是一空白地區，漢人、熟番在此彼此糾結，透過熟番社的法定地位，相互抗爭，爭奪土地。這種熟番偕同漢人在邊界的土地競逐，在乾隆中葉的〈清釐臺屬漢番邊界地圖〉中的圖記中清楚展現（表 1-3）。到乾隆末年實施的養贍埔地，北投社置於內木柵；南投社則在虎仔坑，前者計 129 位屯丁（含外委 1 名），共獲 131 甲土地；後者 23 位屯丁，獲得 23.52 甲土地。[57] 平均約每人一甲的土地，大部分仍召漢佃開墾，對於南北投番社而言，參與了國家守邊，增添了荒地開墾的權利，某種程度亦保障了番社的地權。

李文良在最近的一本專著中提到，清乾隆時期的番界政策，並未阻止漢人越界開墾，反而強化了熟番的族群意識與其地權主張。[58] 換言之，土牛番界設置後，界外荒地成為熟番地權的主張之一，番社得以聯合漢人，通過守隘以招墾名義偕同漢人得以進入界外拓墾。這也部份說明本研究中，漢人聚落大都位於土牛界線以西，而土牛界以東卻出現眾多漢地名的私墾地（官府不敢承認為漢

55　柯志明，《番頭家：清代臺灣的族群政治與熟番地權》，頁 186。

56　李文良，《契約與歷史 — 清代臺灣的墾荒與民番地權》（臺北：臺大出版中心，2022），頁 195-213。

57　柯志明，《熟番與奸民：清代臺灣的治理部署與抗爭政治（下）》，頁 1112。

58　李文良，《契約與歷史 — 清代臺灣的墾荒與民番地權》，頁 9-11。

庄？）。不管這些私墾地當時是否已聚居形成聚落，乾隆中葉以後的南北投社地區，漢庄或私墾地的陸續出現，也許說明此時南北投地區正積極「開發」，同時，這時期的熟番也積極參與邊區的土地拓墾，筆者相信乾隆時期的南北投社熟番社會尚未面對漢人欺壓，[59] 或勞役剝削導致貧窮化，而陷入大量杜賣土地的困境。[60] 換言之，乾隆時期南北投社的熟番社會正經歷一場漢化工程，[61] 但因參與政府守邊工作加上政府的恤番政策，熟番社會縱有杜賣土地現象，與岸裡社社群一樣，[62] 不至於出現社會崩解的現象。

四、結語

就區域史研究的內涵而言，筆者認為地名的釐清與掌握是相當重要的，因此釐清早期漢人聚落的確切位置，並建立據以分析的地圖圖像，將有助於中部地區整體歷史的掌握。本研究透過辨識清康熙到乾隆部分方志、輿圖或番界線上的地名，並將這些地名點繪到現代地圖中，研究發現康熙年間彰化縣整體來講還是熟番的社會，漢庄僅是點狀分布；但雍正年間因政策轉變，漢人大量湧入，此時漢庄配合水利的發展也慢慢出現；到乾隆初已有相當多的漢庄出現在彰化沖積平原或大肚、八卦臺地山麓兩側；乾隆中期，漢庄快速

59　陳哲三曾透過內凹庄事件的研究，描述雍正時期漢人與北投社番間的合作又衝突、和諧又矛盾的互動關係。請見陳哲三，〈18 世紀中葉臺灣的漢番關係 -- 以彰化縣內凹庄、柳樹湳汛番殺兵民事件為例〉，頁 159。

60　李文良認為熟番政治地位的喪失，或地權保障的弱化出現在乾隆末年的番屯政策之後，因為漢人可繞過熟番招墾名義，直接以設隘防番的理由，向官府申請而取得界外開墾的墾照，同時地方官府為滿足屯餉需求，往往也同意甚或鼓勵此種拓墾。所以，南北投社熟番社會的轉變很可能就出現在嘉慶、道光年間，請見李文良，《契約與歷史 — 清代臺灣的墾荒與民番地權》，頁 219-220。

61　如設置縣丞、社學、改名通婚、放棄傳統游獵生活，學習商業交易等，請參考楊坤仁，〈清代草屯漢番關係與宗族社會之建立〉，頁 104-107。

62　依據柯志明的研究，岸裡社群因社內派系鬥爭，於嘉慶年間歷經出走流亡的家變、漢人的債剝典佔，導致番業流失而遷移界外。南北投社是否歷經此一過程需要更多研究，但如陳哲三等學者研究，雍正乾隆時期北投社的漢番關係是既和諧又競爭，此時當不至於出現社會崩解的狀況。

增加，並往山區發展，特別是沿山的臺中盆地與南北投地區，同時在土牛界附近出現許多跟漢人私墾有關的地名，直到乾隆末葉。

就南北投社而言，以往的研究均從古文書、族譜或口訪，從漢人拓墾的角度解釋南北投社地區漢人社會的建立；本研究則從番界圖、輿圖等官方角度，參考古文書來看，發現乾隆時期南北投社附近至少有 35 個漢庄，而且大部分出現於乾隆中葉且位於藍線番界以西，在土牛界外出現不少私墾地，私墾活動的興盛與清帝國的邊界政策有關，同時間接帶動南北投社漢人聚落的發展。本研究不僅具體指出乾隆時期的出現的漢庄與其空間位置，也整理了番界附近的熟番與漢人私墾者，而這些私墾者與各聚落的開庄始祖是否有關，頗值得進一步研究。[63] 若深化上述研究，筆者認為或許可以為嘉慶、道光年間，南北投社番社社會的轉型與人口遷出的解釋找到些許線索。整體而言，乾隆時期清政府透過劃界、守隘、設屯等重新安排水沙連邊界土地，對熟番社會必然帶來巨大影響，若從地權角度重新來省視這段歷史，將可以跳脫以漢人開發為中心的藩籬，而這也是筆者下一階段研究的重要方向。

63　例如嘉慶 16 年，有關南投社界外土地爭訟，由彰化知縣楊桂森發出的曉諭中，所出現的人名—田猜，即是坪林溪撻仔灣地區的開庄始祖。

參考文獻

1. 田懷生，〈清代中寮地區的社會發展與民間信仰〉，國立中興大學歷史學研究所碩士論文，2012。

2. 伊能嘉矩，吳密察譯，翁佳音審訂，《伊能嘉矩・臺灣地名辭書》，新北市：遠足文化，2021。

3. 李文良，《契約與歷史—清代臺灣的墾荒與民番地權》，臺北：臺大出版中心，2022。

4. 周鍾瑄，《諸羅縣志》，《臺灣史料集成清代臺灣方志彙刊》，第三冊，臺北：遠流出版社，2005。

5. 周璽，《彰化縣志》，《臺灣歷史文獻叢刊》，第156種，南投：臺灣省文獻委員會，1993。

6. 林玉茹、詹素娟、陳志豪，《紫線番界：臺灣田園分別墾禁圖說解讀》，臺北：中央研究院臺灣史研究所，2015。

7. 林欣怡，〈清代臺灣漢人社會的建立-以南投平林溪流域為例〉，臺北：國立臺南師範學院鄉土文化研究所碩士論文，2000。

8. 林美容，《草屯鎮鄉土社會史資料》，臺北：臺灣風物社，1990。

9. 林美容，《祭祀圈與地方社會》，臺北縣：博揚文化，2008。

10. 邵世柏，《臺灣邊疆的治理與政治經濟（1600-1800）》，臺北：臺大出版中心，2016。

11. 柯志明，《番頭家：清代臺灣的族群政治與熟番地權》，臺北：中研院社會學研究所，2002。

12. 柯志明，《熟番與奸民：清代臺灣的治理部署與抗爭政治》，臺北：國立臺灣大學出版中心，2021。

13. 洪敏麟，《臺灣舊地名之沿革第二冊（下）》，臺中：臺灣省文獻委員會，1984。

14. 洪敏麟編，《草屯鎮誌》，草屯：草屯鎮誌編輯委員會，1986。

15. 洪麗完，〈二林地區漢人拓墾過程與平埔族群移居活動之探討〉，《臺灣史研究》，4：1，（臺北，1999），頁49-96。

16. 夏獻綸，《臺灣輿圖》，《臺灣歷史文獻叢刊》，第 45 種，南投：臺灣省文獻委員會，1996。

17. 張家綸，〈清代臺灣南投社之地權流失與轉移〉，《臺灣文獻》，6：3，（南投，2009），頁 171-199。

18. 陳志豪，《清代北臺灣的移墾與「邊區」社會（1790–1895）》，臺北：南天書局，2019。

19. 陳志豪，〈清乾隆時期臺灣的番界清釐與地圖繪製：以中國蘭州西北師範大學圖書館藏「清釐臺屬漢番邊界地圖」為例〉，《臺灣史研究》24：1，（臺北，2017），頁 1-33。

20. 陳哲三，〈清代草屯地區開發史—以地名出現街庄為中心〉，收於氏著《古文書與臺灣史研究—陳哲三教授榮退論文集》（臺北：文史哲出版社，2008），頁 207-236。

21. 陳哲三，〈18 世紀中葉中臺灣的漢番關係 -- 以彰化縣內凹庄、柳樹湳汛番殺兵民事件為例〉，收入《逢甲人文社會學報》，19 期，（臺中，2009），頁 143-173。

22. 陳哲三，〈草屯地區清代的拓墾與漢番互動〉收於古鴻廷、黃書林合編，《臺灣歷史與文化（二）》，臺北：稻香出版社，2000 年。

23. 張家榮，〈清代北投社社址初步研究—以社址、社域變遷為中心〉，私立東海大學歷史學碩士論文，2004。

24. 黃叔璥，《臺海使槎錄》，《臺灣歷史文獻叢刊》，第 4 種，南投：臺灣省文獻委員會，1996。

25. 曾怡敏，〈草屯地區清代漢人社會的建立與發展〉，私立東海大學歷史系碩士論文，1998。

26. 楊坤仁，〈清代草屯漢番關係與宗族社會之建立〉，國立臺中教育大學區域與社會發展學系暑期在職進修專班碩士論文，2010。

27. 楊蓮福整理收藏，《臺灣文獻匯刊第七輯第七冊：臺灣民間契約文書》，北京市：九州出版社，民 93 年。

28. 葉高華、蘇峯楠，《十八世紀末御製臺灣原漢界址圖解讀》，臺南：國立臺灣歷史博物館，2017。

29. 劉枝萬，《南投縣志稿卷 11》，《南投文獻叢輯》，臺北：成文出版社，1983。

30. 臺灣省文獻委員會編，《草屯地區古文書專輯》，南投：臺灣省文獻委員會，1999。

31. 臺灣銀行經濟研究室編，《清代臺灣大租調查書》，《臺灣文獻叢刊》，第 152 種，南投：臺灣省文獻委員會，1999。

32. 蕭坤松，〈中寮鄉漢人聚落的發展〉。發表於「2016 南投學研討會」，南投縣政府文化局主辦，2016 年 10 月 22 日。

33. 蔣毓英，《臺灣府志》，《臺灣歷史文獻叢刊》，第 310 種，南投：國史館臺灣文獻館，2002。

34. 謝銘育，〈清代中部市街與商業網絡〉，私立東海大學歷史學系碩士論文，2005。

附錄 1　乾隆年間南、北投社附近漢庄表列（反白處）

中葉番界圖	御製圖	紫線圖	古地契（乾隆時間）	現今參考地名
	草鞋墩庄	草鞋墩庄	草鞋墩（23 年）（51 年） 草鞋墩東邊竹圍仔（23 年） 草鞋墩（24 年） 草鞋墩（32 年） 草鞋墩嶺下（37 年） 草鞋墩庄內（43 年） 草鞋墩庄腹（45 年） 草鞋墩頂庄（48 年） 草鞋墩前（51 年） 草鞋墩庄腳（54 年） 草鞋墩圳北（57 年）	今草屯鎮虎山路一帶？
		北投街	北投街（乾隆 47 年）	
（大哮庄）（無庄名，但有聚落）	大哮庄	大哮庄	大好庄山腳（16 年） 大好下庄（16 年）	草屯鎮山腳里
頂茄荖庄	頂茄荖庄	頂茄荖庄		草屯鎮頂茄荖
石頭埔庄	石頭埔庄	石頭埔庄	石頭埔（41、43 年） 石頭埔尾溪洲底（42 年）	草屯鎮石頭埔
		牛屎崎頂	牛屎崎頂（59 年）	草屯鎮東山路附近
		下溪洲月眉厝	下溪洲月眉厝（40 年） 下溪洲月眉（45 年） 月眉厝庄（56 年）	月眉
新庄	新庄	新庄	萬寶庄（37、41 年）	草屯鎮新庄
中庄	中庄	中庄		草屯鎮中庄
外凹庄	外凹庄	外凹庄		不詳
下溪洲庄	下溪洲庄	下溪洲庄	下溪洲（35 年） 溪洲尾（41 年）	草屯鎮溪州
林仔庄	林仔庄	林仔庄	林子庄（18 年）	草屯鎮林子頭

中葉番界圖	御製圖	紫線圖	古地契（乾隆時間）	現今參考地名
（內凹庄）（無庄名，但有聚落）	內凹庄	內凹庄	內轆庄（27年）	南投市內轆
南北投汛	南北投汛	南北投汛		
內木柵隘	內木柵隘	內木柵隘	內木柵中埔（47年）（21年）	
			北投大埔洋（36年、50年）[64]	
北投社	北投社	北投社	南勢盡社林（42年）本社南勢（14年）	
圳頭坑隘	圳頭坑隘	圳頭坑隘		
			圳寮背溪底（17年）圳寮庄（54年）	今草屯國小附近有一圳寮巷
下庄仔	下庄仔	下庄仔		南投市下庄
陳山庄	半山庄	半山庄	半山庄車路頂（49年）	南投市半山
馬邊庄	馬遴庄	馬遴庄		不詳
樹腳庄	楓樹腳庄	楓樹腳庄	楓樹腳公館前（乾隆43年）	不詳
廖折祖厝	廖振祖厝[65]			
張成厝	張成厝[66]			
黃怡春眷	黃懷春厝[67]			
牛吃水庄	牛吃水厝	牛吃水庄		南投市牛食水仔
			南投菓品洋（23年）	南投市菓稟
南投街	南投街	南投街		
南投庄	南投庄	南投社	社後山苦奴寮（32年）	
萬丹望樓	萬丹望樓	萬丹望樓		

64　北投埔今人都認為係在草屯鎮復興里、碧峰里一帶（洪敏麟、林美容、陳哲三等），查看今日地圖，在北投社舊社附近確實有名叫北投埔的地名。但三張番界圖將北投埔標示在隘寮溪（茄苳溪）以北，其中《清乾隆中葉番線圖》將北投埔標示在界外，與今日的北投埔位置（一直都在界內，且靠近貓羅溪）不一樣，因此此處的北投埔是否為今日普遍認為北投舊社附近的北投埔，仍待進一步確認。

65　藍線釐訂前，廖振祖越界私墾臘塞頭，取自葉高華、蘇峯楠，《十八世紀末御製臺灣原漢界址圖解讀》，頁95-96。

66　藍線釐訂前，以張成為主的私墾集團越界私墾葫蘆肚，取自葉高華、蘇峯楠，《十八世紀末御製臺灣原漢界址圖解讀》，頁96。

67　黃懷春或名「黃開春」，乾隆中葉擔任朴仔籬社社記，係受岸裡社招墾界外的漢人。取自葉高華、蘇峯楠，《十八世紀末御製臺灣原漢界址圖解讀》，頁96。

中葉番界圖	御製圖	紫線圖	古地契（乾隆時間）	現今參考地名
萬丹坑隘	萬丹坑隘	萬丹坑隘		
虎子坑隘	虎子坑隘	虎子坑隘		
茄苳腳	佳冬腳庄	茄冬腳庄		南投市茄苳腳
			臘塞頭庄（46年）	名間田寮
（社口庄）（無庄名，但有聚落）	社口庄	社口庄		不詳
田中央庄	田中央庄	田中央庄		不詳
埤腳庄	埤腳庄	埤仔腳庄		不詳
牛角厝	牛角厝	牛角厝		不詳
牛牯嶺庄	牛牯嶺庄	牛牯嶺庄		名間鄉大庄
崁頂寮（有名稱，但無聚落圖示）		崁頂寮		名間鄉崁頂
松栢坑	松栢坑	松栢坑		名間松柏坑
粗坑頭（有名稱，但無聚落圖示）	粗坑仔	粗坑仔		名間粗坑
	竹仔寮	竹腳寮		不詳
竹腳寮（有名稱，但無聚落圖示）	竹腳寮	竹腳寮		名間鄉竹圍
（南靖厝）（無庄名，但有聚落圖示）	南靖厝	南靖厝		不詳
廣福新庄（有庄名，但無聚落圖示）	廣福新庄	廣福新庄		名間濁水車站附近
有聚落圖示，不確定是否為廣福寮	廣福寮	廣福寮		名間鄉濁水村[68]

資料來源：整理自三張番界圖：「清乾隆中葉番界圖」（簡稱中葉番界圖）、「御製臺灣原漢界址圖」（簡稱御製圖）與「紫線番界圖」（簡稱紫線圖）地名，同時參考古契書與近人學者解讀與研究成果進行地名判釋。

68　「乾隆臺灣輿圖」標示為濁水寮，廣福新村在其西邊，為水沙連禁地，請見柯志明，《番頭家：清代臺灣的族群政治與熟番地權》，頁181附註。

附錄 2　南北投社古地契整理

編號	時間	契別	訂立者	土地性質	坐落土名	買者	代價	出處
1	14 年 10 月	招佃開墾契	北投社番猫三甲	有承租遺下荒埔一段	本社南勢	漢人蕭得陽	埔底銀二十七員正。	《清代臺灣大租調查書（上）》，頁 450
2	16 年 8 月	賣契字	北投社番扶生	有應分遺業埔園	大好庄山腳	張宅出首承買	時價□銀伍員	《草屯地區古文書專輯》，頁 107
3	17 年 10 月	招批帖	北投社番大耳三甲、漁子	埔地一塊	圳寮背柴北	漢人周昌陳前來墾成田	犁頭銀銀二十四員正	《清代臺灣大租調查書（上）》，頁 452
4	18 年 7 月	退契	王三貴	有明瞨小投社番菁埔墾所	坐落林仔庄土名牛埔仔	族弟王鎮使	時價錢劍錢伍員正	《草屯鎮鄉土社會史資料》，頁 7-8
5	22 年 11 月	杜賣契	魏程氏	自置已投社番八仔分下埔園一所	下埔園中心林	夫弟□出面承買	時值價銀伬剑捌拾大員正	《草屯地區古文書專輯》，頁 137
6	23 年	杜賣契	北投社番巫力八	有承租自墾水田	坐落南投，土名茇仔	漢人曾宅護叔出首承買	價劍銀八十三大員正	《清代臺灣大租調查書（下）》，頁 707-708
7	23 年 9 月	杜賣園契	北投社番大眉同男猫六、馬樂	有父遺下闔擸已分埔園一坵	草鞋墩	漢人福生出首承買	價銀三十三員正。	《清代臺灣大租調查書（上）》，頁 457
8	23 年 12 月	杜根契	鄭落使	有應分地基墓所	草鞋墩東勢竹圍仔參加的墳分	周昇	銀四大員正	《草屯地區古文書專輯》，頁 265
9	24 年	杜賣契	周生老	有自己置茅屋一座共五間及地基竹內磁甲間窗戶	草鞋墩逆北向南	林員叔、林梯使	時價銀員貳拾玖員	《草屯地區古文書專輯》，頁 3
10	27 年 9 月	給承耕佃批	北投社番業主余啟章	有租瞨下應分埔園一嵛	內轆正	仍招得原佃黃士彩、劉明及黃慶福	每甲納租捌石，遞年共納租粟陸拾壹石陸斗正	《草屯鎮鄉土社會史資料》，頁 10
11	32 年 2 月	立招墾字	南投社通事仙貓、暨土目、眾番等	有租瞨下應分埔園一嵛	社竂山苦奶章	漢人張武咕出首承墾	犁頭銀大員，全年約納租銀三大員	《清代臺灣大租調查書（上）》，頁 357-358

編號	時間	契別	訂立者	土地性質	坐落土名	買者	代價	出處
12	32 年 10 月	立賣盡契	林寧	有承買北投社番大租，阿抹竹圍厝第一所	草鞋墩庄	張宅	抵退價銀 39 大員，再收過銀七員，共 46 員	《草屯地區古文書專輯》，頁 266
13	34 年 2 月	墾佃納批	北投社番業主買奕	有祖遺下鬮分水田一小坵	內園一坵	漢人陳仕宮	埔底辛勞銀三十大員正	《清代臺灣大租調查書（上）》，頁 546-547
14	35	立杜賣契	何世榮	帶番租餉糖	下溪洲	林霸	時值價銀乙百大員正	《草屯鎮鄉土社會史資料》，頁 11-12
15	36 年 12 月	給墾成歸管契	北投社番業主葛宗保	奉憲斷歸墾成田有承墾計朝宗草地一所	大坪下庄仔北投大埔洋	番戶奇自墾成田	仗明五申實納、例沼每甲早田逐年應納大租栗六石正	《草屯地區古文書專輯》，頁 108
16	37 年 10 月	遵憲再給佃批字	北投社番業戶余啟章、通事郎斗六、土目總三甲	有遺草地	萬寶庄	簡志靈	臺百參拾捌大銀	《清代臺灣大租調查書（上）》，頁 205-206
17	37 年 11 月	永杜絕賣契	曾春、曾崑山	名買水田壹段，納大租栗喜拾貳石	草鞋墩嶺下	林月三（林霸）	時值價銀乙百大員正	《草屯地區古文書專輯》，頁 4
18	40	立杜賣契	理洋		下溪洲月眉晉			《草屯鎮鄉土社會史資料》，頁 13-14
19	41 年 10 月	永杜賣斷根田契	李喬基、同胞姪穆魁、秀等公親	置萬寶庄吳連登四十張黎契內埔地二張，又承買、又系買埔地一張，劉朝仕埔地一張，總懇成田。	萬寶庄；石頭埔	洪員國、洪萍祖官出首同買	時值價銀四千大元正	《清代臺灣大租調查書（上）》，頁 203-204
	43 年 8 月	批明	北投社番業主會同公議			招子洪員國、洪萍祖承買	時值價銀四百四十大元正	
20	41 年	立賣絕契	蕭情		溪洲尾舊部後	林矯	時值價銀乙百大員正	《草屯鎮鄉土社會史資料》，頁 14-15
21	42 年 2 月	盡找洗契	北投社番盧文懷	有承買父親分遺業埔地壹所	南勢盧社林	付與口人林水前去永為己業，掌管耕作	花銷詔銀大員正	《草屯鎮鄉土社會史資料》，頁 23

編號	時間	契別	訂立者	土地性質	坐落土名	買者	代價	出處
22	42年12月	杜賣斷根契	北投社诺算必第	有承父遺下熟園壹叚併帶溪埔	石頭埔尾溪洲底	漢人洪祠覣	是出園價溪捕地銀叁拾大員正	《臺灣文獻匯刊第七輯第七冊：臺灣民間契約文書》，頁50
23	43年12月	立杜賣契	劉福等兄弟	有承父明買□厝一座，年帶南投社番大租二斗	楓樹腳公館前	謝松兄弟	八十大員正	
24	43年	進賣啚契	吳喜	有承父賣業小草厝三間，歷年代納番地基租栗四升	草鞋墩庄內	何渭叔	銀玖員半	《草屯地區古文書專輯》，頁5
25	44年11月	杜賣盡根契	北投社番新烏旨	有成文物業得埔園壹坽	內木柵中埔	漢人鄭板龍	時值賣銀捌大員正	《草屯地區古文書專輯》，頁235
26	45年	立杜賣契	司論	帶番租糶餉	下溪洲月眉厝	林月三	時值賣銀乙貳十大員正	《草屯鎮鄉土社會史資料》，頁24-25
27	45年	賣杜根絕契	族兄何世厚	有已置曾當三間明暦厝仔二間，帶納地基栗二升半	草鞋墩庄腹	族弟何世伴	拾叁大員	《草屯地區古文書專輯》，頁6
28	46年	立開墾契	南投社番氏	有承祖遺荒埔地壹所，年配番租栗五斗	朧塞頭庄	陳快、黃招	花邊銀一二兩正	〈清代臺灣社會的建立—以南投平林溪為例〉，頁38
29	47年10月	膜永耕字	北投社番余思成、余連仔	有承番辦大目斗埔園叁段	內木柵中埔	北投街梟利賞記	出佃銀給貳大員銀	《草屯地區古文書專輯》，頁236
30	48年5月	重給永賣契	北投社番皆絪□	有晉地基壹座	草鞋墩頂庄	漢人蔡部觀		《草屯地區古文書專輯》，頁44
31	49年	立社賣人根契	張娘		半山庄車路頂	高碩觀	貳拾肆大員	轉引自《清代臺灣南投社之地權流失與轉移》，頁182

編號	時間	契約別	訂立者	土地性質	坐落土名	買者	代價	出處
32	50 年 3 月	永杜賣盡根契	北投社土番素仔	有自己應分水田壹段帶水分灌溉既明仗賣田捌分正	北投大埔洋	漢人賴暘	時值賣銀壹佰伍拾捌大員	《草屯地區古文書輯》，頁 91
33	51 年 7 月	杜賣斷根田契	北投社土番婦河像仝男斗六自仔	有承夫父已置開墾水田壹段	草鞋墩前	草鞋墩庄李悽觀上	時價□□銀參百肆拾大員正	《草屯地區古文書輯》，頁 7
34	54 年 1 月	典契字	北投社土番余口德	有承父應分產園地壹所	圳寮庄	漢人黃煤喜觀	典起銀伍拾大員銀	《草屯地區古文書輯》，頁 40
35	54 年 8 月	永杜賣盡契	北投社土番巫尾八	有承父應分鬮分水田、旱田貳叚	草鞋墩庄莊腳	漢人謝盛觀	時值賣銀長壹佰陸拾捌大員	《草屯地區古文書輯》，頁 25-26
36	56 年	立永杜賣根契	陳景、陳鶴	父遺下熟園乙坵帶番大租糖		林霸		《草屯鎮鄉土社會史資料》，頁 26-28
37	56 年 11 月	仝立鬮書	兄弟孝佳、孝美、孝博、孝和等		本縣庄、北投大埔、北投牛頭埔		時價銀八十五大員正	《草屯地區古文書輯》，頁 8
38	57 年 11 月	杜賣盡根契字	北投社土番貓六	有自置應分地基園臺段、年配納熟地基園大租粟叁斗升正	草鞋墩圳北	劉杏觀	時價銀鋶拾大員正	《草屯地區古文書輯》，頁 9
39	59 年	立典園契	鬼僑		牛保崎頂	徐喜觀		

02 明治時代外交的基礎過程有關外交官對於日本外交黎明期問題的認知

－以日本駐清公館組織整備為中心－

中村凌太郎 [1] ─────────────

摘要

對明治維新後的日本來說，作為一個國家首要解決的問題之一，便是改正與西洋列強諸國訂定的條約，以及與鄰近的清國、朝鮮談判上等等的外交問題。在此情況下，明治三年，外務省為了應對前述之外交問題 [2]，分別派遣鮫島尚信至英、法、德三國，森有禮至美國擔任少弁務使 [3]，作為日本最早的外交官，直接與當地政府交涉。並且，外務省從國內對派駐地外交官下達命令，指揮其交涉內容；外交官則需要向外務省報告在當地的交涉過程，以及派駐國政府的動向等等，為外務省的外交政策立案獻策。

此時期的外交史研究已為數眾多，其中關於條約改正，或是有關外務省處理對清或對朝鮮的外交問題等的外交政策及戰略，這些有關中央政府動向之研究，已有可觀的成果。且關於外交官在當地與派駐國政府進行外交交涉的過程等部分，也是研究焦點且已有充分解釋。而前述這些，圍繞在外交官個人及其行動的詳細分析，雖已有眾多研究成果，但將外交官作為一個組織的視角上來說，以作者所見，尚未多有著墨。

---

1   立命館大学文学研究科人文学專攻博士課程後期。

2   派遣外交官的另一目的，在於若駐日的外國公使採取強硬態度，外務省可藉由派遣日本外交代表到對方的國家，來削減彼此之間的摩擦。犬塚孝明，《明治外交官物語》（東京：吉川弘文館，2009），頁 47。

3   明治初年外交官的名稱，公使的前身，於明治 5 年廢止。外務省外交史料館日本外交史辭典編纂委員會編，《日本外交史辭典》（東京：山川出版社，1992），頁 919。

雖說外交官的本業，是與派駐地政府進行基礎性的交涉，但為了完成最基本的業務，還須培養與駐派國政府的交情，收集關於駐派國的政治及外交等方面的訊息，還要依據自己的回報，與本國政府、外務省合作。這些日常的外交活動，都是不可或缺的。

以這個觀點來看，外交官為完成每日的外交活動，他們的所屬組織（駐外公館）如何發揮其功能，便是一個需要討論的重點。在外公館，是公使或領事與其下的書記官、書記生所組成的單位。也就是說，這並非是由單一人物運作，而是以一個組織運作的。因此，若只關注在外交官個人上，而不去分析公使、書記官、書記生及各階層，便無法理解其作為一個組織的功用。

因此本文欲探討，外交官駐外時，如何發展出具備組織性功能的過程。同時這也是嘗試從探討最前線組織的發展，來解明日本外交的基礎是如何成形的。

該時期是日本初次正式參與國際社會的時期。因此本文以當時在充滿許多未知數的情況下，在國際社會的最前線與許多國家對峙的在外公館作為研究對象，也具有相當的意義。

此外，本文的研究時期為明治 10 年代後半到 20 年代前半，請注意這個時間尚未導入「外交官及領事官試驗制度」（明治 26 年）。後面將會提到，過去的研究指出並批判，這個時期的在外組織尚未完備，如任命不具備語言能力的舊大名擔任公使，或是徇私任用書記官、書記生，影響了外交交涉等等。

不過這個時期，同時也開始摸索及提倡完善在外組織功能的必要性，開始出現有關外交官的人事及培育問題的正式討論。這是過去的研究並未提及的。

若透過「外交官及領事官試驗」產出職業外交官，是作為在外組織完備的標準之一的話，那麼達到這個標準之前的過程，便是前

面提到的，有關外交官的人事及培育問題的正式討論，以及透過這些討論後產生的一連串準備過程。因此本文將探討的時期設定在明治 10 年代後半～ 20 年代前半。

本文將承以上的問題意識，以作為日本鄰國，且同樣抱有許多外交懸案的清國為例，討論駐外使節作為一個組織如何具備完善功能。

這個時期的日清兩國，由於締結了日清修好條規，因此其外交關係獨特，異於過去的冊封、朝貢關係，以及與西洋諸國之間基於不平等條約下的關係。這方面的例子，可見該條規第 6 條中，兩國來往的公文書裡，清國使用漢文，日本則使用漢文或日文加上漢文翻譯回應等等[4]。因此，將清國作為問題意識的事例，相信深具參考意義。

關於本文的結構，第一節及第二節，將分別以公使及其下屬書記生為中心，探討日本駐清公使館、領事館的組織整備及其變化。

有關以上駐外組織的研究，大多提及官吏自由任用制度的弊害，也就是帶來了人才流失，以及由於人才供給源有限，導致外交官人才不足的現象。在這種經常處於困頓的狀態下，又發生了徇私任用無外語素養者，將其派遣到國外，影響外交工作的結果，顯示出外務省的內部狀況十分混亂[5]。

其他如犬塚孝明的研究[6]，犬塚不只著眼在外務省，還全面檢視

4　森田吉彦，《日清関係の転換と日清修好条規》岡本隆司川島真編《中国近代外交の胎動》（東京：東京大學出版社，2009），国分良成，添谷芳秀，高原明生，川島真，《日中関係史》（東京：有斐閣，2013）。

5　關於這部分具代表性的研究如下。千葉功，《旧外交の形成日本外交一九〇〇～一九一九第 I 部自律化する外務省》（東京：勁草書房，2008）。另外，以千葉功為首的諸多討論，其依據來自明治 32 年，原敬，《外交官領事官制度》（東京：警醒社，1899）。

6　犬塚孝明，《ニッポン青春外交官国際交渉から見た明治の国づくり》（東京：日本放送出版協會，2006），犬塚孝明，《明治外交官物語》（東京：吉川弘文館，2009）。

了該時期的駐外外交官。其研究的重點則與過去的外交史研究相同，在分析外交交涉過程上十分縝密，而關於組織整備問題，則限定在明治 10 年代駐英日本公使館的事例。

近年的研究中，于紅[7]從三位駐清公使的角度，討論公使館設置課程及當地外交官所擴充的功能，釐清此為外交交涉及日本外交戰略帶來了何種變化，並探究日本在清國設置公使館、派常駐公使的意義及其定位。

于紅認為，在清國派遣常駐公使，使得公使可透過在當地掌握的資訊，影響對清政策的決策。也就是外交政策是透過當地公使進行的。但這本來就是日本政府派遣外交到各國的目的之一，並非限於清國的特殊事例。

由此看來，在外公館的組織究竟是如何變得功能完備，目前針對這方面的正式研究相當稀少。

另外，有關該時期的官僚制度的研究當中，清水唯一朗的研究，雖有提及陸奧宗光等人與「外交官及領事官試驗制度」的部分，但關於在此之前，該制度的籌備過程卻鮮少被提及[8]。基本上日本的官僚史研究，大多的研究視角是以討論內務省或大藏省等，省內部官僚之整備問題為主[9]，而許多討論官僚制形成過程的研究，並未針對外交官進行分析。

不同於過去的外交史研究，本文將從駐外組織的整備的視角，重現日本外交黎明期對清外交的另一個樣貌。

7　于紅，〈対清外交と駐清外交官—在清公使館の設置をめぐって－〉，收入小風秀雅，季武嘉也編，《グローバル化のなかの近代日本基軸と展開Ⅱ日本外交の展開》（東京：有志社，2015）。

8　清水唯一朗，《政党と官僚の近代日本における立憲統治構造の相克》（東京：藤原書店，2007）、《近代日本の官僚》（東京：中公新書，2013）。

9　主要的研究有山中永之佑，《日本近代国家の形成と官僚制》（東京：弘文堂，1974）、井出嘉憲，《日本近代国家の形成と官僚制》（東京：東京大學出版会，1982）、赤木須留喜，《〈官僚〉の形成》（東京：日本評論社，1991）等等。

一、駐清公使人事案的意見及其變化──以竹添進一郎駐朝公使轉任下一任駐清公使人事案為主

公使是在外公館當中，階級最高的外交官，其職務為擔任與駐派國政府等單位進行交涉時的代表。因此，公使可說是在外公館的核心角色。

有關該時期外交官人事的先行研究，主要著重在批判任用無外語素養的大名華族擔任公使，這種違反常理的人事。但其實這些人事案大部分都是派遣到義大利等，這種當時幾乎與日本無外交問題的國家，公使的立場也較接近親善公使。雖然這樣的人事安排的確是有些問題，但也無法斷言這妨礙了日本的外交工作[10]。

從另一個角度來說，當時其實並沒有任用公使的明確標準，事實上，被派遣擔任公使者，皆是由外務省認定其有能力的[11]。而由外務省主導的公使人事案，也的確存在派駐當地者，並非有能力可對應當地狀況的這個弊端。而其實這個問題，是與駐清公使的人事案有關而浮現出來的。

為此，本節將從明治 16 年，從日本外務省外務卿井上馨，與當時的駐清公使榎本武揚，此二人在關於下一任駐清公使人事案上進行的對答為中心進行分析。

明治 16 年 12 月，已決定時任駐朝公使竹添進一郎要轉任駐清公使，但時任駐清公使榎本武揚[12]對外務卿井上馨提出異議。

10　舊肥前藩藩主鍋島直正，舊廣島藩藩主淺野長勳，舊水戶藩藩主德川慶篤之子篤敬，這三人共同被任命為駐義大利公使。舊大垣藩藩主戶田則擔任駐奧地利公使。熊田忠雄，《お殿様，外交官になる》（東京：祥傳社，2017）。

11　原敬，《外交官領事官制度》。

12　幕臣。幕末時期曾在中濱塾學習英語，並作為幕府留學生前往荷蘭，學習化學及國際法等。戊辰戰爭時，曾抵抗新政府軍，直到最後才投降。特赦後，曾任開拓使，其語言能力及對國際法的見解受高度評價，曾擔任駐俄公使處理與俄羅斯的國境問題，締結庫頁島千島交換條約。明治 12 年，在外務省先後擔任條約改正調查主責者，外務大輔。任駐清公使，回國後先後擔任遞信大臣，外務大臣等職位。外務省外交史料館日本外交史辭典編纂委員會編，《日本外交史辭典》，頁 90-91。

但是當時井上馨的對清外交，是採取「消極干涉[13]」，也就是以避免與清國交戰為主軸的日清協調戰略。而以這種戰略上來說，竹添的確是可勝任派駐清國公使的人物。

竹添的漢學素養高，曾任天津領事主掌對清交涉，握有與李鴻章及閔妃政權下的官僚們之間的人脈[14]。在善後壬午兵變及日朝關係惡化下欲達到親善的目的上佔有優勢。安排與清國、朝鮮有緊密連結的竹添擔任駐清公使，可說是適材適所的人事案。並且，初代駐清公使柳原前光有深厚的漢學造詣，第三任駐清公使宍戶璣也身兼儒學家[15]，任命竹添一案，與過往的駐清公使人事案並無太大突兀。

且榎本在擔任駐清公使之前的明治9年，當時的舊幕臣江連堯則，希望到新政府任職，榎本因此對外務卿寺島宗則表達希望錄用江連擔任日本駐清公使館書記生，並對江連的漢學素養給予高度評價。從此可得知，對派駐清國的外交官來說漢學是必要的能力。

> （前略）事出突然，有一事請託。有關舊幕府外交奉行的江連加賀，我了解到他最近考慮仕官。若北京的日本公使館有書記生的缺額，可否任用其擔任該職。此人我相當了解，漢學造詣深厚，管帳也很是細心（中略）也略有政治上的領會。衷心希望您可任用其擔任一二等書記生[16]。（後略）

13 　高橋秀直，《日清戰爭への道》（東京：東京創元社，1996），頁123-124。

14 　前揭書。鄭鳳輝，〈甲申政変一二〇年—金玉均と竹添進一郎〉，《海外事情研究》，32：2（熊本，2005），頁37。

15 　宍戶出身自以碩儒山縣周南為代表，歷代毛利藩儒家之門的山縣家。其幕末時名為山縣半藏。東亞同文會編，《對支回顧錄下卷》（東京：原書房，1968），頁211。本論所使用的《對支回顧錄下卷》，是在中國教育及報業極為活躍的中島真雄，以「為彰顯眾多前輩留下的對支事績，以此流芳百世」為目的編纂的人物傳記。但本論引用同書，僅是為確認該人物的背景。同書對於其功績，業績的過度評價，將不引用。

16 　〈明治9年3月13日榎本武揚寺島宗則宛書簡〉，收入加茂儀一編・解說《資料榎本武揚》（東京：新人物往來社，1969）。

　　既然如此，為何榎本要對竹添擔任駐清公使一案提出反對？且當時榎本答應在井上馨底下擔任外務大輔的邀請，並決定回到日本。因此榎本的反對意見，應該不是他要死守自己的公使位子而提出的。據此，以下將分析井上提及有關他與榎本之間的談話。

　　（前略）除竹添之事外，希望與您會面詳細商談有關朝鮮問題及轉任清國一事。此人在與外國人公使交際及策略合作上，有言語不通的問題，但依我個人的觀察，此人的個性應不致於完全不會社交。另外榎本於二十三日抵達當地，已從他那邊得知不少北京的狀況。（榎本）認為針對未來對清國的政略上，與其任命竹添擔任公使，不如任命通曉英法語，可貼近外國人公使，商討利害關係者，以長久來看才是上上策。雖然任用竹添與理想略有落差，但要找到通曉歐洲語言與漢語者十分困難，我（井上）還是下定決心要通過竹添轉任一案。請您務必協助在榎本回京都後轉任（外務）大輔的同一天，任命此人（竹添）[17]（後略）

　　榎本批評竹添的語學力低下，他提出今後對清政略上所需的外交官，應安排可通英法二國語，能夠和各國公使有深入交往、共同討論利害關係的人物，才是上策。

　　事實上，竹添本身因不通英法語，無法與各國公使合作，人際關係也不盡理想。再來，翌年 1 月，榎本寄給妻子的宅狀中，提及「（前略）北京公使如我之前聽說過的傳聞一樣，決定是竹添氏了，但在下已向井上表達對此略感不服。這是因為竹添氏並不通曉英法

17　〈明治 16 年 12 月 29 日井上馨　伊藤博文宛書簡〉，收入伊藤博文關係文書研究會編，《伊藤博文關係文書第 1 卷》（東京：塙書房，1973）。

語之故（後略）[18]」，批評了竹添完全不懂西方語言。

另外，前述的柳原和宍戶二人，其實也並非通曉西方語言。但此二人派駐清國時，是為了解決日清兩國間的外交懸案，而以公使身份派遣至當地。他們只有在交涉期間滯留當地，任務結束後便回國，並交接給臨時代理公使。因此，他們可以說不需要與當地的西洋人公使交流。相較之下，竹添是常駐外交官，並非短期，因此若要主動與西洋人公使進行日常交際，的確是會有所不便。

而與榎本同樣在之後擔任駐清公使的大鳥圭介[19]，對於駐清公使與西洋語言能力的問題，則有以下的見解。

> 公使再三說明，清國、朝鮮的公使除手腕之外，還需語言能力。北京的各國對清國採取的是聯合政策，或可說是恐嚇主義。因此時常召開聯合會議，討論其手段或策略。但這種會議極其保密，不允許攜帶通譯等人，也就是各國公使將圍繞在圓桌上（為不分席位上下）各自密切討論評議。若我國的清國公使不通英法語，將不得列席該會議，而且就算列席也得無益處，甚至會損害帝國的名聲。但細數我國人才，有此技能者又有其他短處，也因此選任實是困窘[20]

18　〈明治 17 年 1 月 2 日榎本武揚　妻・多津宛書簡〉收入加茂儀一編・解說，《資料榎本武揚》。榎本寄給妻子的書簡，日期是 1 月 2 日，但以時間前後來說，前一年的 12 月 22 日，回國中的榎本在道後溫泉與井上會面，井上強烈拜託他轉任外務大輔，榎本答應。當時榎本也對井上表達了他對於下一期駐清公使人事案的不滿。也就是前一年就有此跡象。且同史料中，〈關於井上此次寄給伊藤氏的書狀（後略）〉也有這樣的記載，而後面便是上記史料的內容。

19　幕臣。在幕末時期於適塾，坪井塾等學習蘭學，兵學，被提拔為幕臣後，擔任陸軍奉行。戊辰戰爭當中與榎本同樣抵抗幕府軍到最後才投降。特赦後，歷任開拓使御用係，大藏少丞，再出任工部省。曾任工部大書記官，工部技監等官職，是優秀的技術官僚。此外也歷任學習院長，華族女學校長，在教育界也出過力。之後擔任駐清公使時，與日清戰爭開戰有密切關聯。福本龍，《われ徒死せず明治を生きた大鳥圭介》（東京：國書刊行會，2003）。

20　郵便報知新聞（大鳥公使實際所說《郵便報知新聞》）（東京），〈明治 26 年 7 月 18 日〉，收入郵便報知新聞刊行會編，《郵便報知新聞一八八九 - 一八九三》（東京：柏書房，1989）。

大鳥提出，在當地與西洋各國公使召開的聯合會議為保密因此不附通譯，若日本公使不諳英法語，便無法參加會議。且不諳英法語還參加會議將有損日本的名譽。他強調，駐清公使若要從事收集當地情報的工作，西方語言的能力是有其必要的。

清國的外交界裡，西洋各國公使會召開集會，互相交換對清政略的意見。因此推測榎本認為，因竹添完全不懂西洋語言，而公使需收集當地情報，並與西洋人公使進行社交活動，派遣竹添至清國擔任外交官不夠實用。

還有一點最重要的，以上榎本對於外交官語言能力的觀點，是在他擔任駐俄公使的時期產生的。他在回國前，對當時的外務卿寺島宗則提出關於下一任公使的建議：「以通曉法語者最為必要，若不得已時，則可說日耳曼語或英吉利語者，否則非常不適合。在「宮廷」（court）以及「外交官」（diplomat）的交際上，都需要法語，「日耳曼」語也在一般社會通用」[21]。榎本在俄羅斯擔任公使約6年，他深感作為外交官，基本必須具備英法語等的語言能力。且他認為：「可任一等書記官的人物非常難得。但雖有十足長才，若不能解法語，則無用武之地（會英語或德語即相當足夠）[22]」，從以上事例看來，他之所以不信任竹添作為外交官的能耐，也是其來有自。

原本，以井上的「消極干涉」戰略來說，調整竹添擔任駐清公使是一件適材適所的人事案。但是，也可說是因為太重視對清國及朝鮮關係，導致遺漏了與列強間外交這點。同前所述，確實竹添在調和與清朝兩國的親善關係上佔有優勢，但他缺乏西方語言能力這點，也導致他無法建立與駐派在當地的各外國公使的連結，也無法

21　〈明治10年5月21日榎本武揚寺島宗則宛書簡〉，收入寺島宗則研究會編，《寺島宗則関係資料集下》（東京：示人社，1987）。

22　〈明治11年1月18日榎本武揚　妻・多津宛書簡〉，收入加茂儀一編・解說，《資料榎本武揚》。

在其中擔任協商的角色。

並且，當時清國由於爆發清法戰爭，對此，日本的對清外交不再可僅只於採取只處理對清事務的外交政略，而必須面對歐州列強對清國國內有所影響的狀況。實際上，在接近清法戰爭爆發之前，會提拔不具中文能力，而是有流利法語能力的外務省御用掛原敬擔任天津領事，便是為了在當地查探法國的動向[23]。

井上馨先前已決定「與竹添面會。同意北京行。希望與榎本轉任命令的同時予以授任[24]」。但收到了榎本的意見後，對竹添駐清公使轉任案略顯消極。不過，在這個時間點，井上雖對竹添的轉任人事案態度消極，但仍規劃予以實現。但在翌年，內閣裡也出現對此人事異動的議論，結果多數閣僚對竹添作為外交官的能力表示懷疑，使得榎本再任駐清公使的聲勢提高。且榎本也與時任參議的伊藤博文多次討論有關自己的人事異動案。以下是閣僚們對下一任駐清公使人事案的見解及動作。

> （前略）關於在下個人之事，已多次向伊藤參議商討。也就是關於井上氏不顧前後有欠思慮之事。其理由第一，支那公使除在下以外無適任者，竹添氏不具備以外語交際之能力。關於不宜任命在下之外者，此事也已有多數議論（後略）伊藤先前已派遣芳川知事至道後（伊予），告知井上氏需再深思熟慮。[25]（中略）

伊藤勸告井上，竹添的駐清公使轉任人事案須經深思熟慮。且該書簡上也記載：「竹添氏自熱海返京，與外務省會面。此人雖也

23　伊藤之雄，《原敬外交と政治の理想上》（東京：講談社，2014）。

24　〈明治 16 年 12 月 19 日井上馨　伊藤博文宛書簡〉，收入伊藤博文關係文書研究會編，《伊藤博文関係文書一》（東京：塙書房，1973）。

25　〈明治 17 年 2 月 5 日　榎本武揚妻・多津宛書簡〉，收入榎本隆充，《榎本武揚未公開書簡集》（東京：新人物往來社，2003）。

期望北京公使一職，但自認無法處理外交工作，向井上辭退（後略）[26]」，也就是竹添對榎本表達了卻步。而最終確定竹添留任駐朝公使，原已決定的竹添轉任人事案則遭凍結。

翌年明治 18 年，井上起用了塩田三郎[27]代替卸任駐清公使的榎本。塩田的英法語流利，曾在井上底下擔任外務少輔，並具有在東京的條約改正會議中於最前線發揮長才的經歷。從這邊可以看到，井上提拔塩田擔任駐清公使，是因為塩田可以應對[28]西方人士。

並且，駐清臨時代理公使的任用上，自明治 17 年以降，具有積極採用通曉英法語者，或是具外派英國或法國等地經驗的書記官的傾向。〔表 2-1〕

曾長期於日本駐清公使館擔任書記官的中島雄[29]，被評價為「詩文名聲響亮，簡勁達意的文人[30]」、「可在支那活用其文章學才[31]」，具強烈的文人要素。但中島從未被任命為臨時代理公使。從這點看來，也符合前面的分析。

從前述可得知，由於西洋列強對清國的影響力日漸增強，因此榎本認為，外交官若像過去一樣只能對應一個清國，將不足以發揮

26　前揭史料。〈明治 17 年 2 月 5 日　榎本武揚妻・多津宛書簡〉，收入榎本隆充，《榎本武揚未公開書簡集》。

27　幕臣。曾任幕府遣法使節的通譯，明治維新後任職外務省。塩田曾以書記官身分，與第一任駐法公使鮫島尚信一同至法國擔任外交官。設立外務省後，曾在多個公使館擔任書記官等職務。回國後曾任取調局長，外務少輔等。明治 22 年，在任公使時病死於清國。外務省外交史料館日本外交史辭典編纂委員會編，《日本外交史辭典》，頁 363。

28　第二任駐清公使森有禮也具優秀的英語能力，但森的狀況，比起語言能力，此任命應該是由於森具有第一任駐美公使的經驗，是實力派公使，其對朝鮮政策的研究經歷也受高度評價。犬塚孝明，《森有礼》（東京：吉川弘文館，1986），頁 187-188。于紅，《对清外交と駐清外交官─在清公使館の設置をめぐって─》，頁 141-142。

29　幕臣。明治維新後就讀中村敬宇開設的同人社私塾，位於東京。明治 11 年，擔任日本駐清公使館書記見習，開啟官僚生涯，之約二 20 年間，陸續於日本駐清公使館擔任書記生，交際官試補，三等二等書記官。東亞同文會編，《對支回顧錄下卷》，頁 207-209。

30　東亞同文會編，《對支回顧錄下卷》。

31　東亞同文會編，《對支回顧錄下卷》。

足夠的功用。這個想法並非只是為因應日清修好條規第 6 條，避免對清政策上失利而需援引英語[32]，而包含到，除清國以外，還需應對派駐當地的西洋人外交官的人際網與其影響力下的考量。

大鳥圭介在塩田客死清國後急促接任駐清公使，也是因為大鳥熟諳英法語。大鳥具長年對清國、朝鮮等東亞地域的了解及觀察，又是熟悉該地域的政治狀況及地理、習俗的知識分子，加上他的英法語能力，大鳥可說是最適合派遣至清國的人物[33]。

塩田和大鳥二人不只因身為駐清公使，與西洋各國公使參加過聯合會議而建立了交情，以塩田來說，他還曾在日清修好通商條規改正會議上，透過駐清德國公使得到與清國動向有關的情報，並報告給井上，內容如下。

> （前略）有關德國公使馮・巴蘭德氏，先前各國公使召開有關上海外國人居留地規則改正的集會，在下也有參加。會後的雜談結束後，巴蘭德氏離開座位前來找在下，詢問有關日清條約改正之事後續進行得如何了。在下回答，至今尚在詢問南北洋大臣，尚未著手開談。然而（巴蘭德說）之前他下津時，李鴻章說，日清條約改正一事並不迫切，待日本與歐美各國在東京完成改正談判後，再慢慢處理也不遲。若李所言為真，詢問總署的南北洋大臣等事，看來只是表面上的託辭。在下說，您所說之事目前或多或少是事實，幸虧早日察覺，加上承如您所知長崎事件也尚未解決，一旁又有改正談判，多少讓人覺得棘手。同

---

32 森田吉彥，《日清關係の轉換と日清修好條規》，收入岡本隆司川島真編，《中國近代外交の胎動》（東京：東京大學出版社，2009），頁 64-65。

33 拙稿《大鳥圭介と外交 - 技術官僚から外交官への轉身を辿る -》，收入山崎有恒編，《近代日本の黎明二〇一八年度卒業論文集立命館大学文学部日本史山崎有恒ゼミ》（京都：立命館大學尽心館 3 階 927 号山崎研究所，2019），頁 119-144。

氏（巴蘭德）又說，當初長崎事件派遣律師一事，雖是李的要求，但這是大大失策。當時我（巴蘭德）半開玩笑說，與其花大錢派擔文（Drummond）過來，派您的秘書官伍廷芳更合理且此人完全可勝任，結果李不回話一笑置之。這時候其他人過來打斷了談話，話題就轉移過去了。我想從前述馮・巴蘭德氏與李的談話中，關於改正之事，清國政府從一開始就採用了李的意見，打算要推延一段時間，應是毋庸置疑。[34]（後略）

塩田透過與駐清德國公使的對話，證實了自己對李鴻章的疑慮。塩田掌握到了李鴻章意圖延宕日清修好通商條規改正之交涉的情報。

塩田自身也對清國政府抱有強烈的不信任感，如「如您所知，支那人相當喜愛誇大其詞，任何事皆切勿輕信[35]」、「支那人依舊頑固，此事姑且又是閉口不提[36]」。且在清國情報收集方面上，塩田也很重視與西洋人公使的聯合會議及交際。

從以上有關塩田和大鳥的相關事例中，可了解到，駐清公使與西洋人公使之間分享及交換對清政略情報的方式。榎本向井上建議，負責對清外交的外交官，必須是可以和當地西洋人公使對等周旋的人物。從上述所提的觀點可得出，駐清公使從原先任命具備高知識分子素養者，改為由可應對與列強之間外交工作的人物來擔任，榎本的建議便是這個改變的原因之一。

---

34 〈塩田三郎ヨリ井上伯宛書簡〉，收入伊藤博文編，《秘書類纂外交篇下卷》（東京：秘書類纂刊行會，1935）。

35 〈塩田三郎ヨリ井上伯宛書簡〉，收入伊藤博文編，《秘書類纂外交篇下卷》。

36 〈明治21年塩田三郎寺島宗則宛書簡〉，收入寺島宗則研究會編，《寺島宗則関係資料集下卷》（東京：示人社，1987）。

047

而且，自日清戰爭後發生的三國干涉事件為首，西洋列強進出中國的狀況更加頻繁，駐清公使逐漸傾向任用可處理與西洋人交涉及交際工作者（代表性人物如林董、西德二郎、小村壽太郎等人），最終這個用人的偏好也就此固定[37]。

二、日本駐清領事館語言學習生之設置與日本駐清領事館組織之重組

前一節說明，榎本公使向外務省建議，駐清公使必要的能力並非漢學或儒學等的教養學識，而是英法語等西洋語言，才能與當地的西洋人公使合作。而之後在駐清公使選材上，的確開始注重英法語能力。

另一方面同一時期，關於明治 16 年起開始的外務省派遣清國留學生制度，當地的領事提出了某種意見。本來，派遣至清國的留學生在當地學習數年後，會被任用為書記生[38]，並被派遣至清國活動。因此他們的所通曉的當地語言，並非是先前所述的學術性知識，而是可立即應用於實務上的。

本節將以上海領事河上謹一的意見書為中心，分析清國留學生的問題，以及河上構思的駐清公館的組織構造，包括他的構想如何實現，以及駐清公館的組織構造的變化過程。

明治 20 年 1 月，上海領事河上謹一[39] 對井上馨外相上奏有關外

37　有一例外，是大隈外相的心腹矢野文雄，在這之後因部分徇私原因而被提拔為駐清公使。

38　明治 16 年的「清國北京留學生取締條規則」第六條規定，完成學業滿五年，必須從事外務省職務。〈派遣留學生至清國北京之件〉，收入外務省編，《日本外交文書第一六卷清國關係雜纂》（外務省，1950），頁 273-274。

39　曾作為文部省留學生至英國留學，在倫敦大學學習經濟學，理財學，商法原理，銀行業務，憲法等。明治 15 年回國後，曾在農商務省，文部省等任書記官。明治 18 年，擔任西鄉從道的同行人員被派遣至清國，其後即轉任外務省擔任上海領事。明治 21 年擔任紐約領事，回國後，明治 23 年擔任外務省通商局長。大津事件後辭官，就任於日本銀行，最後擔任住友銀行的高層。富田仁編，《海を越えた日本人名辭典》（東京：日外アソシエーツ株式會社，2005），頁 235。

（前略）該官費留學生，大多在國內只有學習漢學及清語學等，缺乏英語等其他的一般知識，現應嚴屬督導並獎勵，且方今洋務交涉事項繁雜，若要在清國留學留下好的成果，勢必須以西洋思想觀察東亞情勢。然而現在的留學生只專注從師清國語學教師，也就是只秉持著和魂漢才，這和在國內學習並無太大差異。難保這些學生完成學業後可足以任用（中略）應從現起停止官費留學生，並在各領事館內部屬語言學習生若干名，以大約七成學習，三分館務之力使用，對將來任命上來說是最適宜的。而學生的挑選上，如已在國內修習一般學識並通曉英語者，即帝國大學學生，其品行方正身強體健者，可一邊學習清語一邊從事館務工作（中略）同時具有東西方的學識，達到可用之才的地位，再任用這樣優秀的人才作書記生，進而任用其擔任領事（中略）我認為之所以過去乏有駐清領事及書記生之人才，是因為了解清國情勢及洋務者鮮少（中略）雖說現今的官費生未來通曉清語增廣見聞後，也並不能說無一是處，但總之，若非東西兼學者，難以期待未來會有好的成績[40]（後略）

以上的意見，是河上表述他對於外務省清國派遣留學生（以下：清國派遣留學生）於公使館、領事館之任用的缺點的看法。河上認為，現今駐清公館忙於處理許多與當地西洋人交涉的事務，若只單純在當地的清國人教師下學習中國語，缺乏英語或其他學問，任用這樣的學生擔任外交官是困難的。實際上，清國的開港地早已

40　〈明治二十年一月七日　河上謹一井上馨宛〉（1887.1.7），《清国へ本省留学生派遣雑件　第二卷上海領事館ノ部》，外務省外交史料館（藏），檔號：6-1-7-1_002。

有許多西洋人從事貿易商業活動，且當地也有英、法、德等國家的金融機關進駐[41]。河上指出，若外交官在當地只處理清國一國的事務，這樣將不足以勝任領事的職務。

相關研究中，孫安石[42]雖對於清國派遣留學生有詳細且充分的討論，但其研究是外務省的中國派遣留學生制度之變遷，以及當地留學生的學習或考試的實際情況為主。本文將嘗試從外交官所認知到的駐外組織問題與其關連性的此一觀點，來探討清國留學生的問題。

接續以上提出的問題點，河上描述，清國各地的領事館應配置附屬語言學習生，以學習七分、館務三分的程度工作，並提議讓學生一邊在當地學習中國語，一邊在領事館工作，最後從這些學生中選才任用為書記生，還可進一步提拔其擔任領事。

且有關當時的清國派遣留學生，河上對通曉中國語可增加在當地的見聞表達正面評價，但又提到若非「東西兼學」者，在當地從事外交活動將難以有好的作為。過去之所以缺乏駐清領事及書記生的人材，其理由是同時熟諳中國語與西洋語者少有，因此河上主張，若採取前述的措置，未來駐清領事及書記生的派任自然會更加容易。

同一年，外務省針對河上的意見書，製作了「清國留學生滿期後處分法議案」[43]，並在開頭部分提到河上的意見非常有理，並依照河上的意見，決定在中國完成留學生活的學生，需追加學習英語。

41　古結諒子，《日清戰爭における日本外交》（愛知：名古屋大學出版社，2016），頁129。

42　孫安石，〈戰前の外務省の中国への留学生派遣について -- 明治，大正期を中心に〉，《中國研究月報》，61（東京，2007）。另外，孫安石並未引用本文使用的河上謹一的意見書，因此忽略了河上與清國派遣留學生制度之間的關聯。

43　該史料中雖未記載年代，但從「有關處置清國官費留學生一事，如另附之河上領事所奏之旨趣」這段話看來，可推測是明治20年1月7日以後所寫。無題，《清国へ本省留学生派遣雑件第二巻上海領事館ノ部》，外務省外交史料館（藏），檔號：6-1-7-1_002。

有關處置清國官費留學生一事，如另附之河上領事所奏之旨趣，我認為他的論點言之有理。我希望未來派遣的學生應準備如前述，但更重要的是，眼下已有人期滿或即將期滿，這件事必定要予以處置。有關其任用法之擬議如左（中略）

駐於清國公使館或領事館的附屬語言學習生，應有半日或數小時在館內執行一定的館務，並於閒暇時學習英語。本來清國留學生學習的場所及見聞之地僅限於清國，對歐美的知識技術情勢皆茫然，致其見識狹隘。不論是外交上或通商上，都難以適應現今開明的時勢。因此若預期將來要任用這些人到亞洲各地，除清語外必定要兼修英學 [44]（後略）

但外務省並未提及清國派遣留學生的廢止問題，且預設的語言學習生並非帝國大學畢業生，而是針對過去的留學生。這與河上的旨趣略有出入。但有關今後在清國工作的外交官須有英語、英國學術相關的素養，並非僅止於當地的語言及學問的這個主要論點，則與河上意見一致。

同年 6 月，外務省通告駐清公使塩田三郎、天津領事波多野承五郎、漢口領事町田實一、香港領事館事務代理齋藤幹 [45]，將分別從

44　《清国へ本省留学生派遣雑件第二卷上海領事館／部》。

45　對齋藤不僅止於通知，而是命其統籌語言學習生。「有關其學業及品行，須嚴加管理。且須詳細報告其勤惰及學業進步狀況」。《亜細亜之部／（一○）在香港領事館》（1887.6.3-1890.2.24），外務省外交史料館（藏），檔號：6-1-7-6_1。

天津派遣小田切萬壽之助 [46]，從北京派遣山崎龜造 [47]（後改名桂），從漢口派遣大河平隆則 [48] 至香港領事館擔任語言學習生。其內容如下。

> 清國留學生自過去以來只專修支那學，若將來要在清國公館從事館務，兼修英語是緊要之事。但是清國並無設立正式的支那語及英語學校，且管理方式不周，幸香港設有中央學校，專為東洋人教授英清兩學。如附紙，看起來其學業有搭配適當之課程。因此，就目前當地之留學生，天津的小田切萬壽之助、北京的山崎龜造、漢口的大河平隆則，挑選其中一名命其至香港留學 [49]（後略）

不久之後，上海的豐島捨松 [50] 也被派遣至香港，即共有四名語言學習生一邊擔任館務工作，一邊在當地學校學習英語。這些第一期的語言學習生，在清國各地的領事館擔任書記生。數年後，小田切擔任上海總領事，山崎擔任漢口領事，豐島為福州領事，大河平則被提拔為長沙領事。這些學生可說真正是「東西兼學」的外交官，特別是日後小田切在明治後期到大正期，在日本的對中國外交上是十分活躍的人物。

---

46 歷任朝鮮，舊金山，紐約領事館書記生後，明治 29 年擔任杭州領事，明治 35 年擔任上海總領事。之後在小村外相的要請下，離開外務省擔任橫濱正金銀行取締役，於對中借款有重大貢獻。大正 8 年，以西園寺公望隨員之身份參加巴黎和會。數年後擔任對支文化事業委員。中村義，《近代日中關係史人名辭典》（東京：東京堂出版，2010），頁 164。

47 日本駐香港領事館書記生。92 年時擔任日本駐仁川領事館，日本駐朝鮮公使館書記生。之後曾在上海，紐約，重慶領事館工作，其後任重慶副領事，1901 年就任漢口領事。但最後在漢口患病，回國後不久過世。中村義，《近代日中關係史人名辭典》，頁 588。

48 曾任日本駐釜山領事館書記生，以及天津，蘇州，美國公使館書記生。明治 33 年，時任杭州副領事，39 年任當地領事，駐清公使館三等書記官，長沙領事。明治期外交資料研究會篇，《外務省年鑑明治四五年版》（東京：クレス出版，1995）。

49 《亜細亜之部／（一○）在香港領事館》（1887.6.3-1890.2.24），外務省外交史料館（藏），檔號：6-1-7-6_1。

50 曾任日本駐廣東領事館主任書記生，駐美公使館，之後擔任福州領事。義和團運動時，曾傾力設置日本人居留地，以及福建省樟腦專賣權的取得。數年後，就任大阪每日新聞北京特派記者及同社的支那課長。中村義，《近代日中關係史人名辭典》，頁 386-387。

　　河上提出意見的翌年明治 21 年以降，主要幾個駐清領事館的人事配置出現了一種特徵。也就是積極任用具派駐歐美諸國的經驗者，或是帝國大學出身者等通曉西洋語言的人物擔任領事或副領事[51]，書記生則從原先的清國派遣留學生畢業者，變成採用上述的語言學習生。

　　具體的例子，如明治 21 年，駐天津領事館的領事鶴原定吉，原先是倫敦領事館的書記生，並任用清國留學生出身的瀨川淺之進擔任書記生。同一年，駐芝罘領事館的領事林權助是東京帝國大學畢業生，書記生則是清國留學生出身的田邊熊三郎。明治 24 年，駐天津領事館任用前倫敦領事館書記生荒川已次擔任領事，書記生則任用語言學習生出身的大河平。還有，明治 21 年的駐上海領事是前駐美日本公使館書記官高平小五郎，副領事則是東京帝國大學畢業的內田定槌。也就是駐清各地的領事，皆採用了通曉英法語者，書記生則採用通曉中國語者。以上所示的駐清領事館組織重新編制的案例，顯示出了人員配置的傾向。採用可同時對應西方及清國雙方的人物，以使得駐清領事館的外交活動可推展至更廣的層面[52]。

　　最後，如前所述，這些語言學習生被任命擔任清國各地領事館的書記生，最終也被提拔為領事，活躍於日本對中外交的最前線上。

　　而明治 26 年，外務省留學生規程制定後，語言學習生制度實際上便等同結束。這使得明治 26 年以降，只有通過「外交官及領事官試驗」者才可擔任外交官（公務員），以確保這些人具有高水準語言能力（英法語）。而書記生（非公務員）則略遜於公務員，但也確保具一定的語言能力（英語、法語）。但另一方面，借用陸奧宗光和原敬的話，雖然可透過外交官考試，確保一定數量通曉英法語的外交

51　但是，開設日本領事館時香港已經被割讓給英國，成為英國在遠東的經濟據點。因此派遣了安藤太郎，南貞助等通曉英語者擔任領事。

52　參照明治 21 年度～ 25 年度《官員錄》。彥根正三編，《官員錄》（東京：博公書院，1884）。

官，但是這些人還是不通中文、俄文、西班牙文等的特殊言語。為了對應這個問題，採取派遣書記生級別的非公務員，作為留學生至各國，以補佐以上各國的公務員外交官的對策[53]。也因此制定了讓留學生們只學習一個語言的方針，而作為書記生的來源的留學生的語言能力就被限制只有中文了。

從這邊可發現，與其培養一個雙語使用者，在駐清公館配置兩個可操英語及清國語者，應該是被認為更具效率的。

不過之後駐清公館的組織架構在河上的建議下，本質上仍未有變化。

關於這方面的例子，明治31年，時任日本駐清公使館書記官的林權助，提出的有關該館人事的記述，可見端倪。

> （前略）本館雖有專精者，但卻無通才者。為此，前幾天寄信給小村次官，表達我希望代替本館中島書記官者，是如楢原陳政氏[54]或小田切領事般，可說可寫支那語文，又能操英語文，在內可執掌事務，在外又可接人待物，兼具見識及才技的人物，望您理解（後略）[55]

就如林權助主張的，在駐清使館行動的外交官，不只要會讀、會講中文，還必須有英語能力加乘，才是有能的人材。且如本文前述一般，像中島雄一樣只會讀寫中文的外交官已經不再被需要了[56]。

53　〈外務省留学生ヲ英、独、仏ノ外露、西、清、韓ノ四ヶ国ヘ派遣セシムル件〉，《外務省留学生ニ関スル例規雑件》（1893.6.8）外務省外交史料館（藏），檔號：6-1-2-12。原敬，《外交官領事官制度》，頁41。

54　明治12年到15年曾在清國駐日公使館學習，15年到20年以個人身分至清國留學，至各省實地遊歷。回國後入外務省，但不久後辭職，到英國愛丁堡大學就讀，明治27年回外務省復職。楢原也是名同時通曉中文及英文的外交官。中村義，《近代日中関係史人名辞典》。

55　〈明治31年7月20日林權助大隈重信宛書簡〉，收入早稻田大學大學史資料センター編，《大隈重信關係文書9はと‐まつ》（東京：みすず書房，2004）。

56　另外，中島雄曾在明治31年後，於舊公使館內擔任出納官吏，從事庶務及整理典籍的工作，也就是已正式退出參與外交實務。東亞同文會編，《對支回顧錄下卷》。

但是明治 26 年起，針對清國派遣留學生的策略方針，並不是要將他們培養成像語言學習生一樣，同時懂得英文、中文二國語言，而是讓這些通過考試的少數菁英精銳學習中文。陣容方面，公使、領事、書記官等的高等官階級，採用帝大畢業者以及通過外交官及領事官考試，具備西洋語言素養者；而補佐前者的書記生等的判任官階級，則採用具中文素養、留學生出身的書記生，或是有二國語言能力的語言學習生出身的書記生。如此一來，雖然實質上多少有些不同，但河上提倡的駐清公館「東西兼學」的組織形態確實被延續下來了。

三、結語

針對明治 10 年代後半至 20 年代前半之間，日本駐清公使館及領事館的組織整備，本文分別從公使及下屬的書記生為焦點進行了分析。

這個時期，是駐外組織對於對清外交方針的重大轉換期。對派駐地的公使和領事來說，以西洋人公使為中心形成的外交社會、西洋商人的存在，以及西洋列強對清國內部的影響力等這幾點，皆無法忽視。在選擇外交官時，公使不再需要如同過去，具漢學教養或學者身分者，而是需要通曉英法語者。書記生也必須是不僅止於通中國語，而還須通英語文，如此一來才可在當地充分進行外交活動。

因此，明治 16 年駐清公使榎本武揚，以及明治 20 年上海領事河上謹一，分別從當地提出建議，並以此為起點大舉對日本駐清公使館和其他駐清各地的領事館進行了組織整備。此舉整備行動，並非是來自日本政府外務省的由上而下式，而是從派駐地發起的由下而上，因此值得探討。

以結果來說，駐清公使的任用傾向，轉變為針對西洋人所需要

的精通英法語人才。榎本對竹添駐清公使轉任人事案提出的意見，以及外務省基於此意見做出的行動，可說是一個轉振點，表示日本認知到，需要更認真地對應在清國與列強之間的外交活動。

並且駐清公館的書記生，也從本來的派遣清國留學生的畢業生，改為安排通曉中國語文或英語文的語言學習生；領事則是安排通曉英法語者或是有派駐西洋各國經驗的外交官。也就是體制上來說，不再只是對應清國，也認知到需要對應當地的西洋人。

對日本駐清公使館及領事館的外交官來說，單一的中國語能力或是漢學等中國學問，其重要性相對較低；而脫亞性的政策轉換，使得西洋語言能力對外交官來說，開始被視作是不可或缺的。

本文提出的有關駐清公使人事案與駐清領事館書記生養成的案例，可以發現，身處對清外交第一線的派駐地公使館、領事官們了解到，焦點不應只放在清國上，而是需要對其周邊，也就是派駐在清國的西方勢力投入更多的注意才行。

本文雖以清國為中心，分析了駐外公館之整備問題，但其他國家的例子又是如何？以及開頭所述，有關該時期具有留學或至歐美旅行經驗者鮮少，因此適任外交官之人才也少這一點，一直都是外務省長期以來的難題。也因此，在進行分析駐外公館的組織整備時，外務省如何處理以上的問題，也需要進一步的探討。

另一方面，有關駐清公館，明治末期，漢口領事水野幸吉曾對外務省上奏有關「通清國語吏員之養成」的意見書[57]，高呼應積極培養外交官的清國語能力，這與該時期對於駐清外交官英語能力的高評價又是相左的意見。水野幸吉的意見雖也應需詳細討論，但由於篇幅不足，以上 2 個課題將另撰文分析討論。

---

57 〈清国語ニ通スル吏員養成ニ関シ在漢口水野領事稟議一件〉、〈清国語ニ通スル吏員養成ニ関シ在漢口水野領事稟議一件〉（1905.11.9）外務省外交史料館（藏），檔號：6-1-2-46。

表 2-1 日本駐清公使館臨時代理公使一覽（明治 16 年～明治 26 年）		
就任年	名　前	經　歷
明治 16 年	吉田二郎	日本駐美公使館書記官
明治 18 年	島田胤則	日本駐英公使館書記生
明治 22 年	今立吐醉	留學美國後，歷任京都府中學校英語教師等後，任外務省翻譯官
明治 26 年	橋口直右衛門	日本駐美、法公使館書記生
明治 26 年	小村壽太郎	留學美國後，至外務省翻譯局工作，後任翻譯局長

製表：　筆者。參考文獻：外務省外交史料館日本外交史辭典編纂委員會編「日本外交
　　　　史辭典」（東京：山川出版社，1992）、彥根正三編「官員錄」（東京：博公書
　　　　院，1884）、青木孝文「公文書に見る今立吐醉の履歷」「若越鄉土研究」63 卷
　　　　2 号（福井：福井縣鄉土誌懇談會，2019）。

參考文獻

1. 東亜同文会編,《対支回顧録下巻》,東京:原書房,1968。

2. 加茂儀一,《榎本武揚》,東京:中央公論社,1988。

3. 外務省外交史料館日本外交史辞典編纂委員会編,《日本外交史辞典》東京:山川出版社,1992。

4. 高橋秀直,《日清戦争への道》,東京:東京創元社,1996。

5. 犬塚孝明,《ニッポン青春外交官国際交渉から見た明治の国づくり》,東京:日本放送出版協会,2006。

6. 犬塚孝明,《明治外交官物語》,東京:吉川弘文館,2009。

7. 森田吉彦,〈日清関係の転換と日清修好条規〉,収入岡本隆司、川島真編,《中国近代外交の胎動》,東京:東京大学出版社,2009。

8. 中村義,《近代日中関係史人名辞典》,東京:東京堂出版,2010。

9. 国分良成、添谷芳秀、高原明生、川島真,《日中関係史》,東京:有斐閣,2013。

10. 于紅,《対清外交と駐清外交官—在清公使館の設置をめぐって−》,収入小風秀雅、季武嘉也編,《グローバル化のなかの近代日本基軸と展開Ⅱ日本外交の展開》,東京:有志舎,2015。

11. 古結諒子,《日清戦争における日本外交》,愛知:名古屋大学出版社,2016。鄭鳳輝,〈甲申政変一二〇年—金玉均と竹添進一郎〉,《海外事情研究》,32:2(熊本,2005)。

12. 孫安石,〈戦前の外務省の中国への留学生派遣について -- 明治,大正期を中心に〉,《中国研究月報》,61(東京,2007)。

03 舊慣與新制的交錯與碰撞——日治初期臺灣人商標登錄的初體驗（1899-1911）

許蕙玟[1] —————————————————————————

一、前言

商品標記的使用，自古有之。從標記演變為商標歷經數千年，史前時代人類已使用標記表示「我」的東西。古代埃及、希臘、羅馬等地在陶器、建築石塊、磚瓦、動物的蹄角刻劃或烙印標記，證明上古時代人類使用標記的情形相當普遍。12、13 世紀的歐洲社會更因產業的發達、貿易的興盛，以及封建制度的崩潰，自由城市興起，標記使用更加普遍，幾乎各行業都有。[2] 中國於北周時期有以「郭彥」署名的陶器，唐朝有普遍使用水印暗紋標誌[3]的習慣，即至北宋濟南劉家功夫針鋪白兔標記是中國最早具有商標性質的印記。隨著近世中國經濟發展，擴及至棉布、絲織品、藥品、飾品、茶、酒、剪刀、銅器、瓷器等商品，皆有使用標記的紀錄。[4] 而在臺

1　國立暨南國際大學歷史學系博士。

2　鄭中人，〈商標法的歷史〉，《智慧財產權》，25（臺北，2001），頁 1。

3　水印是紙面上一種特殊的暗紋，紙平放時看不出有透明圖形，舉紙迎光一看，能夠見到清晰的花紋。最早的水印是 8 世紀末或 9 世紀初，由唐代造紙工匠首創的。當時是在竹簾上絲線編織花紋。花紋處比簾面突出一些，故成紙時相對應的部位纖維交織得薄一些，則透光程度高一些，於是便得到水印效果。https://www.easyatm.com.tw/wiki/%E6%B0%B4%E5%8D%B0，擷取日期：2022 年 2 月 6 日。

4　黎志剛、韓格里（Gary G.Hamilton），〈近世中國商標與全國都市市場〉收入《近代中國區域史研討會論文集（上冊）》（臺北：中央研究院近代史研究所，1986），頁 52。該文是較早針對中國商標史進行討論的文章，具有其開創性，不過內文將中國歷代商品標記等同於近代商標來看待，是值得商榷的。於中國資本主義社會發展過程中，商人使用標記的習慣確實有之，但該標記與近代商標法下的商標仍有所不同，中國實際上使用「商標」一詞已是晚清時期。

灣的商品標記使用,則可追溯至清代標頭、標號及對號,[5] 其被視為區別與他人商品的標記。這顯示商品標記於商業使用是各地皆有的普遍現象。

其次,商品標記在近代自由貿易的主流思潮下,以及 1760 年代英國工業革命的發軔,藉由大量製造商品來打開市場的貿易模式,逐漸重要。及於 19 世紀中葉左右,因為法國、日耳曼及美國等國家也工業化成功,其產品加入競爭。[6] 加之,跨國企業的出現,在 19 世紀至 20 世紀的紡織品即以多元、多彩與具有當地特色象徵的符號、字樣的標記販售至東南亞地區。[7] 再者,19 世紀末以來技術的革新,包括商品的包裝、冷凍技術的改良等,使得 19 世紀末至 20 世紀初以後,標記成為特別有價值的無形資產。[8]

保護商品標記的法律也因之而生,「商標」一詞的使用隨之普及。1803 年法國是最早制定商標法相關法令的國家,但一開始僅部分地區施行;現行商標法則是 1857 年才正式制定。英國最初施行商標保護的成文法是 1862 年的《商品標示條例》;不過,直至 1875 年《商品註冊條例》始明定商標的註冊與權利。美國聯邦商標法於 1870 年制定,德國商標保護為 1874 年,日本則有 1884 年商標條例。[9] 由此可見,1870 年代以來各國對於保護商標法律的制定逐漸形成,於 1883 年更有 13 個國家組成工業所有權同盟,並於 1884

5　清代臺灣使用的商標,稱為對號、標號與標頭,其中以標頭最為常見。臨時臺灣舊慣調查會,《臨時臺灣舊慣調查會第一部報告臺灣私法第三卷(上)》(東京:臨時臺灣舊慣調查會,1911),頁 222-223。

6　陳國棟,《東亞海域一千年》,(臺北:遠流出版社,2005 年),頁 9。

7　Andreas P. Zangger,"Chops and Trademarks: Asian Trading Ports and Textile Branding 1840-1920" , *Enterprise & Society*, 15:4(DEC2014):759-790.

8　David M. Higgins, "Forgotten Heroes and Forgotten Issues": Business and Trademark History during the Nineteenth Century, *The Business History Review* , 86:2 (SUMMER 2012):264.

9　侯強,〈近代中國商標法的肇始及其演進〉,《青島科技大學學報》,23:4(青島:2007),頁 81。

年簽訂工業所有權同盟保護條約，是針對工業所有權，包括商標權的跨國保護機制。

而在此國際背景下，日本政府一方面為加入工業所有權保護同盟。[10]另一方面，欲解除日本對外不平等條約，[11]勢必加入國際秩序中，商標法可說是日本政府在外迫內壓的情形下制定。而臺灣自1895年隸屬日本政府的殖民地，1899年3月1日日本政府完成商標法制定後，於7月1日即將商標法移植至臺灣施行，此一商標法新制不僅是將臺灣與日本國內置於同法域之中，[12]也象徵臺灣隨著日本政府的統治，進入現代國際法的影響圈，甚至藉由商標法讓臺灣與日本同樣在商標權上受到法律的保障。

由過去對日治時期商標法相關的研究來看，最早1995年葉德輝以法律的角度切入，探討1921年臺灣施行的商標法，與1930年施行於中華民國的商標法之差異。他指出當時臺灣與中華民國施行的商標法，在法條上雖有相類似，但實際上臺灣商標法的法條與配套是較為完善。[13]不過，該文未論及商標法在臺施行對社會的影響，

10　工業所有權保護同盟，係基於1883年所制訂的巴黎公約（Paris Convention for the Protection of Industrial Property），為各國對商業秩序的共識，且持續影響19世紀後半葉以來至20世紀中葉以來的世界貿易體系，即至1967年的斯德哥爾摩公約，才正式成立世界智慧財產權組織（WIPO）。資料來源：經濟部智慧財產局，https://www.tipo.gov.tw/tw/cp-124-207090-a7799-1.html，擷取日期2021.07.19。

11　此指日本政府欲解除從1853年美國黑船事件後，幕府陸續與美、英、法、俄等國簽訂的條約，其條約內容包括最片面惠國待遇、治外法權與協定關稅等項，對日本政府的政治、經濟與社會造成相當影響。而1868年成立的明治政府，首要的目標即是改正條約與法權回復的工作。其中，改正條約的預備條件之一，則是英國要求日本需加入工業所有權保護同盟的條約。而特許局在日本政府指示下正進行特許、意匠與商標等三法的制定。資料來源：林明德，《日本史》（臺北：三民，2016），頁158-160、181。《朝日新聞》，〈特許局の準備〉，1898年7月26日，第7版。

12　同法域的概念，是相對於當時臺灣所使用的法源為六三法，不同於日本國內是依憲法行事，臺灣殖民地與日本國內事實上是屬於異法域的情況，但由於商標法的施行，是與日本國內施行的商標法相同，故以同法域將之定義，這顯示臺灣在商標法施行下與日本國內有相同法律，也擁有相同法律保護的權益。

13　葉德輝，〈臺灣日據時期商標法與案例評析〉《智慧財產權月刊》，（臺北：經濟部智慧財產局，1995），頁80-91。

係屬拋磚引玉之作。從 1995 年至 2012 年之間未有直接針對日治時期商標法的研究，僅有 1997 年王泰升提及商標法是以敕令施行於臺灣的日本法律，原因為該法涉及國防、財政、通信及外交等，有將整個內外領土作為單一法域之需要。[14] 王文最先注意到商標法於臺灣施行的特殊性，是少數日本法律適用於臺灣的例子，但可惜並未深入討論之。

2013 年，河原林直人因長期關注臺灣茶產業的研究，注意到日治初期在商標法施行後，產生於臺灣包種茶商標登錄的糾紛，進而討論引發爭議的茶商—郭春秧，分析其經歷、人脈等事，說明在紛爭中為何臺灣總督府、臺北縣的調查對該事相對消極的可能性。這是由於郭春秧為臺灣籍民，且在南洋商業經營具影響性，與臺灣總督也有交情所致。[15] 此為第一篇使用「臺灣總督府公文類纂」來研究日治時期商標登錄糾紛的專文，但因河原林的研究著重茶商，非探究商標登錄爭議背後的原因，即清代標頭舊慣延續至日治初期的問題，所以未進一步說明商標法新制與舊慣之間的差異。

直至 2016 年鄭育安的研究，才點出清治臺灣使用的標頭，因同業共有商標的習慣，在商標法施行後產生紛爭，並且針對商標法施行後，從商標仿冒案來觀察商標法對臺灣社會的影響。[16] 鄭文的貢獻在於梳理清代臺灣標頭舊慣到日治商標的變遷過程，以及較早使用日治時期法院檔案來研究商標仿冒案。但因受限於史料，部分推論有待商榷，例如他以臺灣包種茶商標登錄糾紛的結果，認為其可能影響 1921 年日本商標法修法時，產生團體標章的規定。但實際

14　王泰升，〈日治時期台灣特別法域之形成與內涵〉，收入《台灣法律史的建立》（臺北：元照出版社，2006），頁 114-115。

15　河原林直人，〈領臺初期における茶業を巡る商人の角逐—郭春秧商標登錄事件と「近代化」〉，收入松田吉郎編著，《日本統治時代臺灣の經濟と社會》（京都：晃洋書房，2012 年），頁 75-95。

16　鄭育安，〈商標法與臺灣社會—從清治至日治時期的變遷〉（臺南：國立成功大學歷史學系碩士論文，2016），頁 1-109。

上，團體標章的出現與工業所有權保護同盟會議有關，與鄭文所述不合。不過，整體而言，鄭文對日治時期商標法的研究仍具開創性。

2017 年，筆者進一步注意到日治初期煙草商標登錄的問題，以「臺灣總督府公文類纂」的新材料，發現臺灣商人延續清代標頭的舊慣，除鄭文所述同業共有商標的現象外，更重要的是這一習慣為共用商標圖樣卻使用不同字號的習慣，因而不符合商標法禁止使用類似商標圖樣的規定。加之，1905 年，日本政府實施煙草專賣，在國家力量介入下讓臺灣商人的煙草商標因之消失。[17] 2019 年，則從臺灣總督府對清代臺灣商標、商品及包裝的調查，發現日治初期商標調查中，唯一擁有證據的施錦玉線香商標，1907 年順利完成商標登錄，是延續清代商標使用舊慣的案例。[18] 從以上研究可見，商標法施行後，商標登錄對於觀察商標法具體實施的樣態有其代表性，且更可釐清清代舊慣標頭如何過渡到日治時期商標使用，但因煙草與線香的研究皆為個案討論，未能呈現日治初期商標登錄的整體實際樣態。

基於上述，本文聚焦於商標法新制的施行，對臺灣商人的商業經營有何影響？由於商標法是不同於清朝統治下對商業秩序的管理方式，尤其在其施行後，商標須經過申請登錄的行政過程，由政府賦予商標保護的權利，這是於清代未曾施行的制度。因此，本文試圖探討日本商標法移植到臺灣之前後，對臺灣商業秩序所造成的衝擊，包括舊慣與新制的碰撞下，如何反映於臺灣商人的選擇？並以 1899 年至 1911 年為討論的時間脈絡，觀察明治時期臺灣商標法施行，至 1909 年第一次商標法修法後，臺灣商人對商標法的適應過程。這是由於 1912 年洽是東亞政局有極大變化的時間點，清朝覆

17　許蕙玟，〈日治初期商標法施行及其發展——以煙草商標登錄為主〉，《台灣史學雜誌》，23（臺北，2017），頁148-174。

18　許蕙玟，〈從標頭到商標——以施錦玉香鋪為例〉，收入國史館臺灣文獻館編輯組編，《第十屆臺灣總督府檔案學術研討會論文集》（南投：國史館臺灣文獻館，2019），頁185-210。

滅到中華民國的成立,以及明治天皇過世,大正天皇的即位,對於臺灣商標登錄也產生不同的影響,需另文處理。因此,本文即以清代標頭舊慣到日治初期商標新制適應期為主。

首先,釐清代臺灣所使用的商品標記,即標頭、標號等所代表的意義,以及清代官府對其管理措施。二是日本商標法新制施行後,舊慣與新制的轉換下,對臺灣商人所造成的影響,以及臺灣總督府的介入,並進行商標舊慣調查。三則說明臺灣總督府於商標舊慣調查結果及其影響,並論臺灣商人陸續登錄商標的新局展開,來探討臺灣商人運用商標法保護自身權益的初體驗。

二、清代商標舊慣與官府管理

本節討論清代臺灣民間使用的商品標記,即標頭[19]舊慣,及清代官府如何對其管理為主,以釐清在日本商標法施行於臺灣前,臺灣商業習慣對標頭使用概念和用法的實際樣貌為何?清代官府是否能夠有效管理標頭?從而說明清代標頭使用特色。

(一) 民間商標舊慣的使用

過去對清代臺灣標頭使用的理解,多出自日治時期日本政府對臺灣舊慣所做的調查,即《臺灣私法》所述清代商標為標頭、對號及標號的說法,但是卻未說明什麼是標頭、對號及標號?又為何有這樣的字詞來做為商品標示呢?其分別又有何意義?

在清帝國內地較常使用「牌子」、「牌號」等作為商品區別的標記,其功能近似於商標,最晚於 1829 年已相當普遍。[20] 而這種具有商標性質的牌號,一直到 1920 年代仍持續被使用,例如馬頭牌顏

---

19 雖然標頭非臺灣最早使用類似商標性質的標記,但因使用最廣,故將清代臺灣具有商標性質的標記,以標頭名稱代之。

20 曾友林,〈中國商標法制近代化研究〉(四川:西南政法大學法律學博士學位論文,2019),頁 32-33。

料商標、美麗牌煙草商標等。[21] 足見在中國商標使用脈絡中，係以「牌」為標記的習慣，卻與臺灣商業習慣用語明顯不同。

　　清代臺灣最早使用類似商標性質的標記是標號，為康熙年間來臺的曾振明香鋪所使用。第一代曾扶容於 1661 年至 1722 年間渡臺，在臺南禾寮港街（今臺南市忠義路一帶）設立香鋪，經營線香製造業。後來傳承至第四代曾敦仁時，因是遠近馳名的老字號，仿冒品也隨之出現。其為避免商品遭仿冒，重新製作匾額刊刻曾祖父於康熙年間的創業履歷，降低被仿的風險，但未見成效。第五代曾邦治為商品標號被仿之事，曾於 1848 年向臺灣縣胡國榮知縣提出陳情書，請官府能明示禁止外，也告知鳳山、嘉義、彰化、淡水及宜蘭等各縣廳，一體出示禁令。[22] 從該案可知，清代臺灣商業活動已有老字號的出現，而且更因標號被仿而告官處置，顯現標號作為代表商號與商品之標記，於 1850 年以前有之。

　　標頭的出現，筆者認為與進出口貿易時，貼於包裝紙、裝載箱上嘜頭的使用有關。嘜頭是從「mark」英譯而來，含有兩層意義，一為商標（商品標記），二是防止發錯貨，而在進出口貨物上所作的標記。[23] 在「mark」一詞剛進來廣東、福建沿海時，因當時未有商標一詞，所以廣東、福建人就根據英文發音而使用「嘜」一詞作為標記。[24] 由於往來臺灣與清帝國貿易的商人，與臺灣移民的籍貫，有許多人係以廣東與福建為原鄉，或許因之將嘜頭習慣帶入臺灣。

　　二則可能為 1860 年臺灣開港以來，因洋商與洋行在臺灣的商業經營，對華商或臺灣商人的影響。例如王雪農這類具有跨國貿易經驗又精通外語能力，能與洋商合作，甚至引進新式觀念來經營商業

21　左旭初，《中國近代商標簡史》（上海：學林出版社，2003），頁 169-248。

22　高淑媛，《臺灣工業史》（臺北：五南，2016），頁 51-53。

23　https://www.easyatm.com.tw/wiki/%E5%98%9C%E9%A0%AD，擷取日期：2022 年 9 月 25 日。

24　曾友林，〈中國商標法制近代化研究〉（四川：西南政法大學法律學博士學位論文，2019），頁 33。

的臺灣商人。[25] 他們進而影響臺灣商業習慣中對於商品標記的使用。

三從日治初期臺灣商人所提交的商標也證明此一現象，如高雄陳中和所經營的糖、米輸出口貿易，其擁有的糖、米商標如圖3-1、3-2，並說明「HH」這一商標從1904年算起已使用20餘年，也就是1884年前後即有該商標的使用，從清末延續至日治初期。而以英文字母作為商品標示的嘜頭即是洋人慣用方式，[26] 由此可見臺灣使用標頭這一名稱可能與西方商貿習慣有關。

圖 3-1　中等青糖商標（陳中和）

資料來源：「商法施行前ヨリ慣用スル商標二關シ特許局へ回答ノ件」（1906-03-01），〈明治三十九年臺灣總督府公文類纂十五年保存第四十三卷殖產〉，《臺灣總督府檔案‧總督府公文類纂》，國史館臺灣文獻館，典藏號：00004924009，頁274。

圖 3-2　玄米商標（陳中和）

資料來源：「商法施行前ヨリ慣用スル商標二關シ特許局へ回答ノ件」（1906-03-01），〈明治三十九年臺灣總督府公文類纂十五年保存第四十三卷殖產〉，《臺灣總督府檔案‧總督府公文類纂》，國史館臺灣文獻館，典藏號：00004924009，頁283。

至於對號這一名稱的使用，卻未見於現有清代文獻檔案之中，推測或許較為晚近才使用，用於強調商品所製造與販售的商號、字號，希望消費者能認明商號、字號的標記。

再者，清代所使用的標頭、對號與標號等名稱又有何差異？則需要將「標」與「號」分開來說。筆者認為「標」所彰顯的為該字

25　林玉茹，〈跨國貿易與文化仲介：跨政權下臺南第一富紳王雪農的出現(1880-1905)〉，《臺灣史研究》，27：4（臺北：2020），頁71。

26　〈文妖篇〉，《申報》，1902年01月27日，第10339期，第1版。

號、商號所使用的商品標記；而「號」則代表該店的字號、商號。表現於標頭、對號與標號的使用，可從 1901 年臺灣總督府針對煙草商標調查結果來看，由臺灣商人提交出的商標加以印證。

如以錦泰成商號交付的商標與包裝紙為例。其中，圖 3-3 為標號，內容書寫較為完整的商店訊息，包括錦麒麟為標名，而商號為錦泰成，經營地點在臺中縣苗栗街，以製造與販售煙草為主，甚至提及因有不肖業者抽換包裝，改換低品質煙草來騙客人，所以店主為顧全商譽，而於煙盒內嵌入標頭，以及在煙草面上蓋商號為記。這顯示該店舖的煙草曾蒙受仿冒之害，故在標號上加以註記該事，請消費者務必注意購買。

圖 3-3　錦泰成號煙草標號

資料來源：「商品二使用ノ商標各廳ヨリ回付」（1901-02-18），《臺灣總督府檔案・總督府公文類纂》，國史館臺灣文獻館，典藏號：00000637004，頁 46。

圖 3-4 為標頭，內容較為簡單，僅書寫錦麒麟（標名），並附有麒麟的圖案，加上產地與商號名稱，這一性質與嘜頭較為相近，因貼附於包裝紙或裝運箱上，一方面讓消費者容易辨識，另一方面則是方便於商品運送卸貨過程中容易辨別商家。

圖 3-4　錦泰成號煙草標頭

資料來源：「商品二使用ノ商標各廳ヨリ回付」（1901-02-18），《臺灣總督府檔案・總督府公文類纂》，國史館臺灣文獻館，典藏號：00000637004，頁 44。

圖 3-5　錦泰成號煙草對號

資料來源：「商品二使用ノ商標各廳ヨリ回付」（1901-02-18），《臺灣總督府檔案・總督府公文類纂》，國史館臺灣文獻館，典藏號：00000637004，頁 44。

　　圖 3-5 則為對號，原因在於內容以介紹錦泰成商號為主，並述其製造煙品的品質優異，遠近馳名，堪為閩南第一，請消費者務必

認明錦泰成招牌為記，並強調錦泰成極品名煙貨真價實、童叟無欺的特點。讓消費者能從對號清楚知道該店的店址、製造、特色、商號等項的內容，將商品與商號相對應。

從上述對於標號、標頭與對號的說明，可見臺灣清代以來具有商標性質標記名稱使用上有其歷史脈絡，而且有不同的功能性，有專以包裝、箱上使用的標頭，有作為商品貼附使用的標號與對號，也就是說臺灣商人所使用的商品標記，非單一使用的文字、圖樣，而是由數個標記組合，皆可代表其字號、商號所製造、販售的商品。

（二）清代官府對標頭的管理

至於清代官府又是如何管理具有商標性質的標頭、標號與對號呢？從《戶律》中的〈市廛〉記載，實際上未有標頭、標號及對號的相關規定，僅有針對商人與船主的登記資料，例如：「私充牙行、埠頭，凡城市鄉村諸色牙行及船之埠頭，並選有抵業人戶充應官給印信文簿，附寫逐月所至客、商船戶、籍貫、姓名、路引、字號、物貨數目，每月赴官查照。」[27]，即用於官府查驗登記商人與船主的商品、運輸內容等項。

其次，從日治初期針對臺灣舊慣所做的調查，提及「清代並無向官府登記標頭的制度，但被人盜用標頭而訴於官府時，官府要處罰盜用人。但律例無處罰盜用標頭的規定，以致處罰方法不一。」[28]，更進一步說明清代官府確實無直接登記與管理標頭、處置盜用標頭等律令。

27　〈大清律例〉「中國哲學書電子化計劃」，https://ctext.org/wiki.pl?if=gb&chapter=919606&searchu=%E5%AD%97%E8%99%9F，擷取日期 2021 年 11 月 22 日。

28　陳金田譯，《臨時舊慣調查會第一部調查第三回報告書臺灣私法（第三卷）》（南投：臺灣省文獻委員會，1993），頁 133。

　　然而，對於清代標頭使用的限制上，卻因臺灣地方士紳基於「敬字、惜字」[29]的理由，多次向官府提出建議，認為商家印字標於商品的行為是褻瀆文字應禁止，促使官府屢次提出禁令，而後更有以禽鳥花木等圖案取代字號的要求。但實際執行成效如何？可從「淡新檔案」中看見官府、士紳與店家之間的互動與禁令發布，來觀察官府對清代標頭的管理。

　　早在 1843 年就有臺灣縣廩生施大觀等人向官府稟請禁止壽字金紙的販售，並要求各商家以刻印標記的方式來販售，也得到臺灣縣胡國榮的認同，且頒布禁令，將壽金改成人物、花木等類，稱為花金，使惜字之風為之一振。但是 1846 年又有職員張必中提出禁止壽字金紙的要求。[30] 顯示壽字金紙的問題尚未解決。至 1874 年 1 月 9 日由海東監院臺灣縣學教諭邱鴻江向臺灣府稟請，希望官府嚴禁全臺販賣壽金，並知會漳州、廈門等地一體示禁。[31] 而 3 月 27 日淡水廳同知陳星聚亦出示禁令要求淡水廳等地的商家不得販售壽字金箔。[32] 由此可知官府對於地方士紳的陳情，以及商家販售壽字金紙一事，有介入處置，但卻無法落實禁令。

　　故為解決壽字金紙的問題，地方士紳提出以禽鳥花木印取代壽字的方法。如 1880 年 5 月 28 日，新竹縣舉人吳士敬等士紳，提及眾人先有集資刊印禽鳥花木等印，邀請商家來文昌宮領花印回去，避免使用刊印字號、標名來販售金銀紙，但沒多久這些金銀紙商家

29　關於臺灣惜字習慣的形成，有李季樺一文的討論，並將臺灣惜字風俗的形成，歸於臺灣文昌帝君的信仰盛行，與固有的宗教信仰崇拜行為，以及人民對鬼神之崇敬的心態等有關。加之道光以來臺灣文風漸盛，地方識字階層的出現，逐步形成對文字尊重，避免汙穢、褻瀆文字的行為。李季樺，〈十九世紀台湾における惜字慣習の形成〉，《中国：社会と文化》25（東京：東大中国学会，2010），頁 144-159。

30　〈臺灣府知府周懋琦移請淡水分府陳星聚出示嚴禁販賣壽字金箔不許將之沿途燒棄〉（1874.3.17），《淡新檔案》，第 12503-2 案。

31　〈臺灣府知府周懋琦移請淡水分府陳星聚出示嚴禁販賣壽金〉（1874.1.9），《淡新檔案》，第 12503-1 案。

32　〈淡水分府陳星聚出示淡水廳舖戶人等不准販賣壽字金箔〉（1874.3.27）《淡新檔案》，第 12503-3 案。

故態復萌，致使士紳再度向新竹縣知縣施錫衛稟請，讓知縣下令禁止金銀紙商刊印標號於金銀紙上。[33] 可見，地方士紳為解決褻瀆文字刊印壽字金紙，進一步建議官府，要求商人不得刊印店號標名，改用花木禽鳥等標記來取代。但是直至 12 月 13 日，仍有蔡俊等商人造印字金紙、翻刻字標，更甚於之前，導致字蹟被踐踏蹂躪，而受到生員蘇敏等士紳的舉發，要求新竹知縣嚴辦。[34] 在在說明，即便官府屢次禁令，以及地方士紳多次請求與舉發商人違規等事，無法抑止壽字金紙的製造和販售。

之後，1882 年 1 月再有監生張濟川等士紳，請求官府勒碑示禁，避免世人不敬字紙。[35] 而新竹知縣徐錫祉則明列 15 條告示提及：「禁金銀紙面標號印字、禁鞋襪印字注號、禁糕餅包面印字、禁大小炮包面標字、禁藥劑紙包印字……等」，以及「勸農工商賈，勿將字紙為包物糊物等用，尤勿於一切器用貨物上書寫名姓，刻印字號，自有善報……等」。[36] 從上述地方士紳的要求，及清代官府所做出的回應，反映出清代官府從原先禁止壽字金紙販售，已經擴及商品及包裝紙，並以道德規勸世人不要印字於日常用品。

不過，從 1882 年 12 月 10 日吳士敬等士紳再次向官府告發，除金銀紙鋪外，線香店、糕餅店等商人，也有印字標販售商品的行為。[37] 而新竹知縣徐錫祉也派衙役抓拿許謗等 14 位違規商人到案說

33　〈舉人吳士敬同眾紳士等為請示嚴禁以昭敬惜事〉（1880.5.28）《淡新檔案》，第 12503-4 案。

34　〈生員蘇敏卓雲漢及眾紳士稟請知縣飭差拘懲違禁之商舖並出示嚴禁販賣印字金紙〉（1880.12.13）《淡新檔案》第 12503-6 案。

35　〈臺竹二保新埔街監生張濟川等為不敬字紙有傷風化乞准嚴禁褻慢奏咨頒行出示勒碑以崇聖蹟以昭久遠事〉（1882.1）、《淡新檔案》，第 12503-11 案。

36　〈告白規條〉（1882.1），《淡新檔案》，第 12503-10 案。

37　〈舉人吳士敬暨眾紳士等為慢聖污褻疊示不遵懇恩籤差拘懲示儆以昭敬奉事〉（1882.12.10），《淡新檔案》，第 12503-14 案。

明。[38] 顯然這些張貼告示、勒碑示禁的手段，成效有限，而使地方官府需殺雞儆猴的抓拿違規商人以儆效尤。

然而這種以敬字、惜字為目的，由地方士紳、官府提出的限制，並不單出現於臺灣。1883 年閩浙總督何璟接受福鼎縣恩貢生邱士准等人的陳請，而對於告示張貼、各家門聯等項，要求以木造懸牌或定時收撿的方式，避免字紙遭受踐踏，並諭令臺灣道劉璈對臺北府、新竹縣等地要求一併施行。[39] 同年更有侯官縣文童林耀墀等人，提出枕頭上書寫年份與商號，有褻瀆文字之疑慮，應改以十二生肖、名花替代，皆獲得閩浙總督何璟的同意，並要求臺灣一體施行。[40] 而新竹代理知縣周志侃即因此下令禁止商家書寫文字於枕頭上，包括其他器具，皆須改以花樣取代。[41]

這些禁令實際執行的成效如何？從 1887 年新竹知縣方祖蔭出示禁令，要求商人有販售枕頭、金銀紙、香包、糕點等商品，改用花鳥不得印字號。[42] 同年，臺北知府雷其達再次下令，嚴禁汙穢字紙。[43] 到 1889 年臺北知府雷其達接獲宜蘭縣知縣沈繼曾的通報，有生員蘇朝輔、貢生吳時亨等人，提及商人仍於布皮、銀紙、香包、糕紙等印字號於標頭，應改換花鳥人物等事項，而下令新竹縣知縣方祖蔭應一併示禁。[44] 1891 年，新竹知縣沈茂蔭呼籲地方士紳需開

---

38 〈新竹縣正堂徐錫祉單仰值役莊海立傳違禁污蔑字蹟之頑戶赴縣以憑責懲〉（1882.12.24），《淡新檔案》，第 12503-15 案。

39 〈臺北府正堂陳星聚札飭新竹縣正堂徐錫祉嗣後所屬各舖地保如有諭示頒到應造具木板懸掛以免污穢字蹟〉（1883.2.29），《淡新檔案》，第 12512-1 案。

40 〈臺北府正堂陳星聚札飭新竹縣嚴禁污穢字蹟〉（1883.5.15），《淡新檔案》第 12512-3 案。

41 〈代理新竹縣正堂周志侃示禁各舖戶人等如有販賣枕頭須改換花樣不許刊刻素字以免污穢字蹟〉（1883.6.29），《淡新檔案》，第 12512-4 案。

42 〈新竹縣正堂方祖蔭出示所屬鋪戶軍民人等如有販賣枕頭及金銀紙箔香包糕紙等項器物務須改用花鳥等項繪形不許印寫字號以免污穢字蹟〉（1887.4.10），《淡新檔案》，第 12512-7 案。

43 〈臺北府正堂雷其達札飭新竹縣遵照辦理嚴禁污穢藝字紙並將示禁緣由具文通報〉（1887.4.17），《淡新檔案》，第 12512-6 案。

44 〈新竹縣正堂方祖蔭出示各舖戶軍民人等不准在布皮、銀紙香包、糕紙等器物印寫字號以免穢褻字蹟〉（1889.10.11），《淡新檔案》，第 12512-9 案。

導商人要敬字、惜字的告示。[45] 由此反映出禁止商人印字號於商品的告示成效不彰。

總之，清代官府對於標頭的管理，有因地方士紳出自敬字、惜字的目的，而要求官府出示禁令，干涉商家壽字金紙的販售，乃至於商品包裝與日常用品上所書寫文字、字號等事項，甚至直接介入，要求改用花印，以及官府出示禁令、勒碑示禁或派衙役抓拿違規商人等方式，皆未有效遏止商人印文字、字號、標頭、標號於商品的經營方式。最終也僅能流於口號、形式的要求，無法落實。

至於官府對於清代標頭仿冒案件的處置，目前受限於史料，在臺灣僅見 1848 年曾振明香鋪標號仿冒案，[46] 以及 1884 年施錦玉字號被仿冒案等個案。[47] 此兩件仿冒案的官方處置，同樣都為商人先自行提出告訴，再由官府裁決，並以出示禁令的方式來回應商人的請求。若商人提出進一步的證據，或者有違規者相關訊息，官府會負責抓拿，予以處罰。但如前述清代律例無仿冒商品標記的規定，係以官府自由裁斷為主，這一情形與日本商標法施行後有明確的商標登錄制度、商標仿冒罰則有很大的不同。而臺灣商人又如何從商標舊慣到商標法新制的轉換呢？以下將進一步說明日治初期商標法施行後對臺灣商人的影響。

三、商標法新制的施行與糾紛

1895 年臺灣改隸日本統治下，但清代以來臺灣商人所使用的標頭等習慣，也存續於商業活動之中，直至 1899 年日本商標法移入臺灣後，才因商標登錄制度的施行而造成臺灣商人之間的糾紛，以至於臺灣總督府的介入，藉由臺灣商標舊慣的調查，以便特許局日

---

45 〈署新竹縣正堂沈茂蔭諭街庄紳士應開導各舖戶等敬字惜字〉（1891.9），《淡新檔案》第 12512-13 案。

46 鄭育安，〈商標法與臺灣社會－從清治至日治時期的變遷〉，頁 25。

47 許蕙玟，〈從標頭到商標 - 以施錦玉香鋪為例〉，頁 199。

後處理商標登錄時有一憑證,來確認臺灣商人登錄的商標是否有疑慮等。以下將從日治初期臺灣商人使用的商標、商標法施行與包種茶商標糾紛,以及臺灣總督府的商標舊慣調查來討論。

(一)日治初期臺人商標的延續

明治29年(1896)10月25日,藤江勝太郎對臺灣包種茶做調查報告,[48] 其內容包括17位臺灣包種茶商的資本、商號、店址、工人數、出口茶價、數量外,也記錄了包種茶製程以及茶商所使用的包種茶商標。[49] 如圖3-6所示,此標內容為橫幅「永裕茶庄、蝴蝶為記」、縱向書寫「臺山淡水、超選名種」,第一是凸顯該包種茶商品製造、販售的商號為永裕茶庄,二是該商號以蝴蝶為記,三則是包種茶品質與產地的保證。顯然清代官府基於惜字目的對標頭的限制,實際上未改變臺灣商人使用文字、商號為標記的商業習慣。

圖3-6　此為包種茶商王永金(永裕號)　　圖3-7　逢成號包種茶商標
　　　　所提交的商標

48　「包種茶調查報告」(1896-10-01),〈明治二十九年臺灣總督府公文類纂十五年保存第十一卷殖產〉,《臺灣總督府檔案.總督府公文類纂》,國史館臺灣文獻館,典藏號:00004508020。

49　必須注意這是日人所定義下的商標,但實際仍為清代標頭舊慣。

　　圖 3-7 包種茶商標，則與本文討論商標法施行後臺灣包種茶商標登錄糾紛有關。從該標書寫：「本號福建泉州、廈門逢成號，歷年親自督辦，名種原茶件，由潮配船。近來路途阻塞，茲乙卯歲越運至廈門，配船順到各州府發兌，商翁光顧者，請認鳳標，庶不致愳。」其內容顯示位於福建泉州、廈門的逢成號，每年從潮州出口包種茶。但因 1855 年中國的太平天國之亂，導致交通上的治安有所疑慮，而從潮州改至廈門裝配包種茶，運至沿海各州府販售，也請購買者需認明鳳標，以免買錯商品。

　　但是實際該號在臺灣未設有分行，為何在臺經營的包種茶商會使用該標為記呢？此與臺灣包種茶，從生產到製作的過程，福建及廣東的相關業者參與甚深有關。一直到日治初期，臺灣包種茶產業仍高度依賴中國方面的茶工、製茶師的支援。銷售方面更由廈門與汕頭的包種茶商從粗製茶收購，到販售通路的掌握。臺灣包種茶的出口在這種依附於華商貿易網絡下，以及航路仰賴廈門或汕頭作為轉口港出口至南洋地區。[50] 加之，從旅券資料，進一步可見臺灣人以商業目的前往廈門者，多達 65,517 筆。其中，茶商郭春秧往來臺灣、廈門的紀錄，於日治初期即有 5 筆資料。[51] 因而，更能確認臺灣與廈門之間的商業活動相當頻繁，尤其是包種茶貿易上更是密切，所以包種茶商貼附逢成號的商標，實則代表臺灣包種茶轉運至廈門，而由廈門茶商出口到各地的事實。

　　上述，也點出茶為臺灣重要出口貿易商品。[52] 而使商標使用更

50　謝濬澤，〈政治與經濟交互影響下暹羅臺商的貿易與活動（1895-1946）〉（南投：國立暨南國際大學歷史學系博士論文，2021），頁 68-70。

51　此 5 筆資料為 1898 年、1901 年、1904 年（2 次）和 1905 年郭春秧前往廈門經營商務的紀錄。引自中央研究院臺灣史研究所，〈旅券資料庫〉，https://passport.ith.sinica.edu.tw/query-result.html，擷取日期：2021.12.03。

52　關於臺灣茶葉出口的重要性，有林滿紅對於 1860 年代開港以來，從海關資料所論的臺灣重要出口商品，即為三大出口商品之一，於臺灣對外貿易或對內稅收等皆有重要的位置。林滿紅，《茶、糖、樟腦業與台灣社會經濟變遷 (1860-1895)（二版）》（臺北：聯經出版社，2018）。

具有重要意義，不僅作為辨識商品與出口地的象徵之外，也是突顯商人在商業經營的手段。但如前述，清代官府雖未針對保護標頭有相關規定，而且遲至 1904 年才有商標法，但不代表中國商人不重視假冒商標的問題和沒有商標保障。在商標法尚未發佈之前，一些經濟比較發達的地區，例如松江府就對布業商標加以保護，有些商業性行會和家族具有保障商標的功能。[53] 那麼在臺灣是否有類似中國出現商業性行會來保障商標呢？

以現有的線索來說，清代臺灣有茶郊永和興的設立，[54] 在其 1895 年所提出的〈茶郊永和興規約〉中，多以茶葉交易規定為主的內容，但未見保護標頭的規定。[55] 而後 1898 年為遏止粗劣茶的出口，在臺灣總督府以府令發布第八十三號茶業取締規則，而臺北縣依此將臺灣茶商公會、[56] 舖家金協和[57] 與茶箱製造業者，合為臺北茶商公會。最重要的是從 1898 年 12 月 21 日臺北茶商公會所提出的規約中，明確點出茶商加入該會，需提交茶商的基本資料，以及包括茶商所使用的商標。[58] 這也是商標法施行前，臺灣目前所見第一個針對商標進行登記的商業性組織。[59] 不過，值得注意的是，該公會規

53　黎志剛、韓格里（Gary G. Hamilton），〈近世中國商標與全國都市市場〉，頁 50。

54　關於永和興的成立，目前有兩種說法，一種是 1885 年劉銘傳擔任巡撫時下令大稻埕茶商所組成，另一種為 1938 年陳天來所編著的〈同業組合臺灣茶商公會沿革史〉記載 1889 年為劉銘傳所推動下成立的同業組合。但因為林滿紅的研究對於劉銘傳是否介入永和興成立一事存疑，目前關於永和興的成立年代仍待查證。許賢瑤、徐英祥等著，《臺北市茶商業同業公會會史》（臺北：臺北市茶商公會，2000），頁 1-2。

55　許賢瑤、徐英祥等著，《臺北市茶商業同業公會會史》，頁 3-5。

56　此為清代茶郊永和興進入日本統治時期後，先改為永和興茶幫，後來又在 1897 年改稱臺灣茶商公會。許賢瑤、徐英祥等著，《臺北市茶商業同業公會會史》，頁 15。

57　舖家金協和為臺灣包種茶的茶商團體，而永和興被認為是烏龍茶為主的茶商團體。許賢瑤、徐英祥等著，《臺北市茶商業同業公會會史》，頁 2。

58　「臺北茶商公會規約及同上改正認可」（1898-12-21），〈明治三十三年臺灣總督府公文類纂永久保存追加第九卷殖產稅關及輸出入會計〉，《臺灣總督府檔案‧總督府公文類纂》，國史館臺灣文獻館，典藏號：00000533001。

59　不過茶商公會規約中關於商標一節的規定，後續因 1899 年商標法的施行，而在 1900 年由臺灣總督府審議後的規約已無商標登記制度，推測與商標法施行有直接相關。

約有商標提交的規定，應與日籍顧問大庭永成和副會長松本龜次郎有關，可能非茶商自主認知下所產生的結果。尤其從後續的包種茶商標登錄糾紛，即可發現茶商們對近代商標法尚未有明確的概念，而是日本政府強行在臺實施後，被迫接受這一新制，使其面臨清代商標舊慣和商標法的衝擊。不過，為何日本商標法會在臺灣施行？日本政府的考量？以及施行後如何引發商標登錄糾紛？於下文將一一論述。

（二）日本商標法移入及其影響

日本政府之所以在臺灣施行商標法，主要有三個原因。一為日本政府欲加入工業所有權保護同盟巴黎公約的簽署，因為該公約的簽署是各國作為日本修改不平等條約的條件之一。[60] 其次，在巴黎公約中明訂會員國的人民或臣民之間皆有登記工業所有權來受到法律保護的權益，所以使日本政府需要於殖民地臺灣施行商標法。再者，因日本農商務省特許局認為商標法涉及外國人的權利，有必要使日本人與臺灣人一併使用商標法，但是由於日本法律無法直接於臺灣施行，經過特許局、臺灣總督府與法制局的協商後，決定在法律上的解釋以敕令施行，而特許法第三十一條中關於區裁判所的規定，因臺灣未有區裁判所，改以地方法院代之，最終順利於1899年7月1日施行。[61]

日本商標法移植於臺灣，在法律內容上與日本內地無異，計有

60　1898年7月26日的朝日新聞，直接點出，特許局為了完成日本政府改正條約與法權回復的預備條件：即加入工業所有權保護同盟的條約。特許局必須在明年七月之前完成特許、意匠和商標等條例的修正，而這些條例為1888年所修訂的，但實質上仍未完備。一旦加入同盟後，還需依照同盟條例的規定為準則，不論現行條例與同盟條例之間有無相互牴觸的部分，在加入前有必要先完成特許、意匠與商標三條例的修訂。目前特許局正針對同盟條例加入的其他各國之現行條例進行斟酌與參考，並起草修正草案中。而且因為加入同盟的話，勢必有新機構與人事的增加，皆須一併進行調查。《朝日新聞》，〈特許局の準備〉，1898年7月26日，第7版。

61　許蕙玟，〈日治初期商標法施行及其發展 ── 以煙草商標登錄為主〉，頁150-151。

24 條規定，包括商標圖樣的限制、商標登錄的規定、續用、讓渡商標專用權的條件，以及違反商標法的罰則。而申請商標登錄者，在完成行政程序後，即享有商標專用權 20 年，期限屆滿可申請續用，一件商標登錄申請書為 30 圓，續用亦同。[62] 商標法的規定，對於臺灣商人而言，最重要的是保護商標的登錄制度、明確的罰則與變更商標等內容，為清代官府所未有的措施。而臺灣商人又如何開始使用商標法來保障自身的權益呢？

商標法施行後，1899 年 9 月 30 日即有大稻埕茶商郭春秧向特許局提出首次商標登錄申請，其內容包括 3 個商標，其一商標登錄號為 13990 號，登錄時間為明治 33 年（1900）2 月 16 日。[63] 而圖 3-8 是郭春秧初次申請時所填寫的商標登錄資料。不過，後來郭春秧認為其中 2 個商標無登錄的必要而取消登錄。[64] 值得注意的是，一在商標法施行 2 個月以後茶商就已經懂得申請商標登錄。二是商標內容點出郭春秧所經營的郭河東貿易公司，主要銷售商品的出口地為三寶瓏（今印尼三寶瓏市），代表郭春秧所販售的包種茶於此時已經在印尼販售，可見清末茶作為貿易商品的延續。三從商標登錄申請到完成的時間需耗時 5 個月以上，顯示商標法施行初期商標登錄的申請與審查是無法短時間內完成。

至於郭春秧有辦法掌握商標法的重要性，去進行商標登錄，筆者推測或許與其跨國貿易經驗有關。郭春秧早年赴爪哇追隨叔父郭河東經營錦茂茶行，1887 年來臺開設錦祥號，並加入茶郊永和興，銷售包種茶至東南亞一帶，同時也往來福建、臺灣與爪哇之間，更於 1898 年任茶郊永和興爐主時，趁勢將傳統茶郊改為茶商公會，

62　國立公文書館藏，〈御署名原本・明治三十二年・法律第三十八号・商標法制定商標条例廃止〉。https://www.digital.archives.go.jp/img.pdf/156762，擷取日期：2021 年 12 月 5 日。

63　許蕙玟，〈從標頭到商標 - 以施錦玉香鋪為例〉，頁 193。

64　「臺北茶商公會ニ關スル書類（元臺北縣）」（1900-01-01），〈郭春秧登錄商標願取消〉，《臺灣總督府檔案・舊縣公文類纂》，國史館臺灣文獻館，典藏號：00009201001。

並接納日本人會員。[65] 除此他所聘用的職員，如堤林數衛，[66] 提供其法律上的諮詢，而使他有辦法掌握先機。

圖 3-8　臺灣第一次商標登錄的申請書

資料來源：「臺北茶商公會ニ關スル書類（元臺北縣）」（1900-01-01），〈明治三十三年臺灣總督府公文類纂元臺北縣永久保存第一一一卷殖產〉，《臺灣總督府檔案·舊縣公文類纂》，國史館臺灣文獻館，典藏號：00009201001。

　　然而，1900 年 7 月 9 日郭春秧再次申請 5 個包種茶商標的登錄，並在 10 月 22 日獲得商標登錄成功，卻引發爭議，原因在於這 5 個商標圖樣非郭春秧所獨有的。如圖 3-9 所示的包種茶商標，實際上與 1897 年提出的逢成號包種茶商標相當類似，僅差別於使用

65　鍾淑敏、籠谷直人主編，《堤林數衛關係文書選輯》（臺北：中央研究院臺灣史研究所，2014），頁 46。

66　1898 年堤林數衛進入郭春秧所經營的錦祥茶行工作，善用他的語言能力，以通譯和書記長的身分協助郭春秧及其擔任茶商公會期間的事務，任該公司的通譯兼法律顧問九年。鍾淑敏、籠谷直人主編，《堤林數衛關係文書選輯》，頁 44。

商號及地點的不同。圖 3-7 的商標上寫逢成號，於福建泉州、廈門經營，而郭春秧提交的是新桂杞，在福建泉州、安溪經營。[67] 但是郭春秧的商號是錦祥，為何該商標卻是使用新桂杞？此一商標，反映出郭春秧所登錄的商標，實為清代商標舊慣中的標頭，新桂杞是其名稱。

圖 3-9　1900 年 7 月 9 日郭春秧第二次申請商標登錄的鳳標

資料來源：「特許情報」https://www.j-platpat.inpit.go.jp/，擷取日期：2022 年 9 月 25 日。

另一方面，這一商標登錄紛爭的主因，實是清代以來茶商之間有同業通用商標圖樣、字號不同的習慣，且經清代官府（廈門海防廳[68]）的同意，而郭春秧擔任臺北茶商公會長期間，因職務之便了解商標所代表的利益。加之，雙鳳、金葫蘆、白葫蘆等商標圖樣在海外最受歡迎，銷售獲利最多。[69] 如今，卻因郭春秧的商標登錄，致使其他茶商無法再使用這些商標，導致利益受損，故向臺灣總督府提起陳情書，希望能取消郭春秧的商標登錄案。

67　經查閱 1900 年臺北茶商公會員名簿，確認當時在臺的茶商未有使用新桂杞為商號。「臺北茶商公會員名簿」（1900-09-05），〈明治三十三年臺灣總督府公文類纂乙種永久保存第二十卷殖產租稅〉，《臺灣總督府檔案．總督府公文類纂》，國史館臺灣文獻館，典藏號：00000506003。

68　海防廳原設於泉州，光緒二十五年（1886）移到廈門，歸道台節制（其時道台亦駐廈門）。黃鳴奮，《廈門海防文化》（福建：鷺江出版社，1996），頁 97。

69　許蕙玟，〈從標頭到商標－以施錦玉香鋪為例〉，頁 194。

然而，該商標登錄糾紛卻從 1900 年 11 月 23 日大稻埕茶商提起陳情後，期間歷經臺北茶商公會的調解、臺北縣的調查，與臺灣總督府回復至農商務省特許局，[70] 於 1904 年 7 月才由特許局出面宣判郭春秧勝訴。[71] 但後續仍爭訟不斷，直到 1908 年 8 月 13 日特許局正式撤廢郭春秧所登錄的包種茶商標，並由郭春秧與十八家茶商達成和解，才結束這場延續多年的包種茶商標登錄爭議。[72]

從此一商標登錄糾紛，可發現日本商標法施行後所造成的影響，實際是清代標頭舊慣過渡至日本商標法的改變所致。其次，可進一步看見清代標頭舊慣使用上，存在同業通用商標圖樣、字號不同的習慣，這代表清代標頭於商業經營上的特色，重要是認清字號與標記。最後，郭春秧登錄茶商通用商標的行為，不僅代表茶商的利益被侵奪，更重要的是挑戰清代以來臺灣商人自主經營的商業習慣，例如商標由茶商之間共同認定，作為約定成俗的商業秩序，在商標法施行後被迫納入日本政府的管理。

（三）臺人商標舊慣的調查

由於包種茶商標登錄的糾紛，而使得負責審查商標登錄的日本農商務省特許局，必須針對臺人商標有進一步的了解，因而委由臺灣總督府進行臺人商標舊慣的調查，才能避免日後再有商標登錄紛爭的出現。

明治 34 年（1901），臺灣總督府在特許局委託下，令臺灣各地方官廳調查臺灣商民所使用的商標，調查方向有二：一是臺灣人登錄商標申請所做的調查，如：包種茶、煙草商標登錄案。二為臺灣

70　日本農商務省特許局為主管商標登錄、審查、變更等業務的主責機關。

71　河原林直人，〈領臺初期における茶業を巡る商人の角逐─郭春秧商標登錄事件と「近代化」〉，頁 84。

72　許蕙玟，〈從標頭到商標－以施錦玉香鋪為例〉，頁 195。

人使用商標的習慣與認知，蒐集各地方官廳轄下臺灣商人使用的商標。前者調查是依據包種茶、煙草商標提出登錄時所進行的調查，時間較無固定，但從中可見包種茶、煙草商標皆存在同業通用商標圖樣的習慣。後者則從明治 37 年（1904）直至明治 39 年（1906）結束，最後由臺灣總督府整理成商標樣本冊提供特許局參考。[73] 其中，以後者針對臺人商標舊慣的調查最為重要，可釐清清代標頭延續至日治初期的使用況狀。

明治 37 年（1904）5 月 24 日，臺灣總督府開啟臺灣商標舊慣的調查，要求臺北廳、宜蘭廳、嘉義廳、基隆廳、苗栗廳、鳳山廳、新竹廳、彰化廳及澎湖廳等廳長協助商標調查，[74] 該調查有三個重點：一商標需有書面證據，二蒐集商品容器、包裝貼附的標記，三調查臺灣人商標法施行前所使用的商標、慣用的商品名稱等。但在明治 39 年（1906）2 月 23 日臺北廳長的回覆中，即提及要蒐集書面證據的困難，調查結果中也僅有 1 件有書面證據。造成取證困難的原因，一方面是清代標頭無登記制度，[75] 另一方面，同業通用商標圖樣的習慣，很難說明誰為最早使用的人。沒有證據的情況下，使臺灣商人進行商標登錄時，造成特許局審查的困難，而延長申請商標登錄的時間。但也讓臺灣商人另闢蹊徑，決定新刻印商標圖樣來因應，以及部分臺灣商人從清代標頭舊慣中，轉為符合商標法下的近代商標特質。

至於臺灣商人商標舊慣的調查結果如表 3-1 所示，計有宜蘭、臺北、苗栗、基隆、嘉義、彰化、鳳山、澎湖等廳回報調查內容，

73　許蕙玟，〈從標頭到商標 - 以施錦玉香鋪為例〉，頁 195-196。許蕙玟，〈日治初期商標法施行及其發展 — 以煙草商標登錄為主〉，頁 159-165。

74　只有 9 廳 (全部有 20 廳) 進行調查，但僅有 8 個廳有提交調查結果，新竹廳為回復調查結果給臺灣總督府，不過受限於史料無法說明為何不是全臺皆調查。

75　《商法施行前ヨリ慣用スル商標ニ關シ特許局ヘ回答ノ件》，「臺灣總督府公文類纂」，4924：9，頁 67-68、頁 111-112、頁 125。許蕙玟，〈從標頭到商標 - 以施錦玉香鋪為例〉，頁 196、198。

但此一報告是否能反映臺灣商人使用商標舊慣的全貌則需存疑。該結果非全臺灣各廳皆有報告，而調查報告是否即為該廳所有商品的商標，也是需要注意的。從這一結果來說，僅能反映1906年臺灣商人所使用的商標（清代標頭舊慣），至少有16種商品使用商標，而提出的商標個數有395個，其中以包種茶商標最多（319個）、糕餅點心類次之（21個）、煙草類居第三位（17個），顯示出清代臺灣商人使用商品標記的習慣已相當普遍。

表 3-1 明治 39 年（1906）臺灣商標調查目錄表		
廳　別	商品類別（種）	商標數（個數）
宜蘭廳	鐵器（1）、布（2）、煙草類（4）、鐵製家具（1）、香料（1）	9
苗栗廳	布（3）、糕餅類（5）	8
基隆廳	點心類（1）	1
嘉義廳	線香（3）、藥品類（4）、點心類（9）、糖果（1）、雜貨（1）、茶與紙（1）、銀紙（3）	22
彰化廳	線香（1）	1
臺北廳	包種茶（319）、煙草類（13）	332
鳳山廳	米（5）、糖（5）	10
澎湖廳	糕餅類（5）、藥品類（3）、藥材類（4）	12
總　計	鐵器、布、煙草類、鐵製家具、香料、糕餅類、點心類、糖果、雜貨、線香、銀紙、茶與紙、包種茶、藥材類、米、糖等16類	395

資料來源：《商法施行前ヨリ慣用スル商標ニ關シ特許局ヘ回答ノ件》，「臺灣總督府公文類纂」，4924：9，頁70-95。許蕙玟，〈從標頭到商標－以施錦玉香鋪為例〉，頁197-198。

而在1906年臺灣商標舊慣調查結束後，是否對臺灣商人登錄商標上有影響？又或者因為商標登錄糾紛而使臺灣商人更加積極去登

錄商標？則可從商標法施行後至 1911 年，即明治時期在臺灣申請登錄的商標進一步探討。

四、商標登錄新局的開展

本節試圖釐清商標法施行後 1900 年至 1911 年在臺申請商標登錄的情形與變化。一是了解臺灣人登錄商標的動機，藉此顯示臺灣人對商標法的理解；二為說明商標登錄的趨勢，反映影響臺灣人登錄商標的因素；三則分析臺灣人登錄的商標與商品類別，藉此討論臺灣人對商標法的實際運用。

（一）臺人登錄商標的動機

首先，我們必須清楚知道商標法的施行，不必然是所有商人都需要進行登錄商標。從商標法第一條即載明：「為表彰自己商品而有商標專用需要者，依此法申請登錄。」[76] 也就是說，有需要商標專用權的商人，才有申請商標登錄的必要。那麼在此原則下，什麼樣的商品有商標登錄的需求？

一是具有商業利益、價值的商品，如包種茶商標，因其從清代以來即為重要的出口貿易商品，商標的使用具有辨識性且高價值，所以臺灣第一個登錄商標的商品即為包種茶。而大稻埕茶商們也因郭春秧登錄商標，損及他們商業經營的利益之下，進一步與之抗衡，除向臺灣總督府上陳情書外，更訴諸法律來爭取自身的利益，顯見商標登錄對於臺灣商人的商業經營有實質的影響性。

二則是在包種茶商標登錄事件影響下的臺灣商人，特別是茶商群體對商標登錄的敏感度也因之提升。在郭春秧登錄商標爭議之

76　國立公文書館藏，〈御署名原本‧明治三十二年‧法律第三十八号‧商標法制定商標条例廃止〉，https://www.digital.archives.go.jp/img.pdf/156762，擷取日期：2022 年 4 月 26 日。

後，於 1901 年即有郭春秧之外，包括陳玉露和黃清標等茶商也提出商標登錄的申請。

三為容易被仿冒的知名商標，像是施錦玉線香商標，其於清代即有被仿冒的案例，直至日治時期仍時有仿冒的問題產生，施受業因清楚知道商標法能夠保障其商業利益，因此於 1907 年即完成商標登錄。[77]

也就是說，在臺灣申請登錄商標的情形，一開始雖然是郭春秧依據商標法，有自己專用商標的需求而登錄商標，但是後續登錄商標的產生，卻是臺灣商人體認到商標法的重要性，以及因商標仿冒等問題，而尋求商標法來登錄商標保障自身利益的過程。

反之，若是商人未有商標專用之需要，又或者現行商業規範足以保障其利益下，可能就不會進行商標登錄，最為明顯的例子，即為臺灣的米商標。如圖 3-2 陳中和所擁有的玄米商標，顯示出臺灣米作為出口貿易商品的特性。在《臺灣日日新報》亦常見米的出口是有標記商標，並以英文字母做為等級區分用途外，也代表所屬的商號、會社。[78] 但是臺灣人商標登錄上未見米商標的登錄，這或許反映商標法施行下，並非所有商人都進行商標登錄，而是依商人或行業別的商業習慣來因應。不過，因本文主要探討是有進行商標登錄的商品類別，對於未登錄的商標則待日後另文處理。

不過，從登錄商標與否，也表示出臺灣商人面對日本商標法的移入，是有選擇權，可延用舊慣或者選擇新制。但另一方面，部分商品卻在日本政府的國家力量下被迫消失，例如煙草商標，因 1905

---

77 可參考許蕙玟所寫的〈從標頭到商標－以施錦玉香舖為例〉一文，其討論施錦玉線香的知名度與受歡迎的情形，甚至屢屢在博覽會中得獎，還成為供給日本皇室使用的商品，顯示出施錦玉線香商標所具有知名商標的特質，導致仿冒案件不斷，而使經營者施受業在朋友的勸說下，決定進行商標登錄確保其商標利益，不因仿冒而受侵害。

78 〈南部の移出米〉，《臺灣日日新報》，1906 年 6 月 24 日，版 5。

年煙草專賣制度的實施，而使原本臺灣商人所擁有的煙草商標被消滅，僅剩煙草專賣局所登錄的商標而已。[79] 這也反映影響商標登錄的因素，除了商人的選擇外，國家力量的介入，也是重要的關鍵。

（二）日治初期商標登錄趨勢的變化

從 1906 年臺灣商標舊慣調查結果和商標法施行後的商標登錄數，前者顯示臺灣商人有使用的商標與商品類別，分別有 395 個與 16 種，但是從圖 3-10 所反映的商標登錄實際狀況，臺灣商人在 1899 至 1911 年所登錄的商標總數卻僅有 79 個，不過是商標調查結果中的 20% 而已。而造成這一結果的原因為何？以下將進一步分析之。

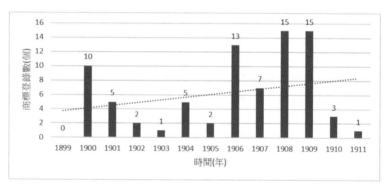

圖 3-10　明治時期臺灣人登錄商標趨勢圖（1899-1911 年）

資料來源：大藏省編，1899-1911 年《官報》。

從整體商標登錄趨勢而言，雖然呈現上揚，但數量上多呈現個位數，可見臺灣商人進行商標登錄者為少數。而分析其數量上的變化，1899 年雖已有郭春秧提出商標登錄申請，但因商標法施行之初，日本農商務省特許局處理商標審查工作上較久，而使商標登錄成功已為 1900 年，所以臺灣商人所登錄的商標實際是從 1900 年開始增加。

79　可參見筆者所撰寫的〈日治初期商標法施行及其發展 — 以煙草商標登錄為主〉，即點出在日治初期僅次於包種茶商標登錄的煙草商標，在 1905 年日本政府實施專賣制度後被迫消失的過程。

跨域青年學者臺灣與東亞近代史研究論集 — 第六輯

086

　　然而，因 1900 年郭春秧的包種茶商標糾紛，特許局介入下，要求臺灣總督府協助商標登錄申請的審查，商標登錄糾紛也消弭。這是因為在臺灣總督府初審下，部分有爭議的商標登錄案也因此解決，例如：1901 年郭春秧與陳玉露所提出的商標登錄申請案，因部分商標與其他茶商類似，例如塔標、十三虎標、飛人標、雙龍標等，在歷經 3 年的調查下，由臺灣總督府提出調查報告交特許局參考，而於 1904 年特許局駁回郭春秧等人提交出的部分商標，未有他人使用的商標則獲得登錄。[80] 此外，1904 年莊德修煙草商標登錄案，也是在臺灣總督府調查後，發現已有其他煙草商人使用類似商標的情形，最終由特許局駁回其申請案。[81] 從上述也可清楚看見，日治初期的商標登錄糾紛，實質影響臺灣商人在商標登錄的行政程序更為複雜與困難，與日本國內僅須提交特許局申請書的行政程序，多了臺灣總督府審查與調查程序，這也造成 1901 年至 1905 年在臺灣申請登錄商標個數較少。

　　1906 年臺灣總督府完成臺灣商標舊慣調查後，從商標登錄數來看，臺灣商人所登錄的商標數明顯較為增加，但在 1910 年、1911年數量又明顯降低，這可能與 1909 年 11 月日本國內頒布法律第 25號商標法有關。[82] 其修正內容將法律條文從 24 條增加至 28 條，並新增聯合、著色商標的規定，關於商標登錄中商品類別的修正，以及商標專用權為 20 年，若在期間有商標變更的申請，需繳 20 圓等

80　「大稻埕茶商郭春秧外二名出願登錄商標ニ關スル件特許局ヘ回答ノ件」（1901-02-15），〈明治三十七年臺灣總督府公文類纂永久保存第五十九卷殖產〉，《臺灣總督府檔案‧總督府公文類纂》，國史館臺灣文獻館，典藏號：00000986006。

81　許蕙玟，〈日治初期商標法施行及其發展 — 以煙草商標登錄為主〉，頁 165。

82　關於 1909 年日本商標法的修訂，在日本國內於 1907 年 1 月 13 日在讀賣新聞已經揭示：「明治 32 年所制定的特許、意匠與商標三法，隨著最近商業的進步，與伴隨工業所有權保護的修訂，農商務省認為有必要修訂該三法，因此先行詳細向各地方商業會議所調查後，再討論修法細則」。這顯示日本商標法修訂的原因，其一為國際會議的工業所有權保護有所會訂，加上商業發展等因素而有修改的必要，而修訂法律的方針上，有針對各地的商業會議所進行調查，來了解修訂的方向。《讀賣新聞》，〈特許法其他的改正〉，1907 年 1 月 13 日，第 2 版。

事項。[83] 而這一修法，使原本已經適應 1899 年商標法內容的臺灣商人，因面臨修法的變動，在不熟悉申請手續的情況下，導致 1910 年後商標登錄減少的可能原因之一。

再者，在這次修法中更增加處理特許、商標等事務的職業，即特許辨理士。[84] 而第一位在臺灣申請特許辨理士執業者為藤井國弘，其於 1911 年 2 月 21 日在臺北城內撫臺街開始營業。[85] 如同藤井國弘於其開業前的廣告所述：「領臺以來，申請特許、實用新案、商標和意匠登錄的人，雖有提出一百五十餘個申請案。但是得到許可者，卻只有三十餘個，有一百二十餘個被駁回。然而其中不知道如何辦理申請者亦為不少。因此臺北撫臺街工學士藤井國弘將開辦特許代理業，現已得到許可，等拿到許可證即可營業。」[86] 顯示臺灣人申請特許、商標、實用新案登錄的人不少，但實際通過申請者卻很少，甚至有些人是不知道申請手續的，所以藤井國弘才選擇來臺開業。

上述點出臺灣人運用商標法新制的不熟悉之外，也代表日治初期臺灣人對此一制度尚屬探索階段，因此商標登錄數低的結果，或許是臺灣商人仍在觀望，而使商業活動中存有標頭舊慣、商標新制交錯的現象。

（三）臺人登錄的商標和商品

在 1899 年商標法施行至 1911 年為止，在臺灣登錄商標的總數共 161 個，其中臺灣人登錄 79 個。其次，從圖 3-11 可見，臺灣

83　〈特許法其他改正〉，《臺灣日日新報》，1909 年 4 月 11 日，版 2。嵩山堂編輯局編，《改正特許意匠商標法活用》（東京：嵩山堂，1909），頁 120-144。

84　嵩山堂編輯局編，《改正特許意匠商標法活用》，頁 163-172。

85　大藏省印刷局編，《官報》（東京：日本マイクロ写真，1911 年 03 月 02 日）。

86　〈開辦特許代理業〉，《臺灣日日新報》，1910 年 11 月 19 日，版 2。

人登錄商標共 6 類商品，以茶類（60 個）為主，其次為煙草（13個），砂糖、藥品類各 2 個，以及線香和農具各 1 個。

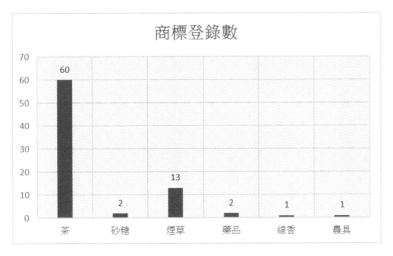

圖 3-11　1899 年至 1911 年臺灣人登錄商標總數與商品類別

資料來源：大藏省編，1899 年至 1911 年《官報》。

　　再者，以商品類別所佔的百分比來看，以茶商標所占的 76% 最多，其次為煙草 16%、藥品 3%、砂糖 3%、線香、農具皆為 1%。這一結果，也反映臺灣人登錄商標的商品類別多集中於農產加工品，包括茶、煙草等項。傳統手工製造業則有線香業、農具製造業等，以及藥品類中所屬的藥酒、藥劑等，仍不脫清代臺灣傳統的行業與商品類別。

　　於圖 3-12 的商標登錄時間軸，臺灣人在商標法施行後，除了1901 年至 1903 年及 1905 年，因臺灣總督府協助特許局審查商標，及商標舊慣調查的影響下，無登錄商標外，1900 年開始每年都有進行商標登錄，尤以茶商最為積極。這也反映茶商對於商標使用的重視，應為包種茶商標登錄糾紛所造成的後續效應。除了郭春秧以外，包括陳玉露、黃清標、洪友成、洪英、陳廣述、陳大珍、馬守謙、李衍迺和蔡訪嚴等茶商皆登錄商標。而且，洪友成登錄商標

時，更是清國籍的身分，這也顯現日本商標法的運用，已擴及臺灣和清國的茶業經營者。

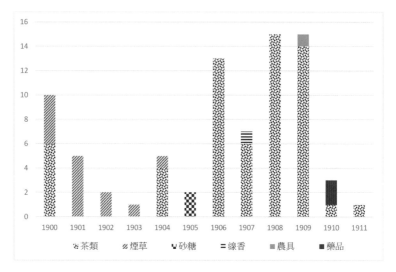

圖 3-12　1899 年至 1911 年臺灣人登錄商標和商品變化

資料來源：大藏省編，1899 年至 1911 年《官報》。

　　另外，茶商對於商標法的理解，可從陳松標的例子來看，他不僅是經營茶業，也是煙草製造業者。在 1904 年 10 月曾刊登一則煙草商標因遺失而被其他商人冒用的警告訊息，並宣稱其煙草商標已有登錄，若在仿冒其商標將告官提訟。[87] 但實際上，陳松標的煙草商標並未向特許局申請登錄，一方面顯示他已懂得商標法於商標仿冒有法律效用；另一方面卻反映他對商標法的一知半解，即未登錄商標的情況下，無法透過商標法來追訴其仿冒的事實。這也反映臺灣商人雖然已經逐漸知道商標法新制，但實質運用上仍存有落差的現象。

　　其次，位居第二的煙草商標，在 1905 年臺灣總督府實施專賣前，1900 年至 1904 年皆有登錄商標的情形。但是與包種茶一樣，

87　許蕙玟，〈日治初期商標法施行及其發展 — 以煙草商標登錄為主〉，頁 166。

煙草商標也存有同業通用商標的習慣，在1901年臺北縣煙草商標調查即可見多人都使用「天官」、「鹿」的商標圖樣，故依商標法第二條第五項而無法登錄商標。如1905年莊德修等人曾申請煙草商標，但因其「泰香仁記」商標，已有多人使用，而無法登錄。這也造成煙草商想登錄商標，卻有不能登錄的情況。[88] 所以反映包種茶商標登錄糾紛的前車之鑑，讓煙草商在登錄商標時也相對審慎，可能因此登錄的商標皆為自家製造、販售的煙草商標，而無引發登錄的糾紛。加之，1905年煙草專賣的開始，使得臺灣人無法再登錄煙草商標。

至於砂糖商標，則與臺灣糖業發展的脈絡緊扣。1901年臺灣製糖會社與王雪農先行於臺灣申請登錄砂糖商標。及至1902年臺灣總督府糖業獎勵政策，而使臺人紛紛創立新式製糖廠、改良糖廍，包括王雪農1904年所創設的鹽水港製糖株式會社、臺南製糖會社即是在此波熱潮，但隨後在日俄戰爭期間，因砂糖投機貿易而使陳中和、王雪農等重要的糖商遭受打擊。[89] 加之，日俄戰爭後日本企業勃興的投資熱潮擴及臺灣時，又因1906年明治製糖株式會社（日資為主）的成功設立，成為日本國內資本對臺灣製糖業感到興趣而投資的理由之一。從1907年日本國內資本分別合併臺灣人資本所經營的新式糖廠，代以日資為主的鹽水港、大東、東洋、臺南等製糖株式會社成立；接著1909年有高砂、新高等製糖會社的設立；接著為1910年臺北、埔里社等製糖株式會社等設立。[90] 這些皆為日本國內資本所扶植的會社，從1909年起成為臺灣糖業商標的主要登錄者，而臺灣人登錄砂糖商標也走入歷史。

線香商標，則為筆者已專文討論過，是臺灣唯一提出證據，

88　許蕙玟，〈日治初期商標法施行及其發展－以煙草商標登錄為主〉，頁160、162、165、170。

89　黃紹恆，《砂糖之島：日治初期的臺灣糖業史1895-1911》（新竹：國立陽明交通大學出版社，2019），頁179-182、184-186。

90　黃紹恆，《砂糖之島：日治初期的臺灣糖業史1895-1911》，頁222-223。

來證明其商標從清代已使用，並順利從清代標頭到商標登錄的案例。[91] 另外，農具商標的登錄，為劉耀辰等 6 人合資經營的金永裕犁頭店，從歷史脈絡來看，其為清代以來至日治時期的農器製造商家，尤其每年獲利不少，例如：1906 年就有 3,500 餘圓的收益。另因擴大農器的製造，開拓利源的目標下，在股東們決定來登錄商標。[92] 這反映臺灣商人接受商標法新制的過程，從清代標頭舊慣，到決定登錄商標的轉換。

最後，登錄藥品商標的吳尚仁，他所登錄的藥品商標，包括藥酒、藥丸、藥膏等項，為其研製的商品。他有習醫的背景和擔任公職的經驗，以及開設西藥店，除製造出補血藥酒、婦人益寧丹、保產回生丹等藥品外，又有數十種藥方。再經過鳳山廳試驗後，准許其申請商標登錄。[93] 而其經營的藥舖年製造額達 4,440 圓，可能是臺灣人年製造額最高者，他所製造的成藥更多達 29 種，以開雲膏一項一年可達 2,400 圓營業額。[94] 這一方面，顯示臺灣人有製藥的能力，另一方面則因藥品製造和販售的利益高，而有商標專用的需求，故登錄商標。

如上所述，分析 1899 年至 1911 年臺灣人所登錄商標的商品種類，可見臺灣商人於商標法施行初期的體驗，因從商標登錄糾紛下，逐步透過個人經驗、人際網絡等理解商標法的重要，再由經營的需求而選擇是否登錄商標。其次，進行商標登錄的商品類別仍多為清代傳統商品的延續，包括包種茶、線香、煙草、砂糖和農具等。雖然煙草因國家力量的介入而消逝，而砂糖在日本資本傾注下

91　許蕙玟，〈從標頭到商標－以施錦玉香鋪為例〉，頁 201。

92　《臺灣日日新報》，1906 年 3 月 14 日，版 4。〈嘉義商界〉，《臺灣日日新報》，1906 年 8 月 2 日，版 6。〈嘉義通信／稟請登錄〉，《臺灣日日新報》，1908 年 9 月 6 日，版 4。

93　〈鳳山通信／應世良藥〉，《臺灣日日新報》，1908 年 12 月 22 日，版 5。

94　高淑媛，《臺灣近代化學工業史（1860-1950）：技術與經驗的社會累積》（臺北：臺灣化學工程學會，2012），頁 76。

被併吞、吸收，成為日本會社的砂糖商標，但包種茶、線香商標卻透過適應新制來創新或延續下去。另也有藥品這類新興商品的出現，因商業利益高而有登錄商標的需要。

五、結語

本文透過重新界定清代臺灣具有商標性質的商品標記，如標頭、標號與對號等的釐清，呈現近代商標法施行前，臺灣在原有商業傳統中所存在的商品標記，實際上是由商號（字號）、標記（圖案與標名）所組成。即使在包裝、商品上會使用不同的標記方式，用以區別自己與他人製造、販售的商品。

其次，清代官府對商品標記的限制，實為道光年間以後臺灣逐漸形成的士紳階層，基於惜字、敬字的目的，向官府建議矯正商人習慣於金銀紙、商品、包裝紙、布疋上印字號、寫字的習慣，改用花鳥禽木等圖案。但卻因官府執行不利，無法落實，至於標頭、字號被仿冒時，則需由被冒用者提出證據、呈訴官府，才會有所處置。這一方面是因標頭無登記制度，二為清代律例無明令的罰則，而使被冒用者必須主動提供犯人與犯罪事實交由官府判處。

然而，政府對商人與商業秩序的管理，在進入日治時期則明顯不同。雖然日治初期清代慣用的商品標記仍持續使用，但是在1899年日本商標法移入後，卻為之一變，使清代以來由商人自主管理商業活動，逐步由日本政府介入，包括臺北茶商公會的設立與規約皆有臺灣總督府的影響。再者，商標登錄制度的出現，使臺灣商人於清代同業通用商標圖樣的習慣，因爆發包種茶商標登錄糾紛，而使不符合日本商標法規定的清代標頭無法繼續使用，臺灣商人轉而改換新標登錄，又或者在符合商標法下進行登錄，抑或延續舊慣而不登錄的選擇。但部分商品如煙草或砂糖，卻因國家力量介入或日本內地資本的影響下被消滅、取代。加之，1909年商標法的修訂，造

成臺灣人的不適應，反映於商標登錄申請與登錄上，皆突顯臺灣商人在日本政府殖民下主動或被動的加入殖民母國所屬的法秩序內，並從中善用個人經驗與人際網絡找到生存的方法。

於日本商標法推動的商業秩序上，明治時期臺灣商標登錄的特色，於臺灣商人是延續清代以來農產出口貿易商品的特色，以及包括傳統區域分工的商品項目，如煙草與線香的製造。日本製糖會社則是運用日本內地資本的投資，於臺灣總督府扶植下，推動臺灣糖業的近代化，取代原有臺灣人資本的位置。由此顯示明治時期臺灣商標登錄出現延續、新興、消滅及取代的現象。

回到日治初期臺灣人對商標法的初體驗，包種茶商標登錄糾紛就如同清代舊慣與商標法新制的碰撞下所展現的火花。1901 年，郭春秧於包種茶商標登錄的第一回合勝利，並不是真正的勝利，因為大稻埕十八家茶商所挑戰的不只是郭春秧，更重要是商標法背後所代表的日本政府，而特許局作為主責機關是此次紛爭的主導與審判者位置，因其不察而使郭春秧得以順利商標登錄，卻累得十八家茶商與郭春秧長期拉鋸戰，臺灣總督府更需跳下來調查、善後。然而有趣的是，最終迫使特許局收回郭春秧商標登錄許可的，卻是來自於臺北茶商公會的規約與證人，即是臺灣傳統商業組織的力量。這一結果，顯現在日本政府的國家力量之前，臺灣商人雖然無法與之正面抗衡，卻在力量所及之處，透過學習、經驗的累積，從而凝聚力量、等待機會，進而突破困境，迎來新的契機。這就如同臺灣商人面對商標法新制時的態度，從接受、學習、適應，並轉化為自身的力量，來保護自己的利益。另外，對日本政府而言，也體現殖民初期嘗試與錯誤中摸索對臺灣的治理方針，透過商標登錄爭議事件，重新調整商標法施行於臺灣的策略，避免日後商標登錄再次引發糾紛，讓商標法於臺灣的施行更趨完善。

參考文獻

一、史料

1. 《申報》。
2. 《朝日新聞》。
3. 《讀賣新聞》。
4. 國史館臺灣文獻館藏，《臺灣總督府公文類纂》。
5. 國立臺灣大學藏，《淡新檔案》。
6. 大藏省編，1899-1911年《官報》。
7. 嵩山堂編輯局編，《改正特許意匠商標法活用》，東京：嵩山堂，1909。
8. 臨時臺灣舊慣調查會，《臨時臺灣舊慣調查會第一部報告臺灣私法第三卷（上）》，東京：臨時臺灣舊慣調查會，1911。
9. 許賢瑤、徐英祥等著，《臺北市茶商業同業公會會史》，臺北：臺北市茶商公會，2000。
10. 陳金田譯，《臨時舊慣調查會第一部調查第三回報告書臺灣私法（第三卷）》，南投：臺灣省文獻委員會，1993。
11. 鍾淑敏、籠谷直人主編，《堤林數衛關係文書選輯》，臺北：中央研究院臺灣史研究所，2014。

二、專書

1. 左旭初，《中國近代商標簡史》，上海：學林出版社，2003。
2. 林明德，《日本史》，臺北：三民，2016。
3. 林滿紅，《茶、糖、樟腦業與台灣社會經濟變遷（1860-1895）（二版）》，臺北：聯經出版社，2018。
4. 高淑媛，《臺灣近代化學工業史(1860-1950)：技術與經驗的社會累積》。臺北：臺灣化學工程學會，2012。
5. 高淑媛，《臺灣工業史》，臺北：五南，2016。
6. 黃紹恆，《砂糖之島：日治初期的臺灣糖業史1895-1911》，新竹：國立陽明交通大學出版社，2019。
7. 黃鳴奮，《廈門海防文化》，福建：鷺江出版社，1996。
8. 陳國棟，《東亞海域一千年》，臺北：遠流出版社，2005。

三、期刊論文

1. 王泰升，〈日治時期台灣特別法域之形成與內涵〉，收入《台灣法律史的建立》，臺北：元照出版社，2006。

2. 林玉茹，〈跨國貿易與文化仲介：跨政權下臺南第一富紳王雪農的出現（1880-1905）〉，《臺灣史研究》，27：4（臺北：中央研究院臺灣史研究所，2020）。

3. 許蕙玟，〈日治初期商標法施行及其發展 — 以煙草商標登錄為主〉，《台灣史學雜誌》，23（臺北：台灣史學雜誌社，2017）。

4. 許蕙玟，〈從標頭到商標 —— 以施錦玉香鋪為例〉，收入國史館臺灣文獻館編輯組編，《第十屆臺灣總督府檔案學術研討會論文集》，南投：國史館臺灣文獻館，2019。

5. 曾友林〈中國商標法制近代化研究〉，四川：西南政法大學法律學博士學位論文，2019。

6. 葉德輝，〈臺灣日據時期商標法與案例評析〉《智慧財產權月刊》，臺北：經濟部智慧財產局，1995。

7. 鄭中人，〈商標法的歷史〉，《智慧財產權》，25（臺北：中國智慧財產權研究會，2001）。

8. 鄭育安〈商標法與臺灣社會 — 從清治至日治時期的變遷〉，臺南：國立成功大學歷史學系碩士論文，2016。

9. 黎志剛、韓格里（Gary G.Hamilton），〈近世中國商標與全國都市市場〉，收入《近代中國區域史研討會論文集（上冊）》，臺北：中央研究院近代史研究所，1986。

10. 謝濬澤，〈政治與經濟交互影響下暹羅臺商的貿易與活動（1895-1946）〉，南投：國立暨南國際大學歷史學系博士論文，2021。

11. Andreas P. Zangger "Chops and Trademarks：Asian Trading Ports and Textile Branding 1840-1920", *Enterprise & Society*, 15：4, 2014.

12. David M. Higgins， "Forgotten Heroes and Forgotten Issues"：Business and Trademark History duringthe Nineteenth Century, *The Business History Review*, 86：2, 2012.

13. 河原林直人，〈領臺初期における茶業を巡る商人の角逐 — 郭春秧商標登録事件と「近代化」〉，收入松田吉郎編著，《日本統治時代臺湾の経済と社会》，京都：晃洋書房，2012。

14. 李季樺，〈十九世紀台湾における惜字慣習の形成〉，收入《中国：社会と文化》，25（東京：東大中国学会，2010）。

四、資料庫

1. 國立公文書館藏，〈御署名原本・明治三十二年・法律第三十八号・商標法制定商標条例廃止〉。https://www.digital.archives.go.jp/img.pdf/156762。

2. 中央研究院臺灣史研究所，〈旅券資料庫〉。https://passport.ith.sinica.edu.tw/query-result.html.。

04 戰間期的新興媒體和臺灣右派運動

谷川舜[1]

一、前言

　　戰間期的民主主義風潮盛行的同時，建立了總力戰體制。受內外狀況的影响，其殖民地臺灣的政治、經濟、社會、文化等各個方面也随之發生了種種變化。在證實和探討這些變化現象的時候，臺灣島內外出現的媒體言論資料常常作為重要材料被廣泛使用。此外，在當時的臺灣不僅存在日本統治初期就已開始發行的報紙雜誌，同時廣播等新媒體型式也已得到普及。筆者將視點聚焦於產生了多樣化言論的各類媒體所依託的存在——「臺灣及其相關的言論空間」。本論文之所以重點關注戰間期臺灣右派運動相關的新興媒體言論活動，其理由如下。

　　首先，日本「內地」民主運動的發展和強調國際合作的傾向不斷增強，而另一方面，國際聯盟對日本提出的種族平等提案的否決以及美國移民法的修改等被解讀為排日行為，導致了日本主義右派運動的高漲。與此同時，以取代西方做亞洲盟主為前提的亞洲主義右派運動也在持續發展。然而日本作為東方的近代帝國，在受到西方人種族壓迫的同時，也在壓迫自身殖民地被統治民族。這種兼具兩面性的立場，尤其是後者的傾向在臺

灣的右派運動中得到了非常鮮明的體現。因此，筆者認為，有必要通過分析臺灣的右派運動，探討通常被認為是表裡一體的亞洲主義和日本主義對在臺日本人和臺灣人帶來了怎樣的影響。

其次是臺灣當地行政最高長官的臺灣總督的更迭變化。1919 年文官治臺剛剛實行，就受到內地政權更迭的波及而導致總督人選頻繁更換，直到日中開戰前的 1936 年 9 月，又再度轉換為武官總督執政。而轉換視角來看，這一變化正對應了在臺軍部的影響力變化。相比於駐紮在「外地」的朝鮮軍、關東軍、支那駐屯軍，臺灣軍直到 1915 年為止，除了壓制漢民族與原住民族等武裝抗日，以及霧社事件之外，似乎並沒有太多明顯的軍事行動。然而從 1930 年開始，臺灣軍作為島內主角，其存在感迅速得到提高，受其影響，在鄉軍人和民間右派等親軍方人士的發言權也得到了強化。因此，筆者認為，應當在分析整理統治狀況變化的基礎上，著重探討 1919 年到 1936 年的文官總督時代，在臺軍部的崛起導致的臺灣言論空間的變化，以及其崛起給之後的武官總督執政時期和戰時的言論空間帶來的影響。

第三，臺灣是日本帝國最早進行對外統治的地方。因此，除了第一代日本移民之外，還陸續出現了在殖民地臺灣出生的「灣生」等移民後代。與其他外地相比，臺灣的長期居住者和短期逗留者之間的經驗差距也開始逐漸擴大。因此，筆者認為在討論統治民族的言論活動時，應當重新審視是否應當將居住在臺灣的日本人的自我認同，等同於居住在內地的日本人的自我認同，並將其與被統治民族的言論活動視為互相對抗這一問題。同時，雖然統治民族參與右派運動的動機的確更加強大，但是被統治民族方面也有些投身右派運動的積極分子，而這些被視為帝國尖兵的人們的自我認同及其意圖也應當引起我們的重視。

二十世紀前半期，在日本外地，不僅日本移民數量日益增加，日本官方還試圖把日語變成公用官方語言。在日本帝國積極推進言論活動的殖民地，租借地，委任統治領，佔領地等地區中，只有臺灣的文字媒體對於使用逐步成為書面語的當地語言上表現的極為消極，甚至在戰時也是如此。就戰時宣傳而言，因地制宜活用多種語言，才能擴大其傳播範圍，而實際上臺灣的語音媒體也有效的利用了當地語言，但書面語方面卻堅持推行日語一元化方針。對於統領不同地域，交戰時期以擴大勢力範圍為目標的帝國而言，為什麼要排斥與近鄰地域有高度共性的當地社會民族語言的多重性這一問題值得我們深思。筆者將以臺灣為例，通過分析以往被忽視的殖民地右派運動，探討戰間期日本外地的言論空間的變化。

二、言論空間的「當地化」和「多層化」

對於包含多民族、多語言、多習慣，以及與本國不同地域、制度的近代帝國，為提高語言交流溝通的質和量，其言論空間必然要遵循各地域屬地主義原則。本文將這一言論空間的構築方式視為「當地化」現象。此外，在兩次世界大戰之間的戰間期，近代教育的普及改變了臺灣讀者層的構成樣態，同時日本對臺實行的帝國統治方式也被重新討論，在這樣的時代背景下，自身具有民族・語言多重性的臺灣社會中分化產生出了新言論活動。兒玉・後藤時代的總督府言論政策以正則漢文為根據，在對民族、階級、政黨、軍部等黨派性因素，日語、中國白話文、臺灣話文、臺灣白話字等書寫文字，以及日報、期刊、演講會、廣播等媒體形式進行規範秩序化的過程中，臺灣當地的言論空間產生了「多層化」現象。立足以上觀點，筆者對以往的研究文獻進行了如下綜述。

第一，以李承機為首的臺灣媒體基礎研究。李承機首先將一直以來被臺灣媒體以及新聞學研究領域所忽視的臺灣島內發行的周報

紙作為分析對象、同時將讀者研究、廣播研究、文體等媒體語言的多層構造納入研究範圍。[2] 之後,針對漢族臺灣青年為中心經營的「臺灣人唯一的言論機關」《臺灣民報》系媒體的研究繼續深入發展。[3] 一般來講,研究對象集中於 1920 年到 1937 年,也就是從以臺灣人為主體的媒體在東京創刊到武官總督時期終止漢文版面的這段時期。現有研究通常將 1910 年代的漢文報和漢文版一概而論的定性為「御用新聞」,雖然近年來的研究中也出現了將其視為臺灣人言論活動的萌芽的不同論點,[4] 但這些研究的前提都是共通的—即兒玉・後藤時代確立的比內地更為嚴格的言論管理制度貫徹了整個日本統治時期,而臺灣人僅有的言論活動的餘地,更是在戰時下消失殆盡。與此相對,也有研究通過聚焦日報以外的其他媒體,指出戰間期,不僅臺灣的周報、月報等媒體種類持續增加,還出現了諷刺畫,演講會,政談演說會等多種媒體形式,並得到了廣泛應用。[5] 即使在戰時,也有一部分臺灣人記者堅持用日語進行批判性的言論活動,[6] 還有高砂義勇隊等通過媒體表現的原住民族青年的言論,然而這些言論活動,卻被認為沒有真實的自主性,因而被研究者棄之牆外。因此,筆者認為應當有必要重新審視 1920 年到 1937 年這一時期劃分標準。

2　李承機,〈台湾近代メディア史研究序説:植民地とメディア〉(東京:東京大学博士論文,2004)。

3　莊勝全,〈《臺灣民報》的生命史:日治時期臺灣媒體的報導,出版與流通〉(臺北:國立政治大學博士論文,2017)。

4　李佩蓉,〈日本統治時代の台湾における漢文新聞の研究:台湾の近代化受容過程における漢文メディアの役割を中心に〉(京都:龍谷大学博士論文,2020)。

5　安井大輔,〈1930 年代前後在日本媒體人之媒體策略:以宮川次郎與《台灣實業界》雜誌為中心〉(臺北:國立臺灣師範大學碩士論文,2017)、五味渕典嗣,〈対抗的公共圏の言説編制:『新高新報』日文欄をめぐって〉,《大妻女子大学紀要文系》,40(東京,2008),頁 97-112、坂野德隆,《日本統治下の台湾風刺漫画で読み解く》(東京:平凡社,2013)、賴莞頻,〈臺灣文化協會與《臺灣民報》共塑公共領域:以文化講演會為中心 1923-1926〉,《思與言》,50:2(臺北,2012),頁 59-108。

6　拙稿,〈戦時下の植民地台湾における新聞と帝国日本の言論政策〉,《マス・コミュニケーション研究》,95(東京,2019),頁 163-181。

第二，有研究指出關於總督府的「對岸」政策和內臺之間的政治上的交涉，媒體起到了很大的作用。總督府在島外也開辦了臺灣相關的言論人員，試圖建立獨立自主的總督府情報網。[7]在政黨政治期間，除了民族因素，兩大政黨的對立、輾轉殖民地各處的「移入官吏」與駐扎當地的「在來官吏」之間的階層分化等要素的影響，人們周轉與內地和臺灣之間進行陳情等活動。[8]此外，即使在1934年臺灣的代表性民族運動，要求設置臺灣議會的請願活動挫折之後，在殖民地臺灣依然存在某種程度的尋求自治的活動，比如地方自治制度的導入和「地方議會」上的討論、以及立足於當地的「有志」建設學校的活動等。[9]

第三，一部分在臺軍部相關研究提出了臺灣軍進行的亞洲主義人際關係的構築、南進方針國策化，以「動員人心」為目的的皇民化政策等問題。[10]有研究認為，「非常時」文官總督的威信降低、官民中的權威人士接近軍部，「右翼」言論盛行等現象暴露了臺灣社會的多層性，全方位的尋求「日本化」導致臺灣人的公共領域被大幅壓

7　王麒銘，〈越境をめぐる政治：近代日本における台湾籍民政策の展開〉（東京：慶應義塾大学博士論文，2018）、梁華璜，《台湾総督府的「対岸」政策研究》（板橋：稻郷出版社，2001）、中村孝志，〈台湾総督府華南新聞工作の展開〉，《天理大学学報》，171（奈良，1992），頁1-17。

8　清水美里，《帝国日本の「開発」と植民地台湾：台湾の嘉南大圳と日月潭発電所》（東京：有志舎，2015）、岡本真希子，《植民地官僚の政治史：朝鮮・台湾総督府と帝国日本》（東京：三元社，2008）。

9　藤井康子，《わが町にも学校を：植民地台湾の学校誘致運動と地域社会》（福岡：九州大学出版会，2018年）、野口真広，《植民地台湾の自治：自律的空間への意思》（東京：早稲田大学出版部，2017）、謝政德〈植民地台湾と地方「自治」制度〉（大阪：大阪大学博士論文，2013）。

10　松浦正孝，《「大東亜戦争」はなぜ起きたのか：汎アジア主義の政治経済史》（名古屋：名古屋大学出版会，2010）、近藤正己，《総力戦と台湾：日本植民地崩壊の研究》（東京：刀水書房，1996）、橋本浩一，〈福建事変時における日本政府の対応について〉，收入馬場毅編，《多角的視点から見た日中戦争》（福岡：集広舎，2015），頁63-95。

縮，[11]這些現象正是前述問題產生的背景。另一方面，隨著在臺日本人之間的「本土化」「臺灣化」現象的發展，[12]在語言方面也出現了有別於內地的日語，甚至可以被稱為「臺灣方言」的當地日語。[13]因此，針對這些居住在臺灣的日本人，很難僅僅以其日本人身份來界定他們無條件維持保存了日本的文化及民族屬性。

綜上所述與，現有的研究成果表明，文官總督時代，總督府方面也存在逐步將臺灣人和在臺日本人等當地民意納入統治政策的動向，然而在國際形勢的影響下，非常時期的緊張情緒高漲，在臺軍部崛起，隨著內地的國體明徵和天皇機關說事件的發酵，在臺日本人的右派言論也隨之呈活躍態勢。針對上述現象，本文將以堅持階段性保留當地社會的多層性的同時進行言論空間統合的總督府的探索，與從國防角度試圖全面消除多層性的在臺軍部的主張之間，構築產生了對抗性言論空間為框架進行分析。同時，臺灣的日本人長期居者，尤其是其中以「一般大眾」代言人自居的在臺日本人右派，與批判後藤之後的殖民地紳士的臺灣知識青年一樣，試圖通過將內地發行的媒體移入臺灣，用小冊子、演講會、向帝國議會的請願等方式來打破總督府的言論政策。但是，1930 年代的活動卻幾乎從未被現有研究提及，因此本文還將就這些在臺日本人右派進行的積極地言論活動在臺灣言論空間應該佔有怎樣的位置進行探討。

11　加藤次夫，〈中川總督期の台湾総督府について：文官総督から武官総督への道〉，《法政史論》，45（東京，2018），頁 1-22、何義麟，〈台湾知識人の苦惱〉，收入松浦正孝編，《昭和・アジア主義の実像：帝国日本と台湾・「南洋」・「南支那」,》（京都：ミネルヴァ書房，2007），頁 286-310、何義麟，〈大亜細亜協会の活動と植民地知識人の対応〉，收入松浦正孝編，《アジア主義は何を語るのか：記憶・権力・価値》（京都：ミネルヴァ書房，2013），頁 447-475、駒込武，《世界史のなかの台湾植民地支配：台南長老教中学校からの視座》（東京：岩波書店，2015）、駒込武，〈「民勅」との相互依存関係：内海忠司と在台日本人〉、近藤正己，〈内海忠司の高雄「州治」と軍〉，收入近藤正己、北村嘉恵、駒込武編，《内海忠司日記 1928-1939：帝国日本の官僚と植民地台湾》（京都：京都大学学術出版会，2012 年）。

12　顏杏如，〈植民地都市台北における日本人の生活文化：「空間」と「時間」における移植，変容〉（東京：東京大学博士論文，2010）、鳳気至純平，《日治時期在台日人的台湾歷史像》（臺北：南天書局，2020）。

13　安田敏朗，《かれらの日本語：台湾「残留」日本語論》（京都：人文書院，2011）。

三、因居住經歷而成為多層化的日本人當地言論空間

在討論包括不同地域和制度的帝國言論空間時，因各個地區制度建立的時間差而產生的「時間」這一視角也是非常重要的。對殖民地統治時期的在臺日本人來說，他們在批判對臺灣人採取合作態度的內地日本人時，指出「不過是殖民學者政治家的理想化理論，實際上，比起在臺灣居住的我們，他們對臺灣的認識很匱乏，對於民族心理和殖民事業來講，最重要的條件應該是時間——無視年月，僅僅是從理想論出發討論允許自治之事，只能給島民帶來不好的影響」。[14] 統治民族面對著紙上談兵與實踐出真知，哪一方有資格對制定政策這一問題，而對被統治民族則面對著是否有獲得各項政治權利的資格這一問題，也就是說，對兩者而言，在帝國日本支配下的臺灣具體度過了怎樣的「時間」都是重要的問題。本章節將探討居住經歷這一因素對推動當地化的言論空間擔當者，和試圖取締當地化的官方負責人，分別產生了怎樣的影響。

在個人無法自由前往臺灣的時代，闡釋發表有關臺灣的言論的主要是臺灣人、在臺日本人、從臺灣回到內地的日本人等、在島內生活過一段時間的人。但隨著內臺航路的完善，內地報社的特派記者等前去臺灣考察的人發出的信息日益增加，甚至出現了並沒有定居打算，為了封口費而訪問臺灣的不擇手段獲利的人。此外，除了獲得總督府許可在臺灣開設分社的大型媒體，內地的弱小媒體為了擴大銷路，也任命島內居住者為臺灣據點的負責人，開始在臺灣擴展事業。到 1931 年底，本文的分析對象《四國民報》從其發行地香川遷入臺灣的日報有 3 種共 37 部。[15] 在臺灣購買內地地方報紙

14　安藤静花，〈下村博士の為めに惜しむ〉，《実業之台湾》，1923 年 1 月，頁 41-42。

15　ＳＳ生，〈移入新聞雑誌の頒布状况に就て〉，《台湾時報》，1933 年 3 月，頁 69-78。

的理由，惡劣的通訊記者兼販賣員強行推銷或許是原因之一，但對日本人讀者來說，相比於刊載自己並不需要的漢文欄，並且內容以紳士階層為基礎的當地化的島內報紙，內地報紙雖不能按時寄到，但訂購費用廉價，同時又是熟悉的故鄉報紙，可以推測還是有一部分積極的讀者願意選擇訂購。總督府在逐步擴大其言論空間的過程中，不定期刊登臺灣版的《四國民報》從主張加強日本移民權利的立場，轉變為積極刊登否定文官總督的各項政策的言論活動並將其擴展到臺灣島內外。後文將通過對比日本主義媒體《新聞と社會》刊登的臺灣相關報導，在分析臺灣言論空間內的右派活動狀況的同時，闡明這些主張並不一定是團結一致的。

（一）通過內地地方報紙扶植移民的言論空間

以在臺日本人右派運動的核心人物山下好太郎，結成了臺灣借家人組合，打著增進日本人小商工業者的福利待遇的旗號進行活動。其後，他將活動範圍擴大到臺灣的各類社會問題，並宣稱其活動形式為大眾運動，比如為促使巴士車票降價而舉行低價零售轉賣乘車券的街頭遊行，[16] 與「憂國愛島」的同志一起，製作小冊子來攻擊紳士階層等。[17] 山下等人主張的核心是移民到臺灣的普通日本民眾也都是「天皇的赤子」，正因為他們是為了帝國的發展而遠赴臺灣定居，所以比起日本官僚、有權勢者等少數特權階級以及占統治對象的絕大多數的臺灣民眾，應當給予這些人更多的保護。

中川健藏總督表明修改臺灣地方自治制度的意圖後，在總督府方案公開之前，島內外就圍繞制度內容以及實行該制度的利弊等進行了大量的討論。山下本人起初並未持完全反對態度，他要求賦予

16　〈バス乗車賃値下の　奇抜な促進運動　回数券を規定の値段で買ひ　値引してバラで売捌く〉，《台日》1932 年 7 月 12 日，7 面。

17　台湾社会問題研究会，《破邪顯正》，1934 年 8 月。

負擔納稅和兵役義務的在臺日本人「作為國民的生活權」中不可缺少的公民權，在他看來，作為這一權利實現的前提，施行自治制度和確立「臺灣公社」乃是理所當然的。他認為，選舉權應當遵循「國體的精華」日本家長制慣例給予戶主，但只要能夠簽名，就當如「坊間傳說」那樣，沒必要設置納稅額必須超過五圓這一限制。此外，他還主張選舉的比例應當和朝鮮一樣，實行「官、民（內／臺）三等分」的民族比例，其中佔比三分之一的官選部分，然後「作為緩解本島人的特殊情況的對策，應當對國語的教養有一定要求」。在當時的情況下，山下提出，「即使是相當理解國語的人，也不會像我們這樣理解祖國精華的日本精神，這是不言自明的。但是只要有國語的知識，能像日本人那樣表示自己的意思就行」，也就是說，不考慮精神層面因素，只要求形式上的語言運用能力。[18] 而另一方面，以山下為主導的臺灣社會問題研究會（社研）的會員中，也有人對實行自治制度持消極態度。因為自己正是「在臺灣生活幾十年，對臺灣了如指掌」的日本人，才會成為反對派。他們以島內節日不昇國旗、日語普及不徹底，對選舉制度一無所知的島民的存在，以及民族性的差異等為理由，認為施行自治制度為時尚早。[19]

1933 年 10 月，山下邀請大日本生產黨到臺灣演講，但並未引起島內輿論的反響，反而造成了金錢損失，不僅如此，因不滿山下獨斷行動，有數名社研會員退出了該會。[20] 而身為標榜一人一黨的右派人士，山下本人也在自己家設置了改造日本社臺灣分社，寄出了五百份生產黨機關報《改造戰線》。在他與內地右翼團體緊密聯繫的過程中思想受到很大的影響，其主張漸漸轉變為反對施行自治制

18　山下好太郎，〈自治制の骨子〉，《社會》，1933 年 10 月，頁 12-14。

19　宮島龍華，〈自治制問題に就いて〉《社會》，1933 年 10 月，頁 38。

20　台湾総督府警務局，《台湾総督府警察沿革誌台湾社会運動史》（臺北：臺灣總督府警務局，1939），頁 1346-1347。

度。1933 年 11 月，山下將以「給荒木首相的建議書──武官總督運動重大化──中川總督辭職勸告──臺灣在住的母國人一同站起來」為標題的未經許可的出版物，寄送給了內地的 270 家報社，[21] 並策畫了驅趕推行施行自治制度的文官總督本身的行動，但因為違反臺灣出版規則導致山下被舉報送致檢察局。儘管如此，山下的反自治制度，反總督的言論活動並沒減弱，他開始在《四國民報》臺灣版登刊報導，並通過故鄉香川選出的政友會代議士山下谷次，不斷向帝國議會進行請願活動。

然而，山下谷次提出的，普通的在臺日本人受到臺灣人的壓迫，需要政府保護，這一問題，也被兒玉秀雄拓務大臣明確否定，「內地人相對於臺灣人無論在哪方面，都處於指導性地位」。[22] 同時，請願委員會的岡田伊太郎委員將「反對臺灣自治制度一案」僅是山下好太郎一人的請願，這一事實對比十餘年來積累的「關於設置臺灣議會的龐大的請願書」，得出了現在「大多數的臺灣本島人對這件事〔總督府案〕感到非常的高興」，對地方自治制度逐漸完善表現出了無聲的贊成這一判斷。[23] 林平馬委員也在同會期間，以「臺灣地方自治制度延期之件」的請願加起來僅有七、八名左右為依據，指出「很難想像這是出自臺灣全島的請願並代表大多數人的意向」，他認為「因為直接接觸當地民眾的總督府提出的議案與中央議會的態度相悖，就對此持反對意見，實在是沒有意義」，[24] 因此將一系列的反對請願停留在發送政府參考階段。然而數日後，《四國民報》刊登了「反對請願已在 12 日的眾議院被採納，接下來將踴躍提出如左所示與理蕃政策相關請願書」這一報導，試圖引發對新的問

21　台灣總督府警務局，《台灣總督府警察沿革誌台灣社會運動史》，頁 1347。

22　〈第 67 回帝国議会衆議院請願委員会第 5 号〉，1935 年 2 月 13 日，頁 3。

23　〈第 67 回帝国議会衆議院請願委員会第 4 号〉，1935 年 2 月 8 日，頁 12。

24　〈第 67 回帝国議会衆議院請願委員会第 5 号〉，1935 年 2 月 13 日，頁 5。

題的關注。[25] 其後，隨著總督更迭、武官總督制度的恢復、南洋群島的管理、以及以向南支南洋擴張經濟為前提的南方總督設置論的盛行，《四國民報》在頭版頭條刊登了「能看出這些主張逐漸在各方面得到加強」的預測報導。[26] 由此可見，山下等在臺日本人右派的言論活動的特徵即是把各種文書寄給身居要職的官員，隨後通過刊登相關報導試圖將其事件化。採取引人注目的行動，通過在傾向速報主義的日報刊登富有新聞價值的報導，達到提高宣傳效果的目的。

1936 年 2 月，天皇機關說事件引起滿城風雨的第二年，山下谷次成為了「有關國體之本義明徵」這一請願的介紹議員。請願書的內容指出持「自由主義萬能觀點」的臺灣官員等不僅對天皇機關說擁護者和出版物給予了保護，同時還批判了他們針對「日本主義者實施言論、通訊壓迫，甚至濫用警察權力」。對此政府委員的平塚廣義長官在答辯中作出了如下回應：臺灣處於包括眾多不同民族的特殊情況，對什麼都不知道的臺灣一般民眾來說，在他們面前議論國體明徵，反而會產生思想指導上的問題。最終，這一請願也僅被作為發送政府參考處理。山下谷次對此表示了不滿，「雖然凡是臺灣問題，朝鮮問題，大體上就是不採用或者發送政府參考，但是徹底進行國體明徵運動，到底有什麼地方不好」。1934 年，關於臺灣議會設置請願被不採用，同時停止運動的竟然是山下本人。即使是國體明徵運動呼聲高漲的「非常時」的外地在住日本人的請願，因其不符合民族之間的「融和」精神，所以帝國議會在採用上十分慎重。

如上所述，《四國民報》臺灣版和山下谷次的合作活動，不僅保障了香川縣人的在內地的權益，也達成了該報擴大到外地的重要目

25　〈台湾理蕃政策確立請願書　自治制反対運動代表委員として　滞京中の山下氏から提出〉，《四国民報》，1935 年 2 月 16 日，夕刊 1 面。

26　〈北守南進主義へ　「南方総督」設置の議　海軍を初め政界の一部に　国是として漸く強調さる〉，《四国民報》，1935 年 10 月 7 日，1 面。

的。宮城選出的鈴木文治在視察臺灣時，也在社研以「內地人應如何在臺灣增加人口」為題做了演講。[27] 在訪問臺灣期間，鈴木還試圖同參與臺灣議會設置請願運動的人們進行座談，但誰都不來，[28] 對此感到十分不滿的鈴木在回到內地後，在帝國議會上，為尋找東北農民的窮困狀況的解決方案，針對臺灣移民的實現進行了質詢。[29] 內地對外地有了新的認識：對生活在貧困且閉塞的日本偏遠地區來說，外地既可以當作移民目的地，也可成為地方物產的出口地。從支持縣人扎根移民地的意義上，通過內地地方報紙的輸入輸出，產生了為促進「當地化」而要求強化殖民者特權的言論空間。內地地方報的臺灣版就批判了將殖民地特權分給臺灣人紳士的日本官員和民間權威人士等紳士階層的拱手無能，其立足於「沒有權利」的在臺日本人一般大眾的立場，給臺灣當地的言論空間帶來進一步的多層化。

（二）清除重疊性而顯現日本主義的言論空間

在內地沒有「故鄉」，而臺灣尚未設置選舉區的情況下，臺灣青年知識分子等接觸了神田正雄等持有「只保護內地人的移民政策反而會對本國造成不利影響」這一觀點的內地日本人。神田認為每次更迭的最高級官僚，可以理解世界風潮。為回答這種意見，慈惠醫專畢業的黃朝清指出「即使是最高級官僚只在新上任時的施政方針也好，但是最終每年從下面開始影響」。[30] 日本移入官員與臺灣在來官員之間、總督府高官和地方基層官員之間存在的對統治臺灣的不

---

27 〈都会地を中心に　移民の実行を攻究　鈴木文治氏を中心の座談会〉，《台日》，1934 年 12 月 5 日，夕刊 2 面。

28 〈クチナシ〉，《台日》，1934 年 4 月 11 日，2 面。

29 〈第 69 回帝国議会衆議院台湾拓殖株式会社法案外一件委員会第 2 号〉，1936 年 5 月 15 日，頁 34-36。

30 〈自治問題座談会　神田正雄を中心にして〉，《台湾新民報》，1931 年 11 月 7 日，13 面。

同認識，給言論政策也帶來了很大影響。後者扎根於農村地區，由於漢族社會的強力維持而在當地語言和民族構成方面呈現單層化，而前者則以融合了日臺以及西方元素而呈現多層化的近代化城市為據點，後者與到地方視察的前者之間，影響兩者的臺灣認識的所處環境存在著根本性差異。

　　總督府從佔領臺灣初期開始就一直貫徹利用臺灣的多層性，向漢族臺灣人祖先的故鄉大陸對岸以及有大量同民族華僑居住的南洋進行勢力擴張的方針。1933 年 8 月，臺灣軍司令官松井石根上任後，大亞洲主義運動空前高漲，總督府也支持東亞共榮協會及大亞洲黎明協會發行機關報。前者的機關報《臺中新報》，雖然是思想團體的報紙，但卻「可以討論政治問題」，而後者《大亞洲公論》則「為宣傳大亞洲主義，採取以漢文為主的方針」，可以說這兩者在當時都是極為反常的存在。[31] 此外，臺灣博覽會開幕前後，總督府簡化了護照發放流程，[32] 試圖增加情報和人員的流動。在這種形勢下，《全閩新日報》的原主筆謝龍潤結成大同促進會，要求廢止去對岸的護照和兵役義務，一度曾與山下好太郎合作進行言論活動，最終選擇了大亞洲主義。該會聚焦社會底層民眾，以保護刑滿釋放的人、改革臺灣戲劇和講談等為目的，[33] 同時還把在臺民國人勞工團體作為支部編入該會，舉辦北京話講座等活動，該運動超越了帝國的境界，向南支南洋和大陸尋求活動領域。[34] 因此，也可以說這是對臺灣人而言的移民言論空間的產生。這類與日軍合作的臺灣人的活動，雖標榜亞洲主義，但實際上卻與日本主義相重合，因此他們往往被視為帝國主義的尖兵。然而，在臺日本人中的日本主義者卻也並不完

31　〈安田氏の東共質問で　議場は頓に緊張　知事の答弁でアッサリ覓　最終の台中州協議会〉，《台日》，1934 年 12 月 14 日，3 面、〈『大亜洲公論』発刊〉，《台日》，1934 年 8 月 21 日，7 面。

32　〈台博見物客の旅券を簡便化　前後九十日間だけ〉，《台日》，1935 年 9 月 21 日，7 面。

33　〈大同促進会の発会式〉，《台日》，1930 年 8 月 31 日，7 面。

34　台湾総督府警務局，《台湾総督府警察沿革誌台湾社会運動史》，頁 1364。

全贊成他們的活動。從《新聞と社會》臺灣支局長千草默仙〔仙之助〕的報導可發現，殖民地和內地對與日本主義有不同的看法。

《新聞と社會》的臺灣報導指出，臺灣因和對岸的距離、民族、語言都相近，因此不斷有福建、廣東的中國勞工來臺謀生，並對這種現象進行了批判：不僅壓迫了在臺日本人在島內的經濟活動，「實際上比內地人還多的支那人佔據了臺灣，這對國防來說簡直是癌症」。[35] 此外，報道還指出總督府接受產業視察的目的是為了將來在對岸製作特產，並表達了對其可能會成為臺灣的競爭對手的擔心。[36] 的確，臺灣的日本主義者與內地的日本主義者在排斥天皇機關說和西方要素是共通的，但前者還主張應當消除容易跟對岸中國人合作的臺灣漢人的民族性。當時，軍縮條約失效以及菲律賓獨立被為看做臺灣國防上的當務之急，但在總督府採取的壓制和懷柔雙重手段的作用下，臺灣島內的實情是被統治民族的運動已經趨於穩定。但是，每當對岸興起排日運動時，島內對身為同民族的臺灣漢人的警戒就會加強。成都事件發生時，《新聞と社會》的臺灣報導表示，對於島內報紙的漢文版「沒有一個人將其歸為支那人的狂暴行為而出聲批判」這一狀況深表遺憾，而漢文版維持論者則認為這是南進國策所必要的，斷言「臺灣人乃至支那民族的存在從進出上的利益來看是有意義的，而從日本國大和民族的觀點來看卻並非如此」。[37] 另外，該報還批判了日本人在廣播節目裡「以歐美語言的發音方式用日語唱歌」、[38] 總督府官員試圖用「歐美理論來教育東洋殖民地」等現象，認為這些並不是體現真正的日本精神，[39] 並提出了在

35　〈台湾放送〉，《新聞と社会》，1936 年 6 月，頁 44。

36　〈台湾放送〉，《新聞と社会》，1936 年 7 月，頁 33。

37　〈台湾放送〉，《新聞と社会》，1936 年 10 月，頁 39-40。

38　〈台湾放送〉，《新聞と社会》，1936 年 10 月，頁 46。

39　〈台湾放送〉，《新聞と社会》，1936 年 4 月，頁 39。

臺灣快速普及日本精神和國語的方法——通過交換日本人臺灣移民和臺灣人內地移民，從而達到兩者的融合。[40] 同時，在時間觀念上，批判了「南洋進出理當依從南洋時間」的意見，主張應該消除內臺之間的時差。[41] 從上述論斷可以看出，千草認為，相比於「特殊事情」為理由實行的漸進式統合方針，應當盡快消除臺灣的多層性，相比於與南支南洋的聯繫，促進臺灣與內地的一體化才是當務之急。

然而，《新聞と社會》主幹高杉京演在對臺灣進行考察之後，指出「僅僅佔領臺灣四十年，就要讓所有臺灣人都能流暢的說國語，這想法太過粗暴。〔中略〕只有接受過學校教育的人經歷數代的不斷努力，才是國家的百年大計」，[42] 表示應當容許多層性在一定期間內的存在。高杉還發表了照顧臺灣的特殊情況的報導，「像臺灣這種苦於悶熱，又沒有甚麼娛樂活動的地方，應當懷著寬大胸懷的去看待這種小事」。[43] 由於千草常常將總督府官員上班時總是休息半天，同時還熱衷娛樂活動作為殖民地特有的情況進行批判，因此高杉的考察報導與千草的論調完全相反。兩個月後，高杉又刊出了「道歉文」，對該報導令讀者極不愉快。[44] 在臺日本人試圖與容忍當地社會的多層性並利用其南進的總督府和內地的日本主義者對抗，並在島內臺灣人結合島外漢民族構成經濟、國防上的威脅之前，消除其民族的特殊性。可以說正是這些在臺日本人分化了日本主義言論空間。松井離開臺灣後，成為他們的後盾是不能在表面介入政治的在臺軍部。

40　〈台湾放送〉，《新聞と社會》，1936 年 6 月，頁 44。

41　〈台湾放送〉，《新聞と社會》，1936 年 10 月，頁 40。

42　高杉京演，〈台湾初見参〉，《新聞と社會》，1936 年 7 月，頁 8-9。

43　高杉京演，〈台湾初見参〉，《新聞と社會》，1936 年 7 月，頁 10。

44　高杉生，〈お詫び〉，《新聞と社會》，1936 年 9 月，頁 51。

四、被否定的一視同仁——是逐漸的保存、還是極急進的消除

（一）松井之前的臺灣軍

首先，總督府將當地的多層社會視為過渡期的現象而允許其暫時留存，這一方針的存在意義在於，即便允許差別的存在，也要有面向無限未來而努力縮小差異的態度。因此，雖然承認多層性的存在，但不進行差別化的「一視同仁」成為了總督府的基本方針。以建立民政而非軍政為目標的後藤新平在島內建立了以警察為中心的統治。即便文官總督的登場，將作為武官的臺灣司令官的權限分化之後，警察統治依舊維持了其作用。然而，從 1928 年起，擔任司令官的菱刈隆不再遵從總督為親任官、軍司令官中將為親補職這一順序，他認為同為天皇任命，「軍人不能給文官當下級」，並以此為行動基準。與此相對，1930 年上任的渡邊錠太郎雖是天皇任命的大將，但臺灣統治的負責人是總督，就此他表示「就算是大將也該做下級」。[45]

然而渡邊在任期間發生霧社事件後，高級參謀服部兵次郎於「11 月底到 12 月初在中學和大學等就霧社事件進行了演講，稱讚了軍人的功勞，批判了毫無紀律的警察。他還提及警察的被奪走機槍一事，以及警察明明吃了許多雞，而軍人卻只得到一隻雞，甚至連醬油都沒有。他還強調軍人是勇敢的但警察卻是膽小的，警察的武器都是舊式的等等」。此外，他還陪同軍司令官前往東京，給人留下了「軍人善於跟人打交道，在東京也為自身大肆宣傳」這一印象。[46] 在這之前，服部在向總督府有關人士舉辦的讀書會以及報社

45　泉風浪，〈今昔物語り（17）〉，《台湾同盟通信》，1956 年 2 月 1 日，1 面。

46　〈伊沢多喜男宛太田政弘書簡（〔1931〕年〔2〕月）〉，收入伊沢多喜男文書研究会編，《伊沢多喜男關係文書》（東京：芙蓉書房出版，2000），頁 156。

的投稿中，結合軟硬的話題，闡述了自己在德國赴任時的經歷的戰敗國對一般民眾進行的愛國心和國防思想的普及。[47]而霧社事件後的對應也同樣側重於在緊縮和裁軍成為主流的情況下，向社會宣傳軍隊存在的意義。受霧社事件影響，總督府警務局長忙於各地指揮，無法離開臺北行動，「與守備隊司令相比，社會大眾都在指責為何沒有早些行動」。以霧社事件為契機，臺灣軍在島內的存在感日益加強。

真崎甚三郎就任軍司令官時，他的部下淺井敏夫大尉聯絡了福州《閩報》的李爐己，於 1932 年 1 月策畫了殺害水戶訓導夫婦的陰謀。由於與臺灣軍首腦關係密切，李被從領事館移交到了總督府處理，最後被法院釋放。更名為李兩華的李爐己身邊有《閩報》社長鎌田正威，和被形容為「臺灣無賴的總管」，「高級無賴」的臺語翻譯岩崎敬太郎，最終他更名為李志堂搖身一變成為了天津《庸報》的社長。[48]改名為謝安的謝龍闊也在宣傳「福建獨立計畫」等的過程中，獲得了東京參謀本部大城戶三治中佐和臺灣軍高級參謀浦等的信用。但在同年 11 月，從海軍獲得情報的外務省注意到了其動靜。[49]於是，滿洲事變後，臺灣軍越過總督府的領導，開始進行對岸工作。與此相對，接替真崎成為司令官的阿部信行對總督就任之說及武官總督說付之一笑，從國防的觀點出發的阿部將注意力集中在了設置工兵中隊等島內組織編制方面。[50]儘管如此，島內對上海事變等島外事件的關注度很高，在日本人之間對「排日」事件的

47 〈ドイツの国防 第二回読書会における服部参謀の講演〉，《台日》，1929 年 10 月 9 日，7 面、〈芝笛 台湾軍高級参謀 服部大佐談〉，《台日》，1929 年 12 月 24 日，6 面。

48 〈2. 福州事件関係／ 14 昭和 7 年 8 月 18 日から昭和 7 年 8 月 20 日〉（1932.8.18-1932.8.20），JACAR（アジア歴史資料センター）（藏），檔號：Ref. B02030350700、本山文平，《夢の九十年》（東京：本山文平，1971 年）。

49 〈2. 福州事件関係／ 14 昭和 7 年 8 月 18 日から昭和 7 年 8 月 20 日〉。

50 〈洗練された話術で鮮やかな応答ぶり 武官総督説は笑ひに吹飛はす 阿部新軍司令官の車中談人〉，《台日》，1932 年 1 月 29 日，7 面。

批判日漸高漲，而與此相對，臺灣人卻展現出了對祖國的同情。尤其是後者在看新聞電影時，看到中國軍隊倒下的場景就發出悲歎，而日本軍隊倒下時卻響起歡聲，這些都是經常被批判者拿來批判他們沒有日本國民精神的例子。[51]

（二）皇道精神下的「內地人第一主義」遭到挫折

與歷代軍司令官相比，松井的提出大亞洲主義運動，也符合總督府傳統的對岸政策，即利用島內的重層性。其特徵是沒有謀略，僅在表面上宣傳南進運動。

在臺軍民求同存異進行大團結的情況下，松井去地方視察，臺中的律師常見秀夫借機就臺灣統治的重大問題陳述了自己的意見。[52] 其後，1933 年 9 月 24 日，常見等 13 名黨員結成臺灣改進黨，其思想在臺日本人中可以說是極右的。據常見說，所謂一視同仁是「陛下唯一可用，而執政者的霸道政治家是臣民，絕對不能使用」。平等對待各民族，是種危險的誤解。在「征服和被征服的兩民族間」，他主張「國民的價值有明顯的差別，應按其價值給以相應的待遇，這是自明之理」。而且，「臺灣統治當局應以身作則」，在有差別的殖民地加薪政策擴大到民間日本人中去，以公開的差別待遇，實現「最強的統治」目的。也就是說，他們試圖通過消除同民族的日本官員之間的重層性，對抗國防上作為「絆腳石的民族」的臺灣人。常見表示大和民族是優越的民族，但也強調臺灣人就民族性而言，「在勤奮和財務管理方面都擁有世界級的優勢」。因此，他主張採取「高等的政策」，利用「支那民族獨特的愛賭博和愛享樂的弱點」來降低其經濟競爭力。他預料到有人會對鴉片的默許使

51　江藤源九郎，《台湾地方自治制即行反対論》（東京：政治批判社，1934），頁 5。

52　〈軍司令官に意見を開陳〉，《台日》，1933 年 9 月 13 日，3 面。

用等從人道主義觀點進行批判，並主張可以借用過去的事實給以反擊，即「西方國家一邊提倡人道主義，一邊極端地壓迫土著民族」。此外，總督府投入巨大資本的國語教育，也只有支付學費，有同化誠意的人才被視為「準內地人」能夠接受。許可這些人使用「日之本」等「獨特的日本姓氏」，試圖達到「真正的同化」。然而，這些日本姓氏可以繼承亦可以被剝奪，僅是讓其享有可以申請服從兵役的待遇。此外，大多數日本人擔心，臺灣人的民族運動最終會導致其尋求自治獨立。但是，常見認為「臺灣人不像朝鮮人那樣欲脫離帝國的統治。有關統治國，或是帝國，或是支那，亦或是其他第三國，他們並不甚關心；只有把統治實權握在自己手中，任意行使才是其真意」。

然而，松井難以支持這種「內地人第一主義」。大亞細亞協會臺灣支部的「宣言」稱，要徹底發揚皇道精神，實現大亞洲主義。對此，他認為「應徹底暢達新付皇民的民意，以至內臺一如」。對於在南方實現「日中親善」「團結亞洲」，臺灣的重層性社會十分重要。只提倡壓制「新付皇民」，保護內地人的臺灣改進黨的活動，對在臺軍官和大多數民間人而言都無法接受。

在臺中，以宮原武熊和陳炘為中心的，排除了臺灣改進黨關係的人結成了東亞共榮協會。而「因故未能向社會公開發布」「只屬於臺灣排他的右翼政黨」的臺灣改進黨，雖在成立約半年之後就解散了，[53] 卻作為批判東亞共榮協會和批判對臺灣人持和解態度的日本人紳士宮原的勢力，潛在地持續下来。

53　〈内台合流して大亜細亜主義結成　二十九日第一声を挙るに　発起人会に於て決定〉，《台日》，1933 年 12 月 28 日，3 面。

（三）對「自由主義的」帝國統治的批判──去西方化的「皇民化」的登場

1934 年 8 月，跟中川總督是親戚關係的寺內壽一就任軍司令官。在其領導下，「皇道派中堅階級」成為反對自治制度運動的支持者。他們的反對意見概要如下。

要充分發揚臺灣國防能力，就要喚起並不斷實踐，島民的團結一致為國犧牲的精神。因此，應儘早促進更過漢民族之人成為優秀的皇御民〔スメラミタミ〕化。然而，目前還沒達到全島皇御民化。因此，在其皇民化後，須不擇手段地推進自治制度改革；在其皇民化的過程中，須絕對禁止自由主義政治家進入島內。建立在此種自由主義思想上的統治，對引導臺灣大眾是有害無益的。〔全文圈點〕[54]

不過，據參與反對自治制度的土屋觀察，在臺軍部的皇道派骨幹認為「如像今日一般推動臺灣的發展，不會有太大的效果。與其如此，不如設法讓全島民呼吸新鮮空氣」〔全文圈點〕。然而，如十月事件那樣，即沒有在表面上採取積極的運動又沒進行全國統合，「反而和民間皇道派結盟，反對自治制度」。其真目的不言而喻，是在「改造」之前，排除政黨黨員和自由主義的執政者。[55]

事實上，對臺灣地方自治持自由主義立場的人，是臺北商業學校的成宮嘉造。成宮在島內學術期刊上發表評論，認為「島民沒有兵役義務，所以不給公民權的說法，這在今天已經不再通用了」。這是駁回反對自治制度論者的最大依據。他引用自己的《日本憲法概論》和美濃部達吉的《逐條憲法精義》，同時議論說明傳統理論對三大義務的解釋是不正確的。據其稱，在憲法上「無論男女老幼，歸

54　土屋米吉，《台湾第一回選挙の考察》（臺北：普泉社本部，1935），頁 69-70。

55　土屋米吉，《台湾第一回選挙の考察》，頁 69。

化人，或內地人，臺灣人，朝鮮人」都有服兵役的義務，只是因兵役法而產生具體的兵役，最重要的是，現今在朝鮮，公民權已被授與。[56]

此外，他認為統一語言後實施自治制度是滑稽的空論。還重提起下村擔任總務長官期間的論文，從比利時和瑞士的例子來看，應以「文化尺度」來決定。[57]成宮認為「正如被選人的姓氏上加國語音訓假名一樣，是愚蠢的想法。這無意地刺激了民族意識，又違反歷代總督的內臺融合的根本方針」，甚至避開徹底使用國語。[58]

還有，與田時代導入自治制度相比，初等教育入學率已升至兩倍。尤其值得關注的是，目前有公民權的男子大約有半數以上在學校。這些都可以被認為是「顛覆了時候尚早論，成了擴大自治制理論的武器」。綜上所述，東京報導預測了自治制度，市街有三分之一，莊有了兩分之一官方選舉。但「遠不及朝鮮，甚至在關東州市政之下」。[59]持這種想法的成宮，受到在臺日本人右派的威脅。他回憶，當年把握這些情況的警察「說"有事打電話聯繫，我們立刻趕來"，非常地友好」。[60]前述的為「國體之本議明徵有關之件」請願的山下谷次在議會上提到，在臺灣的美濃部天皇機關論支持者，但成宮已經辭職離臺，不成其為大礙。

此外，也有在臺日本人右派試圖通過加劇島內「不敬事件」，欲使其發展成統治上的問題。1934 年 2 月，去往東京的山下好太郎，就臺北第二中學的藏書中御真影遭到毀壞的「大逆不敬事件」，指責

56　土屋米吉，《台灣第一回選舉の考察》，頁 90-91。

57　土屋米吉，《台灣第一回選舉の考察》，頁 92。

58　土屋米吉，《台灣第一回選舉の考察》，頁 92-93。

59　成宮嘉造，〈台灣自治制拡充是否両論に就いて〉，《南邦經濟》，1933 年 10 月，頁 94。

60　成宮嘉造，〈天皇機関説のゆくえ〉，收入桜美林論集編集委員会編，《桜美林論集》（東京：桜美林大學，1979），頁 39-59。

當局的處分過於寬大，向生產黨幹部匯報該內容，還向總督和拓務大臣寄送了讓中川總督辭職的勸告書，策畫排除推行自治制度的文官總督。[61]

與山下好太郎的臺灣懇話會有關的小池四郎（國家社會黨），就民族問題避免公開討論，而同永井柳太郎拓務大臣私下交談。永井說「統治方針最終要貫徹德望，同時要徹底鎮壓引起獨立自治運動的排斥母國的運動」。該言論登在《臺日》晚報的頭版上。[62] 此電訊報導比較曖昧，內容是「臺灣中學生不敬事件」。而次日的同報日刊，以「在圖書中○○○的出現了○○○內容」的形式，進行了相對可推測的報導；據報導，有數名借閱者，包括日臺學生，難以特定犯人，並已向所有學生發出警告。正如匿名官員說，「即使在臺北不算甚麼問題，而到中央卻引起了問題，這是十分可疑的」。[63] 山下的「策動」超越了總督府的統制範圍，轉入島內報紙內容。曾經主張「尊氏論」而受非難的中島久萬吉，在 2 月 9 日前辭去商工大臣的職務，但因與小池非公開討論了臺灣「不敬事件」，避免了混亂。

此外，臺灣還潛伏著怕重新燃起的，被政黨批判的「祝盃問題」。即櫻田門事件時期，木下信長官等期待政局變化而舉杯祝賀的問題。曾經因島內政友會系媒體曝光而被禁止了。[64] 因有數名目擊者的證明，比起木下等的說明更有說服力，所以中川總督也苦於對

61　台湾総督府警務局，《台湾総督府警察沿革誌台湾社会運動史》，頁 1354、〈教育界の不祥事 台北二中の事件 当局の処置に非難〉，《四国民報》，1934 年 1 月 4 日，4 面。

62　〈母国排斥運動は徹底的に弾圧する 台湾の中学生不敬事件で永井拓相から言明〉，《台日》，1934 年 3 月 15 日，夕刊 1 面。

63　〈中学生の不敬事件 犯人は判明せず 中央の問題となつたのは 某の策動と見らる〉，《台日》，1934 年 3 月 15 日，7 面。

64　因臺灣新聞紙令「総督ノ威信失墜ノ虞アル記事」的標準，《台湾実業界》（2 月 1 日）截除了〈太田総督論木下長官論〉以及〈コレデモ不謹慎と云へないか〉等記事後才能頒布，《昭和新報》（2 月 6 日）刊載的〈仰々しい総督長官の送迎〉之一部文章也被抹消了。《台湾出版警察報》，1932 年 3 月，頁 22。

應。[65] 在事件發生後四年的帝國議會上，中村不二男（民政黨）質疑了包括該事在內的官僚風紀紊亂的與論等，使木下有了「個人道歉的機會」。[66] 據民政黨系記者在東京發表的議事錄，可以說摘掉了問題初發的萌芽。而在傳入臺灣的第一版上（昭和 11 年 7 月 13 日發行），刪除了包括為「祝盃問題」辯護在內的第 57 頁到第 72 頁的相關內容之後，才准予發布。此後，連「祝盃問題」的目錄也全部被刪除的第二版（昭和 11 年 8 月 10 日發行）也被發布。總督府不問好壞一律取締，使問題不易被發現，防止引起爭議。

1935 年 4 月，朱諾號事件發生時，周報《臺灣經世新報》和月報《臺灣》等島內非日報刊物都要求保護國防和軍事機密。內地的地方報《四國民報》臺灣版也積極地進行了報導，但刊登頻度和紙面份量沒有變化，作為印刷媒體的影響力很低。圍繞該事件，可以認為比起印刷媒體，軍人、在鄉軍人會、國防關係團體進行裁判旁聽，以及示威遊行等更加促進了當地與論的形成。

在臺灣神社年祭時，生產黨主辦的「國體明徵，宣揚皇威」的祈願活動上，有五百人簽名，其中還包括寺內軍司令官。[67] 此外，還發布了各種聲明，以期達到在實現速報化的日報上得以揭載發表的目的。批判總督府對朱諾號事件處理的「總督府記者團」的聲明，隨後即遭到總督府日報記者俱樂部（六日會）的否定。[68]

1935 年 11 月 3 日的明治節時召開的帝國在鄉軍人會臺灣聯合支部大會，兼備了文字和身體兩方的語言性質。作為聯合支部長的福田袈裟雄做出訓示，要求廢除天皇機關論，抨擊「和平主義者和

65　〈伊沢多喜男宛中川健蔵書簡（1932 年 12 月 9 日）〉，收入伊沢多喜男文書研究会編，《伊沢多喜男関係文書》（東京：芙蓉書房出版，2000），頁 334-336。

66　〈第 69 回帝国議会衆議院台湾拓殖株式会社法案外一件委員会第 2 号〉，1936 年 5 月 15 日。

67　〈祈願帳署名者　五百餘名〉，《台日》，1935 年 10 月 29 日，夕刊 2 面。

68　〈『総督府記者団』宣言に六日会は無関係〉，《台日》，1935 年 6 月 14 日，7 面。

反軍思想之輩」，呼籲保護軍事機密，及作為忠良臣民進行規範投票；就臺灣現狀強調「向島民灌輸日本精神，使其皇民化為當務之急。為實現此目的，須依靠真正的中堅力量之骨幹，即在鄉軍人的力量」。[69]

松井時代沒有受到特別的限制的在臺灣居住的國人，被認為是面向世界宣揚皇道的承擔者，而在國體明徵運動高漲後，受西方思想的影響的人被剝奪了其皇民資格。以往的當局將此作為民眾教化文脈上的國民精神訓練，及參加政治參與文脈上的公民訓練；而在臺灣鄉軍大會上，卻被定位為有違於以總督府為主的自由主義者的，基於日本主義的「皇民化」的徹底宣言。

但實際上，松井時代的在臺日本人右派就主張「有稱蘇聯俄羅斯為祖國之不忠不孝者，還有私下視中華為母國之賣國賊，或打著人道主義旗幟卻出賣同胞的國賊。大亞洲聯盟也好，東亞大同團結也好，人類愛世界一家也好，首先不能團結日本國民的同胞，那能做什麼呢？連自己身邊的同胞都不能愛的話，能愛什麼呢？所有的事情都是有順序和階段的。臺灣的同胞們，先回歸日本精神，再做個真正的日本人吧」。[70]

如上述表明，排除跟國體背道而馳的共產主義和自由主義的右派運動的主張，被福田和在鄉軍人的「使島民皇民化」決議所繼承。

主張去西方化的內地右派運動之外，在臺灣，由於漢人的存在同時還具有去中國化的特點。下節將論述，否定「自由主義的」帝國統治的日本主義者，如何將連傳統的一視同仁也視為是反國體的過程。

---

69 〈明治節の佳節をトし台湾郷軍大會を開く　各地から千三百の代表が参加　満場一致で宣言決議案を可決〉，《台日》，1935 年 11 月 4 日，7 面。

70 森政禧，〈日本精神の確立を期す〉，《社会》，1933 年 10 月，頁 20-21。

（四）國防思想下的國民一元化——去中國化的「皇民化」的貫徹

於內地，在臺日本人右派分子言論活動十分活躍，從 1934 年到 1936 年這段期間，就統治方針，他們向與臺灣有關的議員和拓務大臣，總督府官員等，提出了許多疑問。

其中，1934 年第 65 屆帝國議會上，出現了從國防觀點上討論帝國日本狀況的意見。住在新竹，由福岡選區被選出的議員樋口典常（政友會），對永井拓務大臣提出質疑，佔領臺灣的目的，是在經濟上還是在國防上。樋口認為，如果是經濟佔領的話，地方自治的最終目的是臺灣自治。這在思想上是理所當然的。而且他認為，事實上，各國殖民地所推行的同化政策和內地延長主義，都以失敗告終，「目前沒有一個學者認為進行延長同化政策是可行的」；但臺灣在國防上是很重要的，必須推行以精神為主，物質為輔的同化政策。在此基礎上，對那些還未完全實現統治的底層的違法開墾和逃稅人，這些「非常不講道理」的臺灣漢人，應採取嚴厲的打擊。另外，他還要求改善總督府的專制政治，改善內地的人和資本難以進入臺灣的狀況，以實現日本人的生命財產自由。對此進行答辯的永井指出，兩者在國防上，經濟上有重要關聯，原是不可分割的。以臺灣的位置，他避開討論內地人為主還是本島人為主的話題，指出「要著眼大日本帝國的建設，就必須將國民為一個整體」，並舉例朝鮮的地方自治選舉，在共存共榮的精神下，試圖達成兩者的融合。[71]

這天由樋口批判臺灣人的大和精神還不到位的發言所感，在第二天的議會上，朴春琴批判說，要把大和魂植根於朝鮮，臺灣，樺太，南洋的話，必須有同等國民的權利義務才行。在有待遇差別的

71　〈第 65 回帝国議会衆議院予算委員第一分科（外務省，司法省及拓務省所管）第 2 号〉，1934 年 2 月 7 日，頁 9-12。

地方，是不可能產生大和魂的。不能融合的日本人拒絕殖民地的人和米等，也是原因之一。[72]

1935 年第 67 屆帝國議會上，有駐臺經驗的江藤源九郎舉例逢坂事件，主張對「生蕃非常地逗他的臉」的現狀，要徹底處置。對此，兒玉秀雄拓務大臣答辯說，不能視其為野蠻人，只是「進化較遲的人」，對他們應該慈愛。[73] 此外，江藤在提唱優待日本人的同時，也指出因「支那語」報紙版面的存在，使得臺灣人不去努力融和。因此，「完全使用日語就好 ... 如果本島人覺得不便的話，那恰好是他們自己的錯」。[74] 如次這樣一來，對居住在殖民地的統治民族要求改善國民待遇的同時，對被統治民族是否應要求其應先獲得國民精神也就成為了問題。

然而，在帝國議會上，雖然有人批判沒有明確殖民地的領土性質，但事態並未發展到「明徵」將統治方針的核心放到精神教化上。對此，總督府還專門發布了國民精神作興詔書，除了促進民眾教化，敬神思想和尊崇皇室，破除迷信和壞習俗外，為普及國語還設置了國語講習所。然而，並沒有很快消除當地社會的習俗。

例如，傳統媽祖信仰在年輕人中漸漸被淡化的時代趨勢下，臺灣社會正在推進合理化和現代化，試圖通過「宗教復興」來促振興進當地的繁榮。有這種想法的總督府鐵道部門，向參拜民眾進行團體募集，舉行車票打折扣的活動。[75] 在北港媽祖祭期間，1935 年 4

72　〈第 65 回帝国議会衆議院予算委員第一分科（外務省，司法省及拓務省所管）第 3 号〉，1934 年 2 月 8 日，頁 33-41。

73　〈第 67 回衆議院予算委員第一分科（外務省，司法省及拓務省所管）第 3 号〉，1935 年 2 月 8 日，頁 30-37。

74　〈第 67 回帝国議会衆議院予算委員第一分科（外務省，司法省及拓務省所管）第 4 号〉，1935 年 2 月 9 日，頁 5。

75　〈全島から参詣者の集る北港の媽祖祭　廿一・二両日盛大に挙行〉，《台日》，1935 年 4 月 19 日，3 面。

月 21 日，發生了新竹臺中地震，避難而來的參拜民眾，使臺灣人的媽祖信仰迎來了高潮。對災區進行尋訪慰問的櫻井兵五郎拓務次官，也參拜了北港媽祖廟。[76]

在紀念始政四十週年臺灣博覽會上，為吸引遊客，受邀北港媽祖，11 月 17 日巡遊了臺北市。[77] 當天主辦的在臺日本人武士游行，被報導稱為「和漢二重奏」。[78] 另外，還有宣傳臺灣茶時，由「內地人」「福建人」「廣東人」表演了採茶歌，被形容是「語言不一樣，土味同樣令人懷念的內臺自滿歌聲比賽」。[79] 此外，博覽會期間還動員了原住民族，營造出「我們的博覽會大放異彩，令觀客瞠目結舌」的效果。[80] 這樣一來，對於旨在向南支南洋的進行經濟擴張和宣傳治理臺灣成果的總督府來說，各民族文化多樣性的實現，就是其一視同仁下「各得其所」的證明。

然而，1935 年 8 月赴任的日本主義者荻洲立兵參謀長，強制推行了多層次臺灣社會的國民統一化。因 2・26 事件，荻洲認識到「比起外敵，更可怕的是內憂」。所以在敦促肅清軍人的同時，還進行了根本的政治改造，令人們反省日常生活。

在題為「國防的本義和臺灣」的報導中，[81] 批判了文部省分離了國民教育和道德教育，這是受西方影響並反國體的；對日本人來說，兩個教育應為一體。另外，關於民族和道德不同的臺灣人，「作

76　〈桜井次官　北港媽祖参拝〉，《台日》，1935 年 5 月 10 日，3 面。

77　〈媽祖を迎へてお客を誘引　南方館助成会の計画〉，《台日》，1935 年 5 月 14 日，7 面。

78　〈好評を博した武者行列と媽祖行列　和漢二重奏が描き出されて　きのふ台北は大賑ひ〉，《台日》，1935 年 11 月 18 日，7 面。

79　〈薫茶のかほり　島都を包まん　内台茶業大会を初め　宣伝協会諸行事〉，《台湾博覧会ニュース》，1935 年 9 月 21 日，3 面。

80　〈入場券発売総数　百十万枚を突破　蕃人入場者約一万〉，《台湾博覧会ニュース》，1935 年 11 月 30 日，1 面。

81　荻洲立兵，〈国防の本義と台湾〉，《台湾婦人界》，1936 年 7 月，頁 78-83。

為本島人的個人〔道德〕教育和作為日本國民的國民教育是兩件不同的事情，兩者都是必要的」。因作為內臺人的區別已是命中注定，所以他斷言「讓本島人成為日本人的事，是不可能的」。「本島人認識到日本人占領著臺灣的事實，尊敬日本人的道德並追隨於此便可帶來幸福」的這種想法，也不過是將本島人看作被征服者而已。

荻洲認為，構成非天皇的民眾作為一個主體，主張民主政治，議會政治，自治制度，一視同仁，內臺人平等，這些都是反國體的，並認為目標只要成為尊敬祖先的優秀子孫即可。

荻洲從廣播發言推斷出「臺灣還沒做到國體明徵」。於他而言，包括日本人在內，對精神修養的要求是最為重要的。應拒絕為發展南支南洋為目的而不擇手段，堅持日本精神第一，賺錢第二的順序，所以不容許臺灣人搞漢語教育。他明確表示，「臺灣是特殊的，有日本人，臺灣人，先住民族三者存在，所以在國防上也有特殊性。無法尊重個性」。上任後的荻洲在考察了臺灣博覽會的盛況後，可能其信念更為強烈了。

另一方面，中川總督的身邊，除僥倖豁免於政變未被更迭的平塚廣義外，還有出現了不同於民政黨派的青壯年新官僚。戰間期隨著自由主義的滲透，總督壟斷統治的餘地也相應縮小。例如，伊澤要求召開白話字調查委員會，但 1931 年，總督府已經決定不允許，「各部門負責人亦即認為妥當之情況下，如強行召開調查委員會，只會徒招誤解而難收實效」。因此，中川總督只好「暫不著手」。[82] 其關鍵的自治方案也認為自由主義的立場，受到皇道派的批評。對此，「官僚們朝夕為之努力的審議法規，卻受皇道派的反對；所以為了在技術上精神上征服皇道派」，[83] 必須對一部分規定予以妥協。

---

[82] 〈伊沢多喜男宛中川健蔵書簡（1934 年 12 月 24 日）〉，收入伊沢多喜男文書研究会編，《伊沢多喜男関係文書》（東京：芙蓉書房出版，2000），頁 338。

[83] 土屋米吉，《台湾第一回選挙の考察》，頁 57。

　　1936 年 7 月，在民風作興協議會會議上，「當總督進入會場時，與會者沒有全體起立以示歡迎（以前類似會議都有起立歡迎）」。除此之外，「至於議長在會議結束前，刻意引述中川總督開會致詞的內容，卻在發現可能不當誤用後取消等，也讓人感覺不是很好」。這是日本紳士的長輩之輩的代表人物，曾經接觸過歷代總督的三好德三郎回憶所說。當時的確有輕視總督的風氣，「我看到這些會場光景，實在替中川總督的差運氣抱不平」。[84] 不過，「自由主義」勢力並沒完全屈服，在民風作興協議會上，荻洲參謀長和海軍武官酒井武雄強烈要求取消漢文欄，在最終答辯稱「為徹底普及國語，生活用語（包括報紙雜誌等），須時常（刪除）以國語來加強國民意識」。通過追加了「包括報紙雜誌等」，但刪除了「時常」之類的表達，以期達到一定程度的緩和。這樣一來，《風月報》等漢文雜誌的存在空間就十分艱難了。

　　在帝國日本和總督的傳統南進政策中，利用臺灣和南支南洋的漢族社會的共性來擴大帝國勢力的同時，也出現了在物質或精神同化之間的動搖，但它逐漸地推進了國民形成。

　　中川也以普及國語為目標，致詞說「即使是新付民眾，期待其成為真國民者，首先應令其努力學習並熟練國語〔中略〕。本島人最大之幸福，即為完善其日本人之個性，一舉實現內臺一元」。[85] 試圖在施行自治制度時，達成意識疏通的國民的一體化。但當時還是尋循漸近的方式，只有政見演說使用國語，公文書的書寫仍允許使用漢語了。

84　謝國興等主編，陳進盛、曾齡儀、謝明如譯，〈三好德三郎回憶錄 / 卷 4/47 民風振興協議會〉，中央研究院臺灣史研究所臺灣日記知識庫，https://taco.ith.sinica.edu.tw/tdk/ 三好德三郎回憶錄 / 卷 4/47_ 民風振興協議會。擷取日期：2022 年 8 月 28 日。

85　〈内台一元の実を挙げよ　国語の修得練熟はその捷径　中川総督の告辞〉，《台日》，1933 年12 月 10 日，夕刊 2 面。

荻洲主張，絕不利用被征服民族參與對外擴張，即使不能同一化，也要通過國民教育令其服從。同時，配合荻洲的步調，向總督府施加壓力「支那通」的酒井，雖不一定是日本主義者，但他認為，漢人沒有能力組織股份公司，白人身體體質又無法適應熱帶，且熱帶的土著民，文化水準低，沒有開發能力，所以，只有日本人善於組織科學的組織，體質也適合從事開發南方事業。[86] 於是，漢民族的特質在經濟上變得「不必要」，而在國防上必須進行精神動員時，作為去中國化的「皇民化」就會發揮作用，「像臺灣人一樣，既不懂日語又不懂日本精神的人在大陸有好幾億」。[87] 因此，這些人認為必須消除跨越兩個國家的重層性。

（五）成為日本人的「在臺內地人」——保留去臺灣化的「皇民化」

上述的不允許重層性的態度，被認為是從在臺日本人右派及荻洲等在臺軍部抬頭之前，就潛伏在臺灣殖民地初期的地方官員中的。1920 年初，從國語學校畢業的臺灣青年，隨著デカンショ節高唱「喲依喲依，德謨克拉西」，便受到警察威脅；如使用「現代常規語」的德謨克拉西一詞，就用繩子把他綁下。還有個二十年來公學校老校長認為自由是「淺薄的模仿西方」的想法，斷定「大和魂，即是獻身服從的偉大精神。是沒有允許自由之理的」。這些沒擺脫舊意識的日本地方官員的做法，受到了臺灣人知識青年所批判。[88]

進入 1930 年代後，警察方面的相關人士也指責說，「跟內地相比，本島的空氣，還沒走出明治末期，至少沒出大正初期」，批判

---

86 〈独立問題を中心に比律賓を語る〉，收入千代田通信社編，《南方国策パンフレット 第1集》（東京：千代田通信社，1936），頁 5-6。

87 江間常吉，《皇民化運動》（台湾駐在内地記者協会，1939），頁 38。

88 蔡培火，〈二ヶ年振りの帰台〉，《台湾青年》，1921 年 7 月，頁 75-78、頁 80。

官員的傲慢橫蠻。[89] 從臺灣議會設置請願運動時，總督府便轉變方針，連穩健的臺灣地方自治聯盟活動，都加以干涉。如農村的日本警察認為，「這個運動只會引起噍吧哖事件罷了」。[90] 不僅如此，還有傾向認為這些都是西方思想帶來的。的確，戰間期，總督府高官和臺灣知識青年人逐漸共享了新思想。但是，渡臺時間較長，幾乎沒接觸過內地民主主義發展且被限制了民權的日本人，在這種殖民地制度的時差中，可以說，作為丸山真男所想像的，內地的地方社會「亞知識分子」的極端形態，在臺灣被保留下來了。

實際上，一般在臺日本人也有必要在自治和政治方面進行訓練。特別是 1931 年 2 月，在島內報的新高新報社主辦的「臺灣國」模擬議會上，發言人有右派也有左派，他們匯集一堂。這是個獨特的媒體活動。《臺灣新民報》的謝春木以「勞動大臣」作了答辯，「勞動大臣有維持國粹，欺騙勞工的使命〔中略〕。為保護金融資本家，今後如發生勞資糾紛，就應要求警察總監出面，把這些人給抓起來」。該發言也引起了大家的掌聲。[91]

也有其他許多發言人模擬僚閣登壇。此次模擬議會直接表現了對現實社會的諷刺，雖未明言，但反響眾多。主辦人評價說，「有人囫圇吞棗般地接受大臣的政見演說」，也有「沒理解其真意的傻瓜」。如此，即使是理解日語，也不一定具備理解文脈深義的能力。[92] 主辦人的意圖不僅是面向上層中層階級，公開批評臺灣政治，還考慮到，要讓下層階級的人知道，「別說帝國議會，連有些大東京偏僻地方的人，都該了解議會的功能」。[93]

---

89 灰面坊，〈警察の民眾化（新年文芸第二等当選）〉，《台湾警察時報》，1930 年 2 月 1 日，頁 5。

90 〈干涉一切引受の台湾の田舍警察　自治連盟に対しても愈々各地で干涉する〉，《台湾新民報》，1931 年 11 月 14 日，14 面。

91 《模擬議会速記録》（臺北：新高新報社，1931），頁 135。

92 唐沢生，〈模擬議会を終へて〉，收入《模擬議会速記録》（臺北：新高新報社，1931），頁 28。

93 唐沢生，〈模擬議会を終へて〉，頁 27。

對「長年累月遠離母國，或出生在臺灣不知道母國風土，或也沒擁抱過神州氛圍的這些內地人，不能認為他們的大和魂有甚麼缺陷」的看法，曾有在臺日本人右派提出批判。[94] 也就是說，由於殖民地生活造成的劣化，雖然蔑視為「臺灣化」，但從某些日本主義的觀點來看，在臺日本人也並不像內地日本人那樣被認為是真正的日本人。

然而，1936 年 9 月小林躋造被任命為總督時，《臺日》刊登出接近日本主義論調的觀點，「絕對排除作為惟物的自由主義觀點，和它所遺留的無批判的內地延長主義」，要求立即回到「全體主義的立場」，[95]「三百萬內地人口」「新付民眾的皇民化」等，[96] 重新審視以往的施政方針。

至此，已經「臺灣化」的在臺日本人保留了其「皇民化」。甚至在臺灣軍的對「總督府提議事項」中，也要求「強化使本島在住內地人成為五百萬島民之骨幹的政策方針。同時，確保本島人的皇民化，尤其要徹底普及國防思想，使臺灣的防務無憾」，要求優待在臺日本人。

除了如上所述的在臺日本人外，以普及國語和排除臺灣漢人的傳統宗教和習俗為主的「皇民化」政策，給在臺日本人的下層階級及知識分子階級帶來了恩惠。

首先，要求資產階級市民不僅要具有教養和財產，還要具備國語能力和一定的納稅額，從而獲得國民參政權的資格。從而在地方自治選舉中，誕生了不一定有高學歷的日本人協議會議員。

94　谷本貞雄，〈本会の本領〉，《社会》，1933 年 10 月，頁 7。

95　〈精神動員の強化　皇民化の徹底　再確認さるべき統治方針　検討の俎上へ 1　広義国防の観点から〉，《台日》，1936 年 10 月 1 日，2 面。

96　〈心細いかな　内地人移民の数　可及的増殖は必須事件　検討の俎上へ 2　広義国防の観点から〉，《台日》，1936 年 10 月 2 日，2 面。

其次，對律師，醫生，記者等民間日本人知識分子階級來說，在語言不同的臺灣人社會，發揮其能力是有限的。但是，對常用國語的要求，以及對與民族密切相關的日本精神的內在要求，能確保他們和內地日本人具有同樣的權威。所以，正是這些階層與軍部設想的承擔國防核心作用的人物相重合。

以 1900 年代的在臺日本人律師為中心，發行了印刷媒體以外，積極聯繫帝國議會議員和利用演講會等進行反對總督府的言論活動，他們不僅與內地合作，還與在臺西方人合作，但在加強與在臺軍部的聯繫之前，被後藤新平所鎮壓了。相比之下，1930 年代在臺日本人右派的活動其不同之處在於，由批判包括律師等既得利益層，自認沒有殖民地特權的下層階級而發起的大眾運動。在臺日本人右派非難總督府的同時，還加入了反西方以及愛國、國防的觀點，通過在鄉軍人和國防團體與在臺軍部聯手。

五、結語

本稿以戰間期的新興媒體，來討論臺灣右派運動的興起狀況。所謂臺灣的重層性，大部分以內地和與南支南洋相對應的兩個民族為主。但是，如說去西方化，去中國化，去臺灣化是消極的「皇民化」，那麼，今後研究積極的「皇民化」時必須考慮注入日本性。也就是說，研究方向應留意，用真正的日本的東西，來塗寫處於原始階段的，認為「白紙」狀態的原住民族的情況。另外與此相關的，讓已經漢化的原住民族去掉「中國化」而實現「皇民化」，這與臺灣漢人是否是同樣的情況，也值得留意。

首先，在臺日本人右派中，有人認為「本來大部分本島人是和母國人一樣，是從民國來的移民」，[97] 而原住民族是「原來的臺灣住

97　土屋米吉，《台灣第一回選舉の考察》，頁 102。

民」，政治形態幼稚，但其自治精神有比文明人還優秀的傾向。[98]
在臺軍人也有人認識到，原住民族與大和民族有共同之處，使他們
明顯地有別於漢民族和朝鮮民族。[99] 與宮川次郎的想法一樣，為了
牽制多數民族利用少數民族「僅在東部，生蕃和內地人都要開墾土
地，但因給生蕃以民權和土地所有權，不知從甚麼時候開始，就被
轉移到○○○〔本島人〕的手中」。[100] 另外，原住民族方面也有這
樣的例子：庄協議會選舉中，阿美族人參選者看到局勢不利，便叫
日本人來支援就當選了，然而從競選者到被動員的末端都是阿美族
人。[101] 如上所述，強迫普及國語排除漢語的「皇民化」運動，及由
此產生的有一定余地的原住民族的語言空間，是必要討論的。

　　其次，櫻花雪地等內地自然環境中長大的日本國民是認為至高
無上的在臺日本人年長者，[102] 批判他們是「外來者」的臺灣出生的青
年也開始發聲；儘管他們被說成是「本島人化」，但自認在臺灣環
境中一起長大，「有共同感知事物的能力」，肯定自己是「臺灣的孩
子」。[103] 正因為在臺灣出生長大而適合南方開發，且積極接受「臺灣
化」，由此顛覆了有內地經驗的日本人優越的存在價值。

　　另外，對於只對在臺日本人保留的「皇民化」，長谷川清總督將
其改為由三個民族構成的「臺灣一家」的「皇民練成」。於是，內
地日本人被排除在臺灣一家之外，這難道不是對抗大東亞省的以內
地為主體的南進政策的一種嘗試嗎？自 1941 年皇民奉公會成立以

98　土屋米吉，《台湾第一回選挙の考察》，頁 14。

99　篠田次助，《台湾の思出》（東京：中屋印刷所，1931），頁 79-80。

100　〈軍は斯く語る　山本中佐と一問一答の記〉，《台湾実業界》，1937 年 9 月，頁 8-9。

101　〈理想的な投票　東部の選挙に如実に現れた　快い内，台，高の融和〉，《台日》，1937 年 11 月 26 日，5 面。

102　本間善庫，〈国民的情操と桜花の礼賛〉，《台湾》，1934 年 5 月，頁 36-37。

103　新垣宏一，〈第二世の文学（上）〉，《台日》，1941 年 6 月 17 日，夕刊 4 面、新垣宏一〈第二世の文学（下）〉，《台日》，1941 年 6 月 19 日，夕刊 4 面。

來，共有臺灣這個「地方」，已成為參入的重要資格。筆者將在今後的課題中，結合上述原住民族言論活動，一起進行討論。

參考文獻

一、報刊與小冊子

1. 《南方國策パンフレツト》（東京），1936。
2. 《破邪顯正》（臺北），1934。
3. 《社會》（臺北），1933。
4. 《實業之臺灣》（臺北），1923。
5. 《四國民報》（高松），1934、1935。
6. 《臺灣》（臺北），1934。
7. 《臺灣博覧會ニュース》（臺北），1935。
8. 《臺灣出版警察報》（臺北），1932。
9. 《臺灣婦人界》（臺北），1936。
10. 《臺灣警察時報》（臺北），1930。
11. 《臺灣青年》（東京），1921。
12. 《臺灣日日新報》（臺北），1929、1930、1932-1935、1937、1941。
13. 《臺灣時報》（臺北），1933。
14. 《臺灣實業界》（臺北），1937。
15. 《臺灣同盟通信》（東京），1956。
16. 《臺灣新民報》（臺北），1931。
17. 《新聞と社會》（東京），1936。

二、史料

1. 《模擬議会速記録》，臺北：新高新報社，1931。
2. 本山文平，《夢の九十年》，東京：本山文平，1971。
3. 江間常吉，《皇民化運動》，臺灣駐在內地記者協會，1939。
4. 江藤源九郎，《台湾地方自治制即行反対論》，東京：政治批判社，1934。
5. 臺灣總督府警務局，《臺灣總督府警察沿革誌 臺灣社會運動史》，臺北：臺灣總督府警務局，1939。
6. 土屋米吉，《台湾第一回選擧の考察》，臺北：普泉社本部，1935。
7. 篠田次助，《台湾の思出》，東京：中屋印刷所，1931。
8. 謝國興等主編，陳進盛、曾齡儀、謝明如譯，〈三好德三郎回憶錄〉，中央研究院臺灣史研究所臺灣日記知識庫。
9. 伊澤多喜男文書研究会編，《伊澤多喜男関係文書》，東京：芙蓉書房出版，2000。

三、專書

1. 安田敏朗，《かれらの日本語：台湾「残留」日本語論》，京都：人文書院，2011。
2. 坂野德隆，《日本統治下の台湾 風刺漫画で読み解く》，東京：平凡社，2013。
3. 鳳氣至純平，《日治時期在臺日人的臺灣歷史像》，臺北：南天書局，2020。
4. 岡本真希子，《植民地官僚の政治史：朝鮮・台湾総督府と帝国日本》，東京：三元社，2008。
5. 近藤正己，《総力戦と台湾：日本植民地崩壊の研究》，東京：刀水書房，1996。
6. 駒込武，《世界史のなかの台湾植民地支配：台南長老教中学校からの視座》，東京：岩波書店，2015。
7. 梁華璜，《臺灣總督府的「對岸」政策研究》（板橋：稻鄉出版社，2001）。
8. 清水美里，《帝国日本の「開発」と植民地台湾：台湾の嘉南大圳と日月潭発電所》，東京：有志舍，2015。
9. 松浦正孝，《「大東亜戦争」はなぜ起きたのか：汎アジア主義の政治経済史》，名古屋：名古屋大学出版会，2010。
10. 藤井康子，《わが町にも学校を：植民地台湾の学校誘致運動と地域社会》，福岡：九州大学出版会，2018。
11. 野口真広，《植民地台湾の自治：自律的空間への意思》，東京：早稲田大学出版部，2017。

四、論文

1. 成宮嘉造，〈臺灣自治制擴充是否兩論に就いて〉，《南邦經濟》，2（臺北，1933），頁94。
2. 成宮嘉造，〈天皇機関説のゆくえ〉，《桜美林論集》，6（東京，1979），頁39-59。
3. 谷川舜，〈戦時下の植民地台湾における新聞と帝国日本の言論政策〉，《マス・コミュニケーション研究》，95（東京，2019），頁163-181。
4. 何義麟，〈台湾知識人の苦悩〉，收入松浦正孝編，《昭和・アジア主義の実像：帝国日本と台湾・「南洋」・「南支那」》（京都：ミネルヴァ書房，2007），頁286-310。

5. 何義麟，〈大亜細亜協会の活動と植民地知識人の対応〉，收入松浦正孝編，《アジア主義は何を語るのか：記憶・権力・価値》（京都：ミネルヴァ書房，2013），頁 447-475。

6. 加藤次夫，〈中川総督期の台湾総督府について：文官総督から武官総督への道〉，《法政史論》，45（東京，2018），頁 1-22。

7. 駒込武，〈「民勅」との相互依存関係：内海忠司と在台日本人〉、近藤正己，〈内海忠司の高雄「州治」と軍〉，收入近藤正己、北村嘉恵、駒込武編，《内海忠司日記 1928-1939：帝国日本の官僚と植民地台湾》（京都：京都大学学術出版会，2012）。

8. 賴莞頻，〈臺灣文化協會與《臺灣民報》共塑公共領域：以文化講演會為中心 1923-1926〉，《思與言》，50：2（臺北，2012），頁 59-108。

9. 橋本浩一，〈福建事変時における日本政府の対応について〉，收入馬場毅編，《多角的視点から見た日中戦争》（福岡：集広舎，2015），頁 63-95。

10. 五味渕典嗣，〈対抗的公共圏の言説編制：『新高新報』日文欄をめぐって〉，《大妻女子大学紀要 文系》，40（東京，2008），頁 97-112。

11. 中村孝志，〈台湾総督府華南新聞工作の展開〉，《天理大学学報》，171（奈良，1992），頁 1-17。

五、博碩士論文

1. 安井大輔，〈1930 年代前後在臺日本媒體人之媒體策略：以宮川次郎與《臺灣實業界》雜誌為中心〉，臺北：國立臺灣師範大學碩士論文，2017。

2. 李承機，〈台湾近代メディア史研究序説：植民地とメディア〉，東京：東京大学博士論文，2004。

3. 李佩蓉，〈日本統治時代の台湾における漢文新聞の研究：台湾の近代化受容過程における漢文メディアの役割を中心に〉，京都：龍谷大学博士論文，2020。

4. 王麒銘，〈越境をめぐる政治：近代日本における台湾籍民政策の展開〉，東京：慶應義塾大学博士論文，2018。

5. 謝政德，〈植民地台湾と地方「自治」制度〉，大阪：大阪大学博士論文，2013。

6. 顔杏如，〈植民地都市台北における日本人の生活文化：「空間」と「時間」における移植，変容〉，東京：東京大学博士論文，2010。

7. 莊勝全，〈《臺灣民報》的生命史：日治時期臺灣媒體的報導，出版與流通〉，臺北：國立政治大學博士論文，2017。

05 昭和戰爭期的後新體制運動
—以舊社會大眾黨勢力的動向為中心—

渡部亮（著）[1]、劉奕賢（譯）[2] ───────────

一、前言

自 1940 年 7-8 月各政黨解散至 1945 年 11 月戰後政黨形成的五年間，是日本憲政史上首次（也是至今為止唯一）不存在政黨的時期。橫越英一將此一時期定義為「無黨時代」，視其為本來多元的近代日本政治構造最強烈顯現的時代，並體系的整理了其複雜的政治過程。[3]

關於戰爭期的「翼贊議會」，過往多認為其在東條英機內閣的獨裁下已被形骸化，僅具有輔助政府行政的功能。特別是採取法西斯論視點的研究，更容易出現此一傾向。[4] 然而近年的研究卻顯示，戰爭期議會的影響力其實比過往所認為的還要強。Gordon Mark Berger 與古川隆久即指出，即使在戰爭時期，舊政黨政治家仍保有實質的政治影響力；[5] 官田光史亦發現，戰爭時議會的「翼贊」，實則扮演著正當化政黨與政府間決策的功

1　東京大學大學院人文社會系研究科博士生。

2　東京大學大學院人文社會系研究科碩士生。

3　橫越英一，〈無党時代の政治力学（一）〉，《名古屋大学法政論集》，32（名古屋，1965），頁 32-33。橫越英一，〈無党時代の政治力学（二）〉，《名古屋大学法政論集》，33（名古屋，1965），頁 35-93。以下，關於國會層級政局演變的基本事實關係，在未特別提及的情況下，皆引自橫越之論文。

4　代表的著作可參考粟屋憲太郎，《昭和の政党》（東京：小学館，1983）。

5　Gordon Mark Berger，坂野潤治譯，《大政翼贊会》（東京：山川出版社、2000）（初版於 1977 年）。古川隆久，《戰時議会》（東京：吉川弘文館，2001）。

能。[6] 此外，米山忠寬則認為，從運作原理上而言，可以嚴格區別政黨政治與議會政治，因此無黨狀態並不必然代表議會政治的破滅。[7]

隨著對戰時議會的研究不斷深化，除了釐清戰爭時期的議會實態外，戰前・戰中・戰後政黨政治的連續性亦逐漸浮現。然而，這些研究的檢討對象多是戰時議會的主流派，因此往往著重於其與戰後保守政黨之間的關聯性。與之相較，對於戰後的社會黨人在戰爭時期的活動，目前仍有許多不明之處。即使是高度關心戰後政黨起源的伊藤隆，對於戰後社會黨的系譜，也僅僅停留在人際關係的階段，並未深入探究思想、政策層面的連續性。[8] 社會大眾黨（以下簡稱社大黨）黨員在 1940 年社大黨解散後，經歷了怎樣的過程，才重新集結於日本社會黨的名下？在評價無產政黨的歷史角色時，對此一問題的精確分析無疑是重要的。

其中一個重要的觀察指標，即是 1942 年的翼贊選舉。關於翼贊選舉的評價，往往與戰時議會的研究成果相呼應：過去認為翼贊選舉僅是法西斯體制確立的一個象徵，[9] 近年的評價卻傾向認為其在政治、行政上的影響力有限。[10] 確實，東條內閣建立了透過翼贊政治體制協議會（翼協）的候選人推薦制度；但另一方面，他並未冒險承擔無視舊政治家選舉地盤的風險，而是推薦現任議員與舊政黨政

6　官田光史，《戰時期日本の翼贊政治》（東京：吉川弘文館、2016）。

7　米山忠寬，《昭和立憲制の再建》（東京：千倉書房，2015）。

8　伊藤隆，〈戰後政党の形成過程〉，收入中村隆英編，《占領期日本の経済と政治》（東京：東京大学出版会，1979），頁 87。

9　代表性的著作，可見吉見義明、橫関至，〈解説〉，收入吉見義明、橫関至編，《資料　日本現代史》第 5 卷（東京：大月書店，1983）。以下稱〈吉見・橫関解説〉。

10　例如中村勝範，〈翼贊選舉と旧政党人〉，《法学政治学論究》，10（東京，1991）。（後收入大麻唯男伝記研究会編，《大麻唯男　論文編》（東京：櫻田会、1996））以及小栗勝也，〈翼贊選舉と旧政党人の地盤〉，《慶應義塾大学大学院法学研究科論文集》，32（東京，1991）（後收入大麻唯男伝記研究会編，《大麻唯男　論文編》）等。

治家，努力維持過往的平衡。[11]

翼贊選舉的特徵之一，在於舊兩大政黨的席次數相對安定。與此相較，由第三極所構成的政治勢力，就出現了重大的變化。具體而言，1936、1937 年總選舉中取得相當進展的舊無產政黨勢力，在翼贊選舉中大幅衰退；取而代之，抱持國家主義思想的中立議員數有相當的增加。這個結果，可以說是本質上的反轉。[12]

根據澤田次郎對東京五區的案例分析，在翼贊選舉中，「純新人」（並非未曾當選過的政黨成員，而是完全沒有政治家經歷的人）取代了無產系候選人的「清新的新興勢力」形象，導致過往投給無產系的票大量流向「純新人」。[13]雖然東京五區本來就是浮動票較多的選區，但即使如此，在五年前選出麻生久、三輪壽壯兩人（皆為無產系）的此一選舉區中，無產系面臨全滅，反而主張排斥猶太人的陸軍中將・四王天延孝創下全國最高得票的紀錄。此一結果，可以說反映了全國的投票趨勢。

以上述的先行研究為基礎，本稿將針對 1940 年翼贊會成立至1942 年翼贊選舉前的期間進行分析，以釐清在此前被視為社會民主主義的組織空窗期（甚至是沉默的時代）的戰爭期，[14]舊社大黨勢力（特別是中間派）採取了什麼樣的行動。其中，將特別著眼於翼贊

11 奧健太郎，〈翼贊選舉と翼贊政治体制協議会〉，收入寺崎修、玉井清編，《戰前日本の政治と市民意識》（東京：慶應義塾大学出版会，2005），頁 241～243。關於繼承此一視角的研究，亦可參見手塚雄太，〈戰時期における衆議院議員の活動と支持基盤〉，《國學院雜誌》，119：1（東京，2018）；佐藤眞一，〈山形県下における「翼贊選舉」をめぐる狀況と地域社會の變容〉，《文學研究論集》，50（東京，2019）等。

12 小南浩一，〈再考・選舉肅正運動とは何であったか〉，《選舉研究》，15（東京，2000 年），頁157-158。〈吉見・橫關解說〉，頁 374。

13 沢田次郎，〈翼贊選舉と「純新人」の進出〉，《法学政治学論究》，11（東京，1991），頁 137-140。此外，源川真希《近現代日本の地域政治構造》（東京：日本経済評論社、2001 年）第 7章亦以假說的形式，提及相同的見解。

14 成田喜一郎，〈戰後日本における社会民主主義の形成〉，《民衆史研究》，14（東京，1976 年），頁 155。

選舉中社會主義系候選人席次的消長，以期釐清其對後續社大系運動所產生的影響。

二、扈從大政翼贊會

（一）與初期翼贊會的關係

擁立近衛文麿的新體制運動，最初有著建立一國一黨型新黨的強烈構想。因此，社大黨也將 1938 年以來持續主張的「國民的黨」構想寄託於近衛新體制的一國一黨路線，並率先宣布解散。然而總裁對政治實權的獨佔，卻被觀念右翼為首的反對派描述為「幕府」對天皇大權的侵犯，並遭批判為違憲。結果，在 1940 年 8 月 28 日的新體制準備會上，近衛一方面承認翼贊會的「高度政治性」，卻也說明「其絕對不是所謂的政黨運動」「一國一黨的型態終究是不可被允許的」。與當初的構想相比，顯然相對的溫和。

對於社大系來說，此一發展自然非其所望。但另一方面，翼贊會內部的人事安排卻對他們十分有利。初期的翼贊會由總務局、組織局、政策局、企劃局、議員局的五局構成，政黨關係者多歸屬於議會局。[15] 然而舊社大黨除了議會局之外，在組織局聯絡部長（三輪壽壯）、政策局東亞部長（龜井貫一郎）等議會局以外的人事布局上也有相當的斬獲。在議會局以外的職位上取得兩個部長級職位的待遇，已與舊兩大政黨的政友會、民政黨相同。考慮到雙方在議會席次上的差異，此一人事安排對社大系來說，可謂是相當有利。[16] 社大系為了維持無產政黨勢力首次得到的準執政黨地位，選擇了與翼贊會合作的道路。

雖說此時各政黨已經解散，但並不代表舊政黨人也自由地以個

15　升味準之輔，《日本政党史論新裝版第 7 卷》（東京：東京大学出版会，2011），頁 223。

16　古川隆久，《戰時議会》，頁 111-112。

人的形式展開政治活動。相反的，以舊政黨為基礎組織親睦團體並以此展開行動的案例反而更常見。社大黨也同樣在政黨解散後組織了促進新體制的團體，因此舊黨員間碰面的狀況仍然很多，「同志間仍持續團結，毫無政黨解散的感覺。」[17] 以此一連帶關係為前提，社大黨人組織了親睦團體「櫻川俱樂部」。除了河上丈太郎（理事長）以外，常任理事有渡邊潛、淺沼稻次郎、三輪、龜井、河野密、田萬清臣、三宅正一、須永好等人，非常任理事則有棚橋小虎、野溝勝、佐竹晴記等人，可見社大系在中央與地方仍保有一定的凝聚力。[18] 以淺沼、三輪、龜井為中心，櫻川俱樂部也在摸索使翼贊會的「高度的政治性」具體化的方案。

以地方為活動據點的舊黨員，雖然對近衛未採用一國一黨路線一事的不滿超過幹部，但當下仍以參加翼贊會地方支部為目標。由於道府縣與市區町村的支部長皆由總裁指名，[19] 故若要擔任支部的幹部，就必須獲得國政層級的提名。為此，他們在展開政治活動的同時，也與東京保持聯繫。但聯繫的對象，卻不僅限於舊社大黨的幹部。長野縣松本的舊社大黨員棚橋小虎針對未來的規劃，在 1940年 10 月 19 日的日記中寫到：

> 下午兩點半，前往松本館的東亞建設同志會。結成儀式結束後一起吃晚餐。成為地方委員的方式除了透過河上（丈太郎）、三輪（壽壯）向後藤隆之助遊說外，亦可透過下中（彌三郎）向末次（信正）大將遊說。但無論如何，都有必要上京。[20]

17　內務省警保局保安課編，《特高月報》1940 年 9 月分，頁 38。

18　〈旧社会大衆党残務整理委員会メモなど雑綴〉（1940-1941），頁 358，《浅沼稲次郎関係文書（その一）》，国立国会図書館憲政資料室（藏），檔號：リール番号 7，資料番号 105。（以下記做〈浅沼文書〉）。

19　下中弥三郎編，《翼賛国民運動史》（東京：翼賛運動史刊行会，1954 年），頁 154。

20　〈棚橋日記〉（1940.10.19），《棚橋小虎関係文書》，法政大学大原社会問題研究所（藏），檔號：I-G-6。

由此可見，棚橋為了就任翼贊會地方支部的幹部，同時採取河上・三輪（社大系）——後藤隆之助（組織局長）與下中彌三郎（東亞建設國民連盟，舊東方會系）——末次信正（海軍大將）兩種路線。特別是東方會與社大黨，自 1939 年合併計畫失敗以來，許多地方支部仍與本部不同調，雙方私下保持緊密地聯繫。在政黨間的障礙消失的此一時期，人的交流反而更加活性化。

然而關於翼贊會地方支部的人選，無論社大系或東方系都幾乎沒有介入的餘地。[21] 其結果，與政府妥協並在翼贊會人事上得到優待的幹部層與追求一國一黨路線卻遭遇挫折的地方黨員之間，遂產生微妙的緊張關係。

（二）第 76 議會的轉換

隨著 1940 年 12 月 26 日第 76 議會的開議，翼贊會的「高度政治性」該如何解釋，遂成為爭論的焦點。對於此一爭論，就政黨人的立場大約可分為下列三類。[22] 以下即沿用先行研究的稱呼，將其分別稱為「帝國飯店派」「中央亭派」「革新派」，並順次分析其特徵。

第一勢力的「帝國飯店派」遂由舊政黨的大部分議員組成。他們原則上反對翼贊會首腦部，但在現實的政治感覺上，亦對政府做出一定的讓步，對於是否認同翼贊會的「高度政治性」並沒有太多的堅持。

第二勢力的「中央亭派」則是由舊既成政黨議員中，曾在反軍演說時支持齋藤隆夫的人組成。他們強烈反對讓翼贊會帶有「高度

21　即使在長野縣，棚橋的獵官運動亦未帶來實際的成果。〈翼賛会支部常務委員　二七府県決定〉，《朝日新聞》，1940 年 11 月 20 日，朝刊 2 頁。

22　古川隆久，《戦時議会》，頁 133。橫越英一，〈無党時代の政治力学（一）〉，頁 23-28。

政治性」，並基於傳統政黨政治的理念，尋求舊政黨人的復權。

第三勢力的「革新派」則是由舊少數會派所組成。他們對破壞過往的政黨政治抱持極高的熱情，並堅持翼贊會應有「高度政治性」。以龜井和淺沼為首的社大系，即屬於此一勢力。

中央亭派川崎克的質問演說，最終決定了論爭整體的趨勢。由此，翼贊會違憲論逐漸成為主流，帝國飯店派也以照案通過翼贊會的預算案為交換條件，要求政府改組翼贊會。最終於 1941 年 2 月22 日的預算委員會上，平沼騏一郎（內相）明言翼贊會並非政治結社，而僅是公務結社，並承諾會改組翼贊會。

至此，翼贊會的「空洞化」在中央層級已成定局，但在地方上，仍有激進地期待翼贊會的「高度政治性」的聲音。即使到了三月下旬，反對改組的聲音仍然頑固地存在。[23] 對於在現場高唱國民組織的人而言，翼贊會的合憲性不過是微枝末節的問題，更直接地回應草根的國民感情才是關鍵。[24] 在中央屈居劣勢的櫻川俱樂部即著眼於此，於 3 月 31 日由河上、淺沼、河野連名發出以下的通知：（底線為筆者所加，下同）

> 雖然柳川法相被任命為大政翼贊會副總裁、石渡莊太郎氏被任命為事務總長，並開始著手翼贊會的改組，但在地方組織上，仍應 "維持現狀、靜觀其變"。關於改組的詳情，將於後日另行報告，目前仍應積極地協助發展翼贊運動。[25]

社大系雖然退出了翼贊會本部，但仍期待能夠在地方層級上翻

23　升味準之輔，《日本政党史論新装版第 7 卷》，頁 230-231。

24　有馬学，《帝国の昭和》（東京：講談社，2010）。（初版於 2002 年），頁 265-267。

25　〈旧社会大衆党残務整理委員会メモなど雑綴〉，頁 374。

盤。實際上，即使在 4 月 7 日議會局廢止、有馬賴寧事務總長與龜井、三輪等人辭職之後，社大系仍在地方協力會議常務委員等位置上留下了若干的影響力。[26]

雖說如此，但在越來越難以全面屈從翼贊會路線的情況下，社大系也被迫調整整體方針。至於其詳細內容，將於次節檢討。

三、與東亞連盟協會的合作

（一）回歸社會運動

自社大黨解散之後，地方的黨員即開始尋找取代社大黨支部的運動據點。在東北與北陸地方，以木村武雄（舊東方會）為中心的東亞連盟協會，[27] 即做為可能的候補之一而逐漸受到重視。該會支持石原莞爾的東亞聯盟論，在當時可說是唯一非政府的社會運動組織。[28] 他們一方面鼓吹亞州主義的意識形態，另一方面也教授以提高米麥生產力為主的特殊農法，以提高在戰時期面臨肥料、勞動力不足的農村地區的向心力。[29] 因此他們的活動範圍，與社大黨的支持者之間高度重疊。司法省刑事局針對 1940 年末的東亞連盟協會動向，有如下的分析：

支部長多由縣會議長或縣會議員就任。關於支部開展的情況，「由於一般參與者為所謂既成政黨黨員，因此對

26　青年国策研究会・時局解剖調査所編，《我が国最近に於ける思想運動の攻勢展望》（東京：思想報国実践会，1941），頁 203。

27　可參考照沼康孝，〈東亜連盟協会〉，收入近代日本研究会編，《昭和期の社会運動》（東京：山川出版社，1983）。

28　森武麿，〈庄内地方における東亜連盟〉，收入森武麿・大門正克編，《地域における戦時と戦後》（東京：日本経済評論社，1996 年），頁 19。

29　大門正克，〈農村地域における東亜連盟〉，收入森武麿・大門正克編，《地域における戦時と戦後》，頁 156。

本運動缺乏熱忱，僅是順應時局調整態度」（秋田十月五日通報），「支部準備委員中主要的幹部皆為舊社大黨系的人物，推論應是在社大支部解散後，嘗試將所謂 "活路" 轉換為此運動吧」（福島十二月七日通報）可見一斑。[30]

由此可見，在地方上，有許多舊政黨人參與了東亞連盟協會。特別是社大系的人們，更以高度的熱情投身其中。

以此種地方建構出的人脈為背景，1941 年 1 月以後，舊社大黨幹部（特別是在翼贊會中擔任東亞部長，因此對興亞團體的動向十分熟悉的龜井）[31] 也開始對東亞連盟協會感興趣。首先在 1 月 30 日，淺沼以中央參與會員的待遇加入該會[32]，2 月 1 日龜井即針對舊黨員召開東亞連盟運動的方針說明會。[33] 在全國範圍內招募舊社大黨員加入。龜井亦在 3 月上旬與有馬賴寧談及東亞連盟，意圖透過有馬說服近衛參與。[34]

（二）交錯的農本主義與亞洲主義

然而對社大系而言，舊幹部主導的轉進自始就缺乏吸引力。從此時期須永的日記中，即可見對龜井強迫式的手法的不滿：

30　司法省刑事局編，〈東亜連盟運動に関する調査〉，《思想月報》，79 号（東京，1941），頁 60。

31　龜井最初也是出身於外務省，除了在舊社大黨中擔任過國際部長等職務外，1937-1938 年曾於納粹德國留學，是確立亞洲版一國一黨論的人物。

32　〈東亜連盟協会関係資料〉（1941.1-1941.11），頁 473，《浅沼稲次郎関係文書（その一）》，国立国会図書館憲政資料室（藏），檔號：資料番号 302。

33　須永好日記刊行委員会編，《須永好日記》（東京：光風社書店、1968 年），頁 317。（以下記作《須永日記》）。

34　尚友倶楽部・伊藤隆編，《有馬賴寧日記》（昭和十三年〜昭和十六年）（東京：山川出版社、2001 年），1941 年 3 月 5 日條、3 月 10 日條等。

下午一點前往櫻川俱樂部。河上、三宅、淺沼及其他五名到場，龜井針對大東亞連盟運動的態勢進行報告之後即返回。四月三日大東亞連盟大會將在神宮外苑召開，雖說將動員五萬人，且日後將成為翼贊政治的核心，但眾人皆無自信，惟別無他法而只能隨龜井起舞。[35]

龜井等人雖然對東亞連盟大規模動員群眾的能力抱有期待，但其他黨員對此卻不一定有共鳴。自舊社大黨時代起，幹部層即強烈堅持「國民的黨」應具備亞洲大的動員機能，但對一般黨員而言，追求舉國的新黨不過是為了貫徹國內的革新，兩者之間的態度差異始終沒有消除。

東亞連盟一方面高揭龜井等人重視的亞洲主義，同時其重視農業實利的態度，也獲得許多群眾的支持。因此東亞連盟得以在維持前述態度差異的情況下容納社大系。[36] 受到龜井的招募而加入東亞聯盟的舊社大黨員們，即在此前東亞連盟尚未建立支部的地方，推進支部的設立。[37]

以長野縣為例，最初在 3 月 12 日，舊社大黨員在松本的翁堂大廳集會，決定追隨本部的方針組織東亞連盟。[38] 16 日，在上諏訪

35　《須永日記》，頁 317-318。

36　此一態度差異，實為 1930 年代初起即一直存在的問題。一般而言，針對救濟貧困的農民，地方黨員傾向於依賴現場的直覺，而黨幹部則著重於籌畫國會層級的戰略。有時雙方亦會因方針的差異而產生對立。關於社大時代地方農民運動與黨幹部的關係，可見有馬學，〈田所輝明と満州事変期の社会大衆党〉，《史淵》，125（福岡，1988）與渡部亮，〈昭和恐慌後における社会大衆党の経済政策〉，《史学雑誌》，131：2（東京，2022）等。

37　長井純市、渡辺穣解説，收入《棚橋小虎日記（昭和十七年）》（町田：法政大学大原社会問題研究所，2011），頁 5。以下記做〈棚橋日記解題　昭和一七年〉。

38　〈棚橋日記〉（1941.3.12），《棚橋小虎関係文書》，法政大学大原社会問題研究所（藏），檔號：I-G-6。

片倉會館舉行東亞連盟南信支部的成立儀式，[39] 以棚橋為座長負責營運。[40] 22 日，東亞聯盟本部的淡谷悠藏來訪上諏訪，並召開南信支部座談會。[41] 受此影響，六月北信支部、[42] 翌年 1942 年 1 月中信支部（自南信支部獨立）成立，[43] 縣內東亞連盟地方支部的組織遂逐漸充實。

但是東亞連盟協會自始即為吳越同舟的組織，對社大系而言，要在思想上保持一致亦非易事。雖然 1941 年 4 月 10 日，協會本部在東京召開第一回中央參與員全國會議以求協調，[44] 但並未收到太大的成效。社大系最遲於 1942 年的秋天，即已實質脫離東亞連盟。[45]

四、眾議院院內會派的重組

（一）社大系的分裂

隨著翼贊會議會局的廢止，中央政界不再滿足於非制度的親睦團體，而開始尋求有明確法律依據的政治結社。但既然已贊成近衛新體制並解散政黨，要再主張恢復舊政黨的體制也於理不合。因此舊政黨人組織了新交涉團體促進有志會，於 1941 年 8 月 11 日發出

---

39 〈東亜連盟協会報告〉（1941.2-1941.9），頁 35，《浅沼稲次郎関係文書（その一）》，《浅沼稲次郎関係文書（その一）》，国立国会図書館憲政資料室（藏），檔號：資料番号 304。當日的議長為棚橋。〈棚橋日記〉（1941.3.16），《棚橋小虎関係文書》，法政大学大原社会問題研究所（藏），檔號：I-G-6。

40 〈東亜連盟協会ニュース〉，《東亜連盟》，1941 年 5 月，頁 97。

41 〈東亜連盟協会ニュース〉，《東亜連盟》，1941 年 5 月，頁 97。

42 〈東亜連盟協会報告〉，頁 96。

43 〈棚橋日記解題　昭和一七年〉，頁 3。

44 內務省警保局保安課編，《特高月報》，1941 年 4 月，頁 52。

45 雖說也有如棚橋一般正面評價石原思想的舊社大黨黨員（〈棚橋日記〉1941 年 4 月 10 日條），但仍無法填平社大系與以石原為中心的團體之間的鴻溝。參見照沼康孝，〈東亜連盟協会〉，頁 322-323。

聲明書，號召集結政治力。[46] 受此影響，櫻川俱樂部於 8 月 15 日集會討論日後的方針，[47] 並派遣河上、河野、淺沼參加隔日（16 日）前田米藏召集的準備會。根據淺沼手邊留下的紀錄，新團體內有「大政翼贊會連絡部」、「政府連絡部」，[48] 「特徵→非政黨，為院內團體。同志的結合，有約束力。」[49] 由此可見，他們一方面盡可能與回歸傳統政黨政治的主張做出區別，同時又認為具有黨議約束力等權限、實質上可代替政黨功能的團體有存在的必要。

由於這種矛盾的特徵，新交涉團體只能是略欠革新性的組織。對社大系而言，要與其共進退亦有其困難。8 月 16 日下午，舊社大黨幹部在櫻川俱樂部共享相關情報後，當下無法達成共識，當天只能強調「若有部分人拒絕加入，則全體拒絕加入」，並保留最終決定。[50] 同月 26 日，櫻川俱樂部的議員會再次開會。此時針對成立新交涉團體進行協商的結果，「普通的決定加入，在聽完龜井先生的講話後，下午四時散會。」[51] 9 月 2 日，新院內交涉團體的翼贊議員同盟成立，成為擁有 326 名議員的院內最大勢力。

然而隔日的 9 月 3 日，事態卻急轉直下。當日櫻川俱樂部議員會的情形，可透過須永的日記窺知：

> 出席櫻川俱樂部的議員會。淺沼與其他 15 名。三輪、河上、河野、淺沼等四人報告加入翼贊同盟一事，龜井、三宅表明不加入的立場。我、田萬、中村、野溝、佐

46　〈翼贊議員同盟結成關係書類〉（1941.8-1941.9），頁 320，《浅沼稲次郎関係文書（その一）》，《浅沼稲次郎関係文書（その一）》，国立国会図書館憲政資料室（藏），檔號：資料番号 338。

47　《須永日記》，頁 323。

48　〈翼贊議員同盟結成關係書類〉，頁 328。

49　〈翼贊議員同盟結成關係書類〉，頁 325。

50　《須永日記》，頁 323。

51　《須永日記》，頁 324。

竹等表示不參加的意思後，旋即離開。[52]

　　相對於一直以來持續推進成立新交涉團體的河上、三輪、河野、淺沼等人主張加入翼同，龜井、三宅與其他許多有力黨員則表明不參加。分裂的直接原因雖然不明，但背後可能有重視執政黨的立場、主張與其他勢力協調的前者以及反對此一方向的後者之間的對立。隔日的 9 月 4 日，野溝打電話給須永，提及與河野一郎（舊政友會久原派）合作組建翼同以外的交涉團體的計畫，並於河野的事務所與川俣清音協商。[53] 9 月 6 日，野溝、中村、須永、阿部茂夫、田原春次等人舉行談話會，決定「一、拒絕加入翼贊同盟的邀請」、「二、暫時不與其他團體建立關係」。[54] 至此，社大系分裂為翼同參加組與不參加組。此外，雖然決議暫時維持櫻川俱樂部，[55] 但此後似乎也沒有實際的活動。

（二）在野黨路線的重新整合

　　1941 年 11 月，未與翼同合作的議員們也開始結成各自的院內會派。首先是 11 月 10 日，以安藤正純、川崎克為首的同交會的成立。同交會是與過往中央亭系較為接近的自由派集團，成員除了舊既成政黨的自由主義派之外，遭舊社大系除名的片山哲、鈴木文治等人也加入其中。12 月 14 日，尾崎行雄與鳩山一郎也入會，所屬的議員數共有 37 名。[56] 另一方面，11 月 12 日興亞議員同盟（興亞同）成立，其成員除了舊政友會久原派與舊東方會成員外，還包含遭舊社大除名的松本治一郎、西尾末廣、松永義雄、富吉榮二、米

52　《須永日記》，頁 324。

53　《須永日記》，頁 324。

54　《須永日記》，頁 324。

55　〈旧社大歩調揃わず〉，《朝日新聞》，1941 年 9 月 4 日，朝刊 1 頁。

56　關於同交會的成員，可見高島笙，〈同交会の研究〉，《歷史》，136（仙台，2021），註（9）。

窪滿亮、水谷長三郎等人，所屬議員共 26 名。在同一天，前述社大系翼同不參加組的成員也成立同人俱樂部，所屬議員有龜井、野溝、須永、中村、佐竹、三宅、田原、阿部八名，其中野溝、中村擔任交涉委員，須永擔任議員會長。[57] 除此之外，11 月 14 日，赤松克麿、小山亮等 11 名亦組成議員俱樂部。

經過上述過程，在第 77 議會（1941 年 11 月 16 日至 11 月 20 日）開議前，翼同／非翼同之間的對立即已浮現。在此一狀況下，19 日宮澤胤男（翼同）在眾議院本會議的演說被批評為不合時局而引起爭議，[58] 興亞同亦藉此提出懲罰動議。雖然宮澤最終撤回發言、脫離翼同、並辭去議員職務，但爭議並未因此平息。

針對此事，社大系的翼同參加者對翼同溫和的對應感到不滿，而決定一起脫離翼同。[59] 聞此，同人俱樂部於 11 月 20 日召開懇親會，討論如何對應翼同脫離者的行動。[60] 最終翼同脫離者暫時以無所屬的身分行動，經過一段時間的 12 月 26 日再與同人俱樂部合作，成立交涉團體「第一控室」。經過如此一連的變化，社大系透過將重心移向地方黨員關心的革新路線而重新整合，從在野黨的立場追求政界的革新。在如此的勢力關係中，1942 年春天，翼贊選舉實施了。

五、對翼贊選舉的對應

原本應於 1941 年實施的第 21 回眾議院議員總選舉，由於第二次近衛內閣的特別立法而延期一年，於 1942 年 4 月 30 日舉行。

---

57 《須永日記》，頁 325。另可見〈社大系は同人俱楽部〉，《読売新聞》，1941 年 11 月 13 日，朝刊 1 頁。

58 宮澤的發言內容，在《官報》刊載的議事錄中被刪除。〈第七十七回帝国議会衆議院議事速記録第四号〉，1941 年 11 月 20 日，頁 53。

59 《須永日記》，325 頁。

60 《須永日記》，325 頁。

東條內閣為了鞏固國內的政治基盤，以達貫徹太平洋戰爭的目的，在國會選舉中導入了此前即在部分地方選舉上採用的候選人推薦制度，並成功讓八成以上的推薦候選人當選。之後的府縣會議員選舉中也採用了推薦制，推薦候選人的當選率甚至超過國會選舉。第21回眾議院議員總選舉與同一時期的地方選舉合稱為翼贊選舉。

（一）國會選舉

　　首先確認國會選舉的過程。表5-1為內務省警保局在1942年整理的社大系選舉結果。由此可知（一）獲得推薦的候選人很少，但獲得推薦者全部當選（＝推薦的效果非常強），（二）候選人數約為前回的三分之二，（三）議席數減少至前回的約三分之一，（四）得票數減少至原本的一半。

　　推定由警視廳情報科於1942年2月製作的「眾議院議員調查表」中，將現任議員分為「甲」＝「順應時局、率先作為模範，為了國策順利執行而指導他人，可善盡議員職務者」、「乙」＝「雖未採取積極行動，但順應時局、支持國策，未發表反政府言論者」、「丙」＝「對時局認識不足、徒然墨守成規，經常發表反國策、反政府的言論，或是思想上不適合擔任議員者」三類。一般認為翼協在選擇推薦候選人時，亦受到此一分類的影響，而舊社大黨員全員皆被列為「丙」，狀況可謂相當嚴峻。[61] 在3月23日的「翼同以外的適任候選人調查」（作成者不明）中，淺沼、三輪、河上、河野雖被認定為適任者，[62] 但最終只有田萬清臣、杉山元治郎、河上丈太郎、阪本勝、松本治一郎五名獲得推薦。此外，雖說在此次選舉中

61　〈眾議院議員調查表〉，收入吉見義明、橫關至編《資料　日本現代史第4卷》（東京：大月書店，1981），頁128-139。原始史料收入《陸海軍文書》。

62　〈翼同以外の適格候補者調查〉，收入吉見義明、橫關至編《資料　日本現代史第4卷》（東京：大月書店，1981），頁180-183。原始史料收入《陸海軍文書》。

東亞連盟協會有許多推薦候選人，[63] 但關於推薦，很難說社大系受到東亞連盟協會的連帶影響。

表 5-1 社大系的選舉結果				
		1942 年		1937 年
候選人數	新	16（其中推薦 1）	新	44
	前	23（其中推薦 4）	前	20
	元	1	元	2
	計	40（其中推薦 5）	計	66
當選者數	新	2（其中推薦 1）	新	15
	前	11（其中推薦 4）	前	20
	元	0	元	2
	計	13（其中推薦 5）	計	37
總得票數		459104		928934

注：〈総選挙に現はれたる旧社会大衆党勢力の消長に関する件〉（吉見義明・横関至編《資料　日本現代史》第 5 卷，東京：大月書店，1981 年）由筆者依 219 ～ 224 頁的資料整理而成。

選戰開始之後，支持基盤很弱的社大系非推薦候選人被迫陷入苦戰。根據 1942 年 2 月 9 日東京府下的政治情勢調查，東京 5 區「雖說過往是無產政黨相關候選人長期經營滲透的地區，但最近的情況卻是，一般選民對選舉的關心越來越少。」，東京 6 區則是「一般選民此前與舊政黨、現議員之間的關係有逐漸疏遠的傾向，特別是過往舊社大黨勢力的支持者層中有明顯的變化。」[64] 依照往例，基本戰術是透過言論戰爭取浮動票，但正如龜井依賴於右翼的頭山秀三的推薦狀所象徵的，其宣傳戰略的相當一部份乃由阿諛時勢所構成。[65]

此外，雖然已是眾所周知的事實，但亦可見針對個別候選人

63　〈吉見・横関解説〉，頁 362。

64　〈各選挙区政治情勢　警視庁官房主事〉，收入吉見義明、横関至編《資料　日本現代史第 4 卷》（東京：大月書店，1981），頁 338-342。原始史料收入《陸海軍文書》。

65　沢田次郎，〈翼賛選挙と「純新人」の進出〉，《法学政治学論究》，11（東京，1991），頁 139-140。

的選舉干涉。依據參選群馬 1 區的須永的說詞，警察展現出一副「讓我落選就是戰爭勝利」的迫害態度，[66]「每日都有選舉迫害，即使只提及須永的須字都會被帶走，只要聽我的演說就會被當成非國民。」[67] 此外在秋田縣，社大系候補川俁清音的演說題目被指為「依然無法擺脫階級觀念，十分不當」而被取締，「農民應該選農民代表」「貫徹增產與適當土地租金」「守護勞務者、一般受薪員工、中小市民的生活」「特殊加給、一般薪水的增加、補助額度的提升」等用詞也被迫刪除。[68]

由於 1942 年 4 月 7 日遊八王子警察署長作成的「關於思想團體的選舉動向報告」中，如實表現了對社大系候選人的警戒感，因此在此引用：

> 八王子市元橫山町六六番地
> 原社大黨員　東京市水道工事事務員　山口加藤太
> 　　　　　　　　　　四十六歲
>
> 八王子市平岡町五八番地
> 原社大黨員　橫川電氣事務員　泉澤義一
> 　　　　　　　　　　四十二歲
>
> 八王子市大橫町七四番地
> 原社大黨員　家具製造業　三浦八郎
> 　　　　　　　　　　三十七歲
>
> 八王子市千人町三〇五番地
> 原社大黨員　古物商　鹽野良作
> 　　　　　　　　　　三十五歲

66　《須永日記》，頁 332。

67　《須永日記》，頁 333。

68　〈元農革同盟川俁候補の演題取締に関する件〉，收入吉見義明、橫関至編《資料　日本現代史第 5 卷》（東京：大月書店，1981），頁 75。史料日期為 1942 年 4 月 7 日，原始史料收入《陸海軍文書》。

上述除鹽野以外的三名，都有做為社大黨員活躍於無產陣營的經歷，因而被視為必須注意其思想的人物，而受到特高警察的特別關注。

提名農地制度改革同盟理事中村高一之時，上述四名皆提出擔任選舉委員的申請，預料將與翼贊會候選人坂本一角展開激烈競爭，積極的推展選舉活動。故此等運動員的動向，是特高警察上最應注意之事務。[69]

中村高一是東亞連盟運動中擔任核心角色的人物之一，在社大系之中可算是比較接近「乙」的「丙」。但即使是中村，和舊社大黨員的選舉員合作，以求與推薦候選人一較高下一事，仍被負面看待。選舉後的 5 月 16 日，中村與須永會面，表達東京 7 區選舉干涉的激烈程度。[70]

綜合以上，在第 21 回眾議院議員總選舉中，由於（一）幾乎無法得到翼協的推薦（二）浮動票流向中立系、國家主義系的新人（三）受到嚴重的選舉干涉，以致社大系的選舉成果無法提升。

（二）地方選舉

另一方面，國會選舉之後的地方選舉，可以看到與國會選舉不同的發展。兩者的差異中特別值得注目的，是總選舉中有許多自由候選人，但市町村會議員選舉則以無競爭選舉居多。以靜岡縣為例，實施選舉的 238 個町村中，有 149 個是無競爭選舉，且候選人、當選人皆為推薦候選人者占了九成以上。[71] 根據波田永實的研

69　〈思想団体の選挙動向に関する件〉，收入吉見義明、橫関至編《資料　日本現代史第 4 巻》（東京：大月書店，1981），頁 374。原始史料收入《陸海軍文書》。

70　《須永日記》，334 頁。此日須永亦與野溝會面，並確認辭退參選較為賢明。

71　北河賢三，〈翼賛会地方支部および翼賛壮年団の組織と活動〉，收入御殿場市史編さん委員会編，《御殿場市史研究 VI》（御殿場：御殿場市史編さん委員会，1980），頁 65。

究，總選舉無法實現的無競爭選舉之所以可以在市町村層級達成，是由於已在町內會或部落會中分配好推薦候選人的人數，且內部協商過推舉何人為候選人。[72] 在比縣更小的範圍內，由各地域均等地提名推薦候選人的方式更接近小選舉區制，以游離票為目標的自由候選人介入的空間也更小。

對於未順應時勢的社大系候選人而言，此一情況使本來比國會選舉更容易的地方選舉，成為比平時更嚴苛的戰鬥。然而，對經歷過「加入翼贊會本部→與東亞連盟協會合作→再統合為第一控室」此一運動重心下降過程的社大系而言，由於其藉由「國民組織的核心在於地方」的論理正當化自身被隔離於權力核心之外的事實，以地方選舉而非國會選舉為舞台展開政治鬥爭，實有單純妥協以上的意義（雖說本來就帶有一定程度的妥協）。

以棚橋為例，關於國會選舉，棚橋所屬的長野 4 區的推薦候選人三名（小野祐之、小野秀一、吉田正）於 1942 年 3 月 31 日確定。此前雖然也有期待棚橋以推薦候選人參選的聲音，[73] 但此前的 3 月 7 日，棚橋於日記中寫下：

> 由於在中央的運動毫無寧日，故本打算將本地的運動全都交給百瀨、上條一派處理，以致迄今尚未採取任何行動。然而，舞台正逐漸轉移至地方。我甚至想到應全力集中於本地才是。[74]

即使此時被視為國會選舉的有力候選人之一的棚橋，亦覺得

72　波田永実，〈翼贊選舉的地方的展開〉，《明治大学大学院紀要》，23：3（東京，1986），頁27-28。

73　〈棚橋日記解題　昭和一七年〉，頁10-11。

74　〈棚橋日記〉（1942.3.7），《棚橋小虎関係文書》，法政大学大原社会問題研究所（藏），檔號：I-G-7。

「舞台正逐漸移轉至地方」，此事相當重要。此前不斷高唱國民組織，對美開戰以來其重要性更為增加的情況下，「應全力集中於本地」的想法，是即使當選為代議士也不會動搖的政治觀。同樣的想法，在國會議員地位的正統性遭到翼贊選舉破壞後，更廣泛的被社大系所共有。[75]

在失去參與國會選舉的可能性之後，棚橋於 4 月 5 日與松本的舊社大系運動夥伴舉行酒宴。於宴席中雖然「彼此冷靜的交談並約定將來」，但立刻就切換心情開始思考「此次的市會選舉就是新運動的出發點」，並於 4 月 10 日就開始著手準備參選市會議員選舉。[76] 5 月 1 日總選舉的結果大致出爐後，棚橋與野溝一起抱怨到「第四區淨選出小野祐、吉田、小野秀等小人物。小野秀與第二位的植原（悅二郎）的票數差，實為六千餘與一萬三千餘票。世上還有如此愚昧的選舉嗎？此乃大政翼贊的熱忱的顯現，因此十分愚劣」，放下遺憾並全力投入市會議員選舉。結果，由於也動員了地方人脈從事地下工作，棚橋於 5 月 9 日被指名為推薦候選人，並無投票當選為松本市會議員。

在地方選舉中獲得席次，對社大系來說實為例外。僅以棚橋的案例，無法輕易的一般化，並斷言「社大系改以地方議會為舞台展開政治活動。」[77] 但是至少可以確認以下三點：（一）社會主義者的政治活動中心移向地方，（二）第 21 回眾議院議員總選舉的敗北（雖是消去法式的）決定了此一大趨勢，（三）棚橋的事例亦可置於此一大趨勢中理解。

75　如前所述，野溝、須永、中村等成員對翼贊選舉感到不滿，因此與通過參與國政的社會改革路線保持距離。其中中村還參選 1942 年的東京市會議員選舉，並以非推薦身分取得席次。

76　〈棚橋日記解題　昭和一七年〉，頁 12-13。

77　此外，於隔年 1943 年的東京都議會選舉，淺沼與中村亦出馬參選並獲得議席，可見社大系將活動的場域擴大至地方議會。然而此一選舉並未採用推薦制，也未仿效翼贊選舉的形式，因此無法與 1942 年的地方選舉一概而論。關於此點的評價，將留待後續深入檢討。

六、結語

本稿透過關注舊無產階級政黨勢力的動向，分析了 1940 年大政翼贊會成立至 1942 年翼贊選舉之間，取代近衛新體制運動的革新運動的開展過程。在此，想再簡單的回顧本稿的內容。

舊社大黨所屬的政治家們，將對成立一國一黨等急進的改革的期望寄託於近衛新體制。政黨解散後，仍然成立親睦團體櫻川俱樂部以維持凝聚力。由於社大系在翼贊會本部的人事安排中受到優待，決定當下先支持翼贊會，並努力使其保持高度的政治性。但翼贊會的政治性在第 76 議會的論戰中遭到否定後，社大系轉而開發地方上的活動據點，並加入支持石原莞爾的東亞連盟協會，摸索不依靠翼贊會的革新運動的展開方式。1941 年 8 月，隨著眾議院院內會派的重新編成，淺沼、河上等舊社大黨有力幹部選擇與翼贊議員同盟（翼同）合作；另一方面，更理論性地推展革新運動的黨員們則另外成立同人俱樂部等其他院內會派，對幹部們溫和的態度表示反對。結果第 77 議會期間，淺沼等人決定脫離翼同，並於 1941 年底與同人俱樂部合作組成交涉團體「第一控室」。圍繞著是否贊同翼同的執政黨立場而一度分裂的櫻川俱樂部，在將重心移至地方黨員希求的激進革新路線後再度統合。

1942 年 4 月的翼贊選舉中，由於社大系幾乎無法獲得翼協的推薦而遭受到嚴重的選舉干涉，使過往依賴的浮動票被中立系候選人奪走。社會主義者席次的大幅減少，此前以非法路線為主軸的右翼與國家主義者則取而代之進入議會。此一現象顯示，議會內的革新勢力開始出現多樣化。[78] 此事亦促使社會運動者重新回歸「運動」。

1942 年 5 月 20 日翼贊政治會（翼政）成立。由過往擔任翼協

78　米山忠寬，《昭和立憲制の再建》（東京：千倉書房，2015），頁 245-246。

會長的阿部信行（陸軍大將）擔任總裁，並均衡地任用了眾議院、貴族院、翼贊會關係者中的實力者的此一新組織，雖說依例拒絕採取政黨的形式，實質上卻比翼同更能發揮政黨的機能。此外，翼政不分推薦、非推薦的招募加入者，使包含同交會等非翼同勢力在內的幾乎所有議員皆加入翼政，完全可說是超脫憲法論的一國一黨。當然，雖說集中於一個政黨之內，也不代表此前黨派間的對立就煙消雲散。然而，此可說為中央層級的後新體制運動開啟了新的一頁。

就如同先行研究以沉默的時代所表現的，無法否認戰時期的社大系活動整體而言十分低調。社大系將政治活動的重心自中央移至地方，乃受中央層級的勢力衰退影響的困獸之策，此亦為事實。然而，正如當時的政治家棚橋小虎的思想與行動所示，對於以組織有利的國民組織為宿願的社大系而言，「不得已」與「地方才是重點」是可以兩立的。

關於新體制運動，雖然因翼贊會的改組而有名無實已是定說，[79] 但如此即無法檢討 1941 年 4 月以後新體制運動的影響。然而透過本稿可知，至少翼贊會「有名無實」說並未反映地方的實情，也忽視了新體制運動的多元性。

此外，由於史料上的限制，本稿尚未探究在戰後社會黨成立上握有主導權的片山哲、鈴木文治、西尾末廣等社大系右派的動向。他們屬於同交會與興亞同，與保守政黨的距離逐漸靠近，這些人脈關係對戰後社會黨的政治地位亦有影響。因此探究他們在戰時期的活動，亦是重要的課題。此外，三輪與河野擔任經營者的大日本產業報國會（產報）與社大系之前的關係，也幾乎未被檢討。在考慮

79　關於大政翼贊會的研究，可見赤木須留喜，《近衛新体制と大政翼贊会》（東京：岩波書店，1984）、木坂順一郎，〈大政翼贊会の成立〉，收入朝尾直弘等編《岩波講座　日本歷史第 20 卷》（東京：岩波書店，1976 年）等。然而對於翼贊會「有名無實」的評價，也有如有馬学〈戦争と啓蒙〉，《九州史学》，150（福岡：2008）等異說，認為其僅是當時的說詞之一。

成為戰後社會黨支持基盤的勞工工會組織過程時，也不可缺少對此的分析。關於上述幾點，將留待他稿再行討論。

參考文獻

一、日文專書

1. Gordon Mark Berger，坂野潤治譯，《大政翼賛会》，東京；山川出版社，2000。初版於 1977 年。

2. 赤木須留喜，《近衛新体制と大政翼賛会》，東京：岩波書店，1984。

3. 有馬学，《帝国の昭和》，東京：講談社，2010。初版於 2002 年。

4. 官田光史，《戦時期日本の翼賛政治》，東京：吉川弘文館，2016。

5. 粟屋憲太郎，《昭和の政党》，東京：小学館，1983。

6. 下中弥三郎編，《翼賛国民運動史》，東京：翼賛運動史刊行会，1954 年。

7. 古川隆久，《戦時議会》，東京：吉川弘文館，2001。

8. 升味準之輔，《日本政党史論》新装版第 7 卷，東京：東京大学出版会，2011。

9. 源川真希，《近現代日本の地域政治構造》，東京：日本経済評論社，2001 年。

10. 米山忠寛，《昭和立憲制の再建》，東京：千倉書房，2015。

二、日文論文

1. 有馬学，〈田所輝明と満州事変期の社会大衆党〉，《史淵》，第 125 編（福岡，1988）。

2. 有馬学，〈戦争と啓蒙〉，《九州史学》，第 150 号（福岡：2008）。

3. 伊藤隆，〈戦後政党の形成過程〉，收於中村隆英編，《占領期日本の経済と政治》（東京：東京大学出版会，1979），87 頁。

4. 大門正克，〈農村地域における東亜連盟〉，收於森武麿・大門正克編，《地域における戦時と戦後》，156 頁。

5. 奥健太郎，〈翼賛選挙と翼賛政治体制協議会〉，收於寺崎修、玉井清編，《戦前日本の政治と市民意識》（東京：慶應義塾大学出版会，2005），241 ～ 243 頁。

6. 小栗勝也，〈翼賛選挙と旧政党人の地盤〉，《慶應義塾大学大学院法学研究科論文集》，第 32 号（東京，1991）（後收於大麻唯男伝記研究会

編，《大麻唯男　論文編》）。

7. 木坂順一郎，〈大政翼賛会の成立〉，收於朝尾直弘等編《岩波講座
日本歴史》第 20 巻（東京：岩波書店，1976 年）。

8. 北河賢三，〈翼賛会地方支部および翼賛壮年団の組織と活動〉，收於
御殿場市史編さん委員会編，《御殿場市史研究》VI（御殿場：御殿場
市史編さん委員会，1980），65 頁。

9. 小南浩一，〈再考・選挙粛正運動とは何であったか〉，《選挙研究》第
15 号（東京，2000 年），157 ～ 158 頁。

10. 佐藤眞一，〈山形県下における「翼賛選挙」をめぐる状況と地域社会
の変容〉，《文学研究論集》，第 50 号（東京，2019）等。

11. 沢田次郎，〈翼賛選挙と「純新人」の進出〉，《法学政治学論究》第
11 号（東京，1991），137 ～ 140 頁。

12. 髙島笙〈同交会の研究〉，《歴史》，136 号（仙台，2021）註 (9)。

13. 手塚雄太，〈戦時期における衆議院議員の活動と支持基盤〉，《國學院
雑誌》第 119 巻第 1 号（東京，2018）。

14. 照沼康孝，〈東亜連盟協会〉，收於近代日本研究会編，《昭和期の社会
運動》（東京：山川出版社，1983）。

15. 中村勝範，〈翼賛選挙と旧政党人〉，《法学政治学論究》，第 10 号（東
京，1991）。後收於大麻唯男伝記研究会編，《大麻唯男　論文編》（東
京：櫻田会，1996）。

16. 長井純市、渡辺穣〈解説〉，收於《棚橋小虎日記（昭和十七年）》（町
田：法政大学大原社会問題研究所，2011），5 頁。

17. 波田永実，〈翼賛選挙の地方的展開〉，《明治大学大学院紀要》，第 23
集 3（東京，1986），27 ～ 28 頁。

18. 成田喜一郎，〈戦後日本における社会民主主義の形成〉，《民衆史研
究》第 14 号（東京，1976 年），155 頁。

19. 森武麿，〈庄内地方における東亜連盟〉，收於森武麿・大門正克編，
《地域における戦時と戦後》（東京：日本経済評論社，1996 年），19
頁。

20. 横越英一，〈無党時代の政治力学（一）〉，《名古屋大学法政論集》，第
32 期（名古屋，1965 年），32 ～ 33 頁。

21. 横越英一，〈無党時代の政治力学（二）〉，《名古屋大学法政論集》，第
33 期（名古屋，1965 年），35-93 頁。

22. 吉見義明、横関至，〈解説〉，收於吉見義明、横関至編，《資料　日本

現代史》第 5 卷（東京：大月書店，1983）。

23. 渡部亮，〈昭和恐慌後における社会大衆党の経済政策〉，《史学雑誌》，第 131 編第 2 号（東京，2022）。

三、日文報紙

1. 〈翼賛会支部常務委員　二七府県決定〉，《朝日新聞》，1940 年 11 月 20 日朝刊，2 頁。

2. 〈旧社大歩調揃わず〉，《朝日新聞》，1941 年 9 月 4 日朝刊，1 頁。

3. 〈社大系は同人倶楽部〉，《読売新聞》，1941 年 11 月 13 日朝刊，1 頁。

4. 〈東亜連盟運動に関する調査〉，司法省刑事局編《思想月報》，第 79 号，1941 年 1 月，60 頁。

5. 内務省警保局保安課編，《特高月報》1940 年 9 月分，38 頁。

6. 内務省警保局保安課編，《特高月報》1941 年 4 月分，52 頁。

四、已出版史料

1. 須永好日記刊行委員会編，《須永好日記》，東京：光風社書店，1968。

2. 棚橋小虎，《棚橋小虎日記（昭和十七年）》，町田：法政大学大原社会問題研究所，2011。

3. 尚友倶楽部、伊藤隆編，《有馬頼寧日記》（昭和十三年～昭和十六年），東京：山川出版社，2001 年。

4. 青年国策研究会・時局解剖調査所編，《我が国最近に於ける思想運動の攻勢展望》，東京：思想報国実践会，1941。

5. 吉見義明、横関至編，《資料　日本現代史》第 4 巻，東京：大月書店，1981。

6. 吉見義明、横関至編，《資料　日本現代史》第 5 巻，東京：大月書店，1983。

五、未出版史料

1. 〈旧社会大衆党残務整理委員会メモなど雑綴〉，収入国立国会図書館憲政資料室所蔵〈浅沼稲次郎関係文書（その一）〉（以下記做〈浅沼文書〉），リール番号 7，資料番号 105。

2. 〈棚橋日記〉，收入法政大学大原社会問題研究所所蔵〈棚橋小虎関係文書〉。

3. 〈旧社会大衆党残務整理委員会メモなど雑綴〉，収入〈浅沼文書〉，リール番号 7，資料番号 105。

4. 〈東亜連盟協会関係資料〉，収入〈浅沼文書〉，資料番号 302。

5. 〈東亜連盟協会報告〉，35 頁，収入〈浅沼文書〉，資料番号 304。

6. 〈翼賛議員同盟結成関係書類〉，320 頁，収入〈浅沼文書〉，資料番号 338。

7. 〈第七七回帝国議会衆議院議事速記録第四号〉，1941 年 11 月 20 日。

06 戰後初期臺灣的歌舞團（1945~1947）

陳穎慧 [1] ─────────────────────

一、前言

　　1945 年 8 月 15 日日本宣布投降。之後，中國國民黨政府依據盟軍第一號指令，代表盟軍接收臺灣。戰爭時期受到控制的言論自由，似乎應該要逐漸恢復正常，然而，在許多跨越兩個政權的表演藝術創作者的回憶錄或訪談中，卻顯現出在當時現實的政治壓力下，這些投身臺灣戲劇活動，懷抱著對社會和對戲劇的熱情的人，面臨著許多嚴重的困境。例如日治時期赴日學習戲劇，從戰前到戰後一直參與臺灣戲劇活動的導演辛奇，在口述史訪談時表示，「光復那年，臺灣的戲劇真是沈悶極了。」[2] 音樂家楊三郎在其回憶錄也寫，「戰爭勝利臺灣光復，但很難找到音樂工作，同志們只在做雜雜碎碎的小廣告，可說沒有成樣子，我好幾次想改行算了。」[3]

　　國民政府接收臺灣，行政長官公署的文化政策是以臺灣長期接受日本「奴化」為由，用人為的力量由上而下強制建構「中華文化」。[4] 行政長官

─────────────────────

1　國立政治大學台灣史研究所博士候選人。

2　吳俊輝訪問，〈辛奇訪談錄－歷史‧自我‧戲劇‧電影〉，《台語片時代（一）》（臺北：財團法人國家電影資料館，1994），頁 112。

3　楊三郎手稿，〈回憶錄〉、〈絡歷表〉，新北市立圖書館館藏。楊三郎，本名楊我成，音樂家，以作曲與小喇叭演奏聞名，成立「黑貓歌舞團」。

4　根據〈臺灣接管計畫綱要〉第一通則，第四點，於接管後應確定國語普及計劃，透過文化教育的力量，強化中華民族意識，強固國家體制。〈臺灣接管計畫綱要〉，https://twinfo.ncl.edu.tw/sgp/hypage.cgi?HYPAGE=search/merge_pdf.hpg&sysid=00000620&jid=01282227&dt=35050100&pages=92%2D100&cdno=SGP009，擷取日期：2022 年 2 月 10 日。

公署對於戲劇法規的設計，除了源自中國的戲劇檢查制度，也加上在臺灣執行的實務需求，並將管理戲劇法規的焦點集中於話（新）劇之上。[5] 及至二二八事件發生，戲劇界也受到嚴重打擊。新政權所造成的社會衝突與文化適應，讓這些文化界的領導人物與創作者，在語言的限制與思想的控制之下，或選擇沉默，或如彗星般殞落，或不得不亡命在外，或為了繼續生存發展的可能而選擇柔順服從。

不過，在二二八事件之前，剛經歷過戰爭後期皇民化運動的臺灣人，對「祖國」懷抱著夢想，如同王白淵就希望能不受任何拘束，真正的戲劇運動可以從此展開。[6] 既為戲劇人也為研究者的呂訴上認為：「臺灣光復後，舊的一切在毀滅，新的一切在創造」，把從戰爭結束到臺灣省政府成立這將近兩年的時間，認為是戰後臺灣劇人最活躍的時期。[7] 本文將著力討論戰後初期 1945 年到 1947 年這一段時間歌舞團的演出活動。[8]

在臺灣研究尚屬禁忌的年代，呂訴上聯合臺灣各地劇團組成「地方戲劇協進會」的同業社團，積極的參與官方的戲劇工作，特意記錄當時的演出與搜集保存戲劇相關文物的史料，對後來臺灣近代戲劇研究而言，是相當重要的參考。1954 年呂訴上以〈光復後的臺灣劇運〉為題的「臺灣省行政長官公署時期」演出活動，發表於《臺北文物》季刊，此文後來收錄在以〈臺灣新劇發展史〉為單

5　徐亞湘，〈管制下的復甦：臺灣省行政長官公署宣傳委員會的戲曲相關法規分析（1945.11~1947.3）〉，《民俗曲藝》，165（臺北，2009），頁 5。

6　王白淵著，林至潔譯，〈《壁》與《羅漢赴會》貫穿兩作〉，《聯合文學》，9：6（臺北，1993），頁 45-47。原刊於《臺灣新生報》，1946 年 6 月 10 日 -12 日，第 4 版。

7　呂訴上，〈光復後的臺灣劇運─臺灣省行政長官公署時期〉，《臺北文物》，3：3（臺北，1954），頁 74。

8　黃英哲所指的戰後初期，是 1945 年 10 月 25 日國民政府正式接收臺灣，到 1949 年 12 月國府因國共內戰敗退到臺灣為止的期間，再區隔成臺灣省行政長官公署時期和臺灣省政府時期。本文討論的時間是從 1945 年 8 月 15 日戰爭結束，到 1947 年 5 月 15 日臺灣省政府成立之前。黃英哲，《「去日本化」「再中國化」：戰後台灣文化重建（1945-1947）》（臺北：麥田出版社，2007），頁 16-17。

元主題的《臺灣電影戲劇史》中，其中紀錄了「好來樂團」、「大紅花少女歌劇團」、「樂劇新臺灣」、「臺灣藝術劇社」、「G.G.S. 跳舞團」、「梅花歌舞樂劇團」等歌舞劇團人員與演出活動。呂訴上將這些歌舞團的演出紀錄，與知識分子以文化取向的臺灣「新劇」運動，如王育德在臺南的演出或「聖烽演劇研究會」所演出簡國賢創作的《壁》等作品，或是從中國來的「話劇團」，如「新中國劇社」、「實驗小劇團」等劇團的演出，並列歸類在「新劇史」。[9] 在當時行政長官公署宣傳委員會所辦理的劇團成立登記類別中，有別於有唱念做打演出的歌仔戲團或京班的「舊劇」，歌舞團即屬於戰後初期現代戲劇表演的「新劇」的一種。[10]

在呂訴上之後，經過三十幾年解嚴之後的 1990 年代，才有焦桐以碩士論文改寫出版的《台灣戰後初期的戲劇》，除了〈戰後台灣戲劇年表〉在呂訴上的基礎上，有整理臺灣藝術劇社等演出的相關資料，書中主要討論的是 1950 年代的反共抗俄劇與楊逵創作的劇本。[11] 邱坤良〈台灣劇場的興衰起落（1945 ～ 1949）〉評述從戰後到國民政府遷臺這幾年間，臺灣本土新劇的演出受到統治當局的語言政策與戲劇管理法規等限制，及中國來臺的話劇劇團的活動與影響。[12] 徐亞湘針對戰後初期的戲劇政策法令、中國劇團與劇作家的作品在臺灣的演出、報紙的戲劇特刊等，從不同角度對行政長官公署時期的戲劇政策與演出，分別撰述論文討論分析，對於行政長官公署時

9　呂訴上，《臺灣電影戲劇史》（臺北：銀華出版社，1961），頁 332-350。

10　依據 1946 年長官公署公布的「臺灣省劇團管理規則」，劇團登記分為以真人演出的「甲種劇團」與木偶戲演出的「乙種劇團」，甲種劇團再分「新」、「舊」兩種戲劇類別。呂訴上，〈光復後的臺灣劇運－臺灣省行政長官公署時期〉，頁 78-82。

11　焦桐，《台灣戰後初期的戲劇》（臺北：臺原出版社，1991），頁 152-166。

12　邱坤良，〈台灣劇場的興衰起落（1945 ～ 1949）〉，《台灣劇場與文化變遷：歷史記憶與民眾觀點》（台北：臺原出版社，1997），頁 174-191。

期的戲劇史研究有其貢獻。[13] 其中〈省署時期臺灣戲劇史探微〉一文，聚焦於行政長官公署治理的「一年半載」，臺灣知識分子的話（新）劇發展所受的管制政策，還有當時中國來的職業劇團與軍中話劇團，及在臺外省人為主的業餘話劇團，所主導的戲劇演出。[14]

這些對於戰後初期戲劇研究關注的視線，並沒有及於當時的歌舞團演出，莊曙綺〈從報紙廣告看戰後戰後（1945-1949）台灣商業劇場的演劇生態〉，透過《臺灣新生報》、《中華日報》等報刊廣告與新聞或評論文章，對臺灣商業劇場演劇概況進行資料的統計，論文中主要還是以呂訴上的資料為基礎，將娛樂取向的職業新劇團，再細分成以戲劇演出的「職業新劇團」與「歌舞技藝劇團」。[15] 這裡的「歌舞技藝劇團」，包括了歌舞劇團的表演，論文研究的重點雖然並非歌舞團相關的討論，但對於戰後歌舞劇團表演的人員與演出內容，做了進一步的整理。莊曙綺以 1941 年「寶塚歌舞團」來臺演出受到歡迎為例，來說明直接影響並促成臺灣歌舞團這種表演形式的發展，是源自日本。事實上，寶塚歌舞團在日本時代並不曾來過臺灣，但是「寶塚歌舞劇團」這種「少女歌劇」的表演形式，確實影響了臺灣的歌舞團表演，這也是通常會有人對於臺灣的「黑貓歌舞團」或「藝霞歌舞團」的由來，多會以受到日本寶塚歌舞團的影響來做說明。[16]

13　徐亞湘以〈管制下的復甦：臺灣省行政長官公署宣傳委員會的戲曲相關法規分析（1945.11~1947.3）〉、〈進步文藝的示範：戰後初期曹禺劇作於臺灣演出史探析〉、〈戰後初期中國劇作在臺演出實踐探析〉、〈一個戲劇的公共輿論空間—戰後初期臺灣報紙的戲劇特刊分析〉、〈省署時期臺灣戲劇史探微〉等多篇論文，討論戰後初期的臺灣戲劇，其中前三篇收入《臺灣劇史沈思》。

14　徐亞湘，〈省署時期臺灣戲劇史探微〉，《戲劇學刊》，21（臺北，2015），頁 73-95。

15　莊曙綺，〈從報紙廣告看戰後戰後（1945-1949）台灣商業劇場的演劇生態〉（臺北：國立臺灣大學戲劇研究所碩士論文，2005），頁 88-98。

16　莊曙綺，〈從報紙廣告看戰後戰後（1945-1949）台灣商業劇場的演劇生態〉，頁 88-89。陳和平先生表示，黑貓歌舞團的表演是受到日本寶塚歌舞團的影響。陳穎慧訪談，〈陳和平先生訪談〉，2022 年 3 月 17 日，新北市三重區陳和平工作室。感謝陳龍廷老師的介紹，讓筆者有機會訪談與楊三郎為知交的陳和平先生。

臺灣歌舞團的演出確實是有日治時期來自日本的雜技、歌舞團引進臺灣的淵源。[17] 簡秀珍以《臺灣日日新報》的報導做為主要史料所寫的〈奇術縱橫三十年：第一代松旭齋天勝與天勝一座 * 在臺灣的演出〉，正是由於女性魔術師松旭齋天勝多次來臺，結合了魔術與戲劇的表演，在魔術演出中配上有爵士音樂的歌舞，也引入了「少女歌劇」這樣的表演。[18] 顏翩翩〈爵士音樂在臺灣的受容〉主要討論日治時期爵士樂引進臺灣，對於「Revue」（レヴュー）這樣的表演形式，做了詳細的討論，由松旭齋天勝魔術團引進了美國爵士樂，「少女歌劇團」標榜以爵士樂隊伴奏，並以歌唱、舞蹈、喜劇串連演出。臺灣赴日的爵士樂手劉金墻與楊三郎，流行歌手吳晉淮、許石、文夏等，也將日本的流行音樂與表演文化引入臺灣。這篇論文是對於臺灣爵士樂壇的討論，戰後初期從楊三郎於1946年籌組樂隊加入臺灣廣播電臺，於這段期間創作並且發表音樂作品，後段的論文雖然有黑貓歌舞團的研究，但並非屬於本文所要處理的時間斷限。[19]

如同邱坤良在〈情色歌舞團初探〉文中所述，歌舞團的演出並沒有受到重視。[20] 一般來說，表演藝術的研究，多是分別從戲劇、音樂、舞蹈、電影等不同的專業去分類，在戲劇史、舞蹈史、音樂史、臺語電影史等各個領域，各自累積了豐碩的研究成果，許多在各自領域中有重要地位的人如臺語片的導演林摶秋、辛奇等人，或是楊三郎、許石等在音樂上的成就，這些人各自在其專業裡，受到相當程度的敬重與肯定。但在這些研究裡面，並沒有注意到戰爭結

17　莊曙綺，〈從報紙廣告看戰後戰後（1945-1949）台灣商業劇場的演劇生態〉，頁88。

18　簡秀珍，〈奇術縱橫三十年：第一代松旭齋天勝與天勝一座 * 在臺灣的演出〉，《民俗曲藝》，199（臺北，2018），頁5-76。

19　顏翩翩，〈爵士音樂在臺灣的受容〉（臺北：國立政治大學民族學系博士論文，2019），頁118-152。

20　邱坤良，《漂浪舞台：台灣大眾劇場年代》（臺北：遠流，2008），頁156。

束之後政權轉換之際，尤其在二二八發生前後，有很多歌舞團的演出，而這些歌舞團在臺灣的表演藝術中，又有一個怎麼樣的脈絡，結合了不同領域的人才與各種表演藝術綜合的呈現。本文所要探討的，正是目前還沒有研究關注到的歌舞團的組成與演出，與其中在各種表演藝術與這些專業人才之間曾有怎麼樣的關聯。

本文使用當時每日發行的報紙上的廣告與相關報導作為研究的史料基礎，這是當時最普遍的大眾媒體。日治末期，1944 年 3 月，臺灣總督府整併《臺灣日日新報》等六間報社，於 4 月 1 日合併為《臺灣新報》，這份報紙在戰爭結束後並沒有停刊，是「臺灣光復」政權移轉前唯一出刊的報紙。[21] 行政長官公署接收《臺灣新報》後，將之改名為《臺灣新生報》，發行普遍，廣告所佔比例極高。[22] 戰後無論是在《臺灣新報》或之後的《臺灣新生報》上所刊登的戲院廣告中，都有非常多歌舞團演出訊息，顯示出戰爭剛結束，這樣的表演即已出現在臺灣近代的大眾商業劇場裡。

附表一是從戰爭結束到臺灣省政府成立前，《臺灣新報》與《臺灣新生報》所刊登的歌舞團廣告，廣告中除了演出的節目內容與演出人員的宣傳，也有一些之後即將演出的預告或徵人的訊息，刊登的戲院以臺北市的場地為主，並沒有包括在中南部戲院的表演，所以無法統計全臺的演出情況。從附表一可以看到在 1945 年戰爭結束後到年底的四個半月內，短短 138 天就有至少 83 則歌舞表演相關的廣告。而至 1946 年，歌舞劇團的廣告數明顯成長，臺灣藝術劇社與其旗下的 G.G.S. 跳舞團，就刊登超過一百則廣告。1947 年初，G.G.S. 跳舞團在中南部巡迴，另外還有原住民的愛國歌舞劇團有在報上刊登廣告，然而歷經二二八之後，報紙上僅剩下在臺灣戲

21　《臺灣日日新報》、《興南新聞》、《臺灣新聞》、《臺灣日報》、《高雄新報》、《東臺灣新報》合併為《臺灣新報》。

22　《臺灣新生報》，在創刊之初發行量有 17 萬 5 千份。楊秀菁，〈戰後初期《臺灣新生報》的發展與挑戰（1945~1972）〉，《傳播研究與實踐》，6：2（臺北：2016），頁 72-73。

院演出的話劇鐘聲劇團，與在中南部巡迴的 G.G.S. 跳舞團有廣告。演出的統計只到 1947 年 5 月中旬臺灣省政府成立為止，21 個月的時間裡，這兩份報紙刊登的戲院廣告，至少就有 266 則歌舞表演的訊息，平均起來一個月的訊息就超過 12 則。

戰爭過後百廢待舉的混亂的世局，又逢政權轉換之際，為什麼會有這麼多熱鬧登臺的「歌舞團」？這是本文要討論的主題。但歌舞團並非戰後才新興的，從 1920 年代中期開始，許多日本本土的少女歌舞劇團來臺演出，受到歡迎。因此將先梳理臺灣在日治時期接觸的「歌舞團」表演，探討這種包含了歌唱、舞蹈、戲劇、音樂演奏等各種不同表演藝術的表演形式。日治時期，除了許多知名的少女歌舞團曾經來臺公演，也有許多臺灣優秀的藝術家如呂泉生、呂赫若、楊三郎、林香芸、許石、林搏秋、辛奇等，赴日學習音樂舞蹈戲劇等表演藝術，有些人更參與歌舞劇團的演出，這些前提，都是戰後初期歌舞團表演快速蓬勃發展的契機。

二、日治時期的淵源：歌舞團的演出與藝術人才的 培育

所謂的「歌舞團」演出，是以華麗的服裝與舞臺裝備，結合歌曲、舞蹈和短劇，由各種不同的單元組成的。最初起源於法國的表演藝術「Revue」（レヴュー），自 19 世紀末到 20 世紀在世界許多國家流行，沒有限制演員性別，沒有太多嚴肅一貫的主題，以結合群舞與快速場景轉換的表演方式，是極具娛樂性的表演形式。[23]

日本在明治末期到大正初期，興起了少年少女音樂隊的熱潮，如三越少年樂隊、白木屋少女樂團等，後來發展出僅限女性的「女子歌劇」。1911 年（明治 44 年）日本橋的白木屋吳服店組成的白木

23　「レヴュー」名詞解釋，出自「デジタル大辞泉（小学館）」，https://dictionary.goo.ne.jp/word/%E3%83%AC%E3%83%93%E3%83%A5%E3%83%BC/#jn-235029，擷取日期：2022 年 2 月 10 日。

屋少女音樂隊，於 1912 年初的公演，是日本最早的「少女歌劇」公演紀錄，之後的寶塚少女歌劇團、松竹少女歌劇團，便是以這種類似歌劇和音樂劇的表演形式受到歡迎。[24] 其中演出的內容並非貫串全場的單一主題，而是由許多輕鬆有趣的獨奏、合奏和舞蹈等組合起來的表演，短劇的演出常包含許多時事話題的諷刺喜劇，著重舞臺佈景設備、燈光變化和華麗服裝的視覺效果，由於強調豐富的音樂、嚴格的舞蹈訓練與戲劇內容三者結合作為表演元素，劇中的對白，曲調、歌唱方式也與傳統歌劇（opera）不同，由於所有角色均由女性演出，因此，也被稱為少女「歌舞劇」（Musical theater，簡稱 Musicals），在日本統治時期被引進臺灣。

少女歌劇最初是由魔術表演帶進臺灣的。日治初期起，女性魔術師松旭齋天勝多次來臺演出，同行還有多位年輕女性組成的「娘子連」（少女們）、女性歌唱家、舞蹈家，與少數的男性表演者，以女性為主的表演中，除了日本傳統的奇術（魔術）之外，表演內容受到當時在日本流行的淺草歌劇與少女歌劇的影響，大量吸收西方流行的爵士樂與應用魔術的戲劇，除了臺北，這個魔術劇團天勝一座（天勝劇團）也進行中南部的巡演，吸引不少臺灣觀眾。[25]

而真正的少女歌劇團來臺，最早的是日本少女歌劇團スズラン（鈴蘭）劇團，之後有兒童文學家巖谷小波指導的關西少女歌劇團與義大利歌劇團合組的劇團、東京少女歌劇團等。[26] 而在昭和初期相當具有人氣的奈良的「日本少女歌劇座」劇團，也經常到臺灣、滿州、朝鮮、青島、上海等海外巡迴演出，一直到 1940 年戰爭期

---

24 「少女歌劇」名詞解釋，出自「大辭林」，https://24zz.com/go.php?g=itunes.apple.com/tw/app/%E5%A4%A7%E8%BE%9E%E6%9E%97/id299029654?mt=8，擷取日期：2022 年 2 月 10 日。

25 松旭齋天勝從 1909 年到 1938 年為止，來臺 16 次，多在中大型劇場演出。簡秀珍，〈奇術縱橫三十年：第一代松旭齋天勝與天勝一座＊在臺灣的演出〉，頁 5-12。

26 〈少女歌劇スズラン座高雄で開催〉，《臺灣日日新報》，1926 年 4 月 1 日，日刊 2 版。〈伊太利オペラ音樂團關西少女歌劇團來台十一日から榮座で開演〉，《臺灣日日新報》，1926 年 11 月 10 日，日刊 2 版。のぞき，〈榮座の歌劇〉，1927 年 6 月 7 日，日刊 2 版。

間仍多次來臺。[27]

來臺的日本少女劇團，最有名的當屬與寶塚齊名的松竹少女歌劇團，原本松竹除了東京和大阪之外，從來不曾安排地方巡演，但為了配合「臺灣酒煙草賣出聯合會」的活動，1934年首度打破慣例，一行八十人在臺灣九個都市巡迴演出，採取購買煙酒贈送抽獎票券的方式，全臺有四萬三千個名額可以觀賞到知名的松竹少女歌劇團的演出。[28] 這種少女歌劇團表演，包括了樂器演奏、歌唱、舞蹈、歌劇、喜歌劇、輕歌劇、童話劇、歷史劇等組成，觀眾透過一場演出，就可以觀賞到戲劇、音樂、舞蹈等多樣的表演內容。年輕的演員與舞者，加上動聽的音樂、華美的服裝和光輝絢爛燈光設計，滿足臺下觀賞者感官的各種享受。[29]

這些演出吸引了許多臺灣的觀眾前往購票進劇場看表演。林獻堂和他的妻子楊水心各自都在他們的日記裡，多次提到和家人朋友一起去看少女歌劇的事，雖然沒有寫下看戲的感想，但會詳細寫到跟女兒相約或是跟哪些好友同去，應是喜歡去看歌舞劇這樣的演出。[30] 黃旺成也在日記中提到受朋友邀請，去看了日本少女歌劇

---

27 〈日本少女歌劇近く來台〉，《臺灣日日新報》，1930年12月28日，日刊2版。每日新聞，〈元祖ローカルアイドル「日本少女歌劇座」メディア駆使、全国巡演…「会いに行ける」原点をたどる〉，https://mainichi.jp/articles/20190820/k00/00m/040/281000c，擷取日期：2022年2月9日。

28 松竹少女歌劇團1940年再度來臺，在臺北大世界戲院演出外，也在基隆、宜蘭、新竹、臺中、嘉義、臺南、高雄、屏東等地巡迴全臺演出。〈酒や煙草を買はなければ松竹少女歌劇は見られぬ台灣空前の歲末大賣出し〉，《臺灣日日新報》，1934年11月23日，日刊11版。〈東京松竹少女歌劇四日より大世界で公演〉，《臺灣日日新報》，1940年9月4日，夕刊4版。

29 〈寶塚歌劇的魅力〉，「寶塚歌舞劇團」，http://takarazukarevue.tw/about/about3.html，擷取日期：2022年2月9日。

30 除了日本的歌舞團外，林獻堂兩度去看了一個中國上海梅花少女歌劇團來臺演出，這個劇團打破原本的中國劇的形式，以西化的形式表演。〈梅花少女歌劇永樂座で〉，《臺灣日日新報》，1929年6月22日，夕刊2版。〈梅花少女歌劇團の歌と踊のタベ〉，《臺灣日日新報》，1935年10月16日，夕刊2版。林獻堂一家除了在臺灣，在東京也有多次看少女歌劇的經驗。〈灌園先生日記〉、〈楊水心女士日記〉，「臺灣日記知識庫」https://taco.ith.sinica.edu.tw/tdk/%E9%A6%96%E9%A0%81，擷取日期：2022年2月9日。

座的演出。[31] 吳新榮和他的妻子及友人,去臺南宮古座看「煙酒仲買〔賣〕聯合會」主辦的松竹少女歌劇團的表演,因為觀眾爆滿,站著看完好幾個小時的演出,仍然對於演出的西方式舞蹈的「均齊美、大眾美」,給予高於日本舞蹈的評價。[32]

臺灣本土也有少女歌劇團的組成。1920 年,臺北的鐵道旅館組織了歌劇團,原本要開始排練,卻因故中止,後來在料亭店「竹の家」老闆館野弘六的主張下,聘請天勝一座的樂長神谷夫妻擔任指導老師,由日本內地招聘樂隊高手,組織了臺灣當地的少女歌劇團,命名為「高砂歌劇團」,這是第一個在臺灣本土產生的少女劇團。這個本島創始的少女歌劇,從一般的家庭徵求募集十歲以上十五歲以下的少女,以美麗的舞臺與美麗的姿態,呈現在臺灣所組織的少女歌舞,但由於僅經過短期音樂舞蹈訓練便進行售票的演出,不能說是具有職業水準。[33] 高砂歌劇協會解散之後,團員中村志壽子赴日繼續進修,回來另組新團「少女歌舞伎」一座,成員從七歲到十六歲,經過三個月的排練,1924 年在榮座演出,但之後就沒有這個劇團的新聞出現。[34]

到了 1940 年 11 月,為了配合皇民化運動的推行,臺北市東亞

---

31 〈黃旺成先生日記〉,1929 年 4 月 11 日,「臺灣日記知識庫」,https://taco.ith.sinica.edu.tw/tdk/%E9%BB%83%E6%97%BA%E6%88%90%E5%85%88%E7%94%9F%E6%97%A5%E8%A8%98/1929-04-11,擷取日期:2022 年 2 月 9 日。

32 〈吳新榮日記〉,1935 年 3 月 11 日,「臺灣日記知識庫」,https://taco.ith.sinica.edu.tw/tdk/%E5%90%B3%E6%96%B0%E6%A6%AE%E6%97%A5%E8%A8%98/1935-03-11,擷取日期:2022 年 2 月 9 日。吳新榮也曾應孩子的要求,帶著孩子和朋友一起去觀賞「東京少女歌劇」,但沒有預期的好。〈吳新榮日記〉,1939 年 1 月 10 日,「臺灣日記知識庫」,https://taco.ith.sinica.edu.tw/tdk/%E5%90%B3%E6%96%B0%E6%A6%AE%E6%97%A5%E8%A8%98/1939-01-10,擷取日期:2022 年 2 月 9 日。

33 〈高砂歌劇協會生る美しき少女歌劇〉,《臺灣日日新報》,1920 年 6 月 1 日,日刊 7 版。みの字,〈少女歌劇「駒馬と花子さん」歌劇高砂協會の第一聲耳と眼を寬these容すれば中々面白く見られる〉,《臺灣日日新報》,1920 年 11 月 7 日,日刊 7 版。

34 高砂少女歌劇團曾於 1921 年舉行第二次公演,不知道何時解散。〈高砂少女歌劇 本日より第二回上演〉,《臺灣日日新報》,1921 年 4 月 16 日,日刊 7 版。〈少女歌劇團 けふ榮座て 產聲を舉る〉,《臺灣日日新報》,1924 年 10 月 15 日,日刊 7 版。

蓄音機商會（東亞唱片公司）的陳秋霖，連同李木標等其他六人，組織「テイチク（帝蓄）歌劇團」。這個劇團的資本額一萬元，共發行 200 股的股票，每股 50 元，創始人陳秋霖等人投資 120 股，剩餘的 80 股公開募資。[35] 後來陳秋霖結束東亞唱片後，加入日軍勞軍團，團員還有蘇桐、陳冠華等人，陳秋霖的太太鄭寶珠擔任主唱。根據鄭寶珠的口述回憶，他十五歲從國民學校畢業，原本在總督府擔任「給仕」，負責傳送公文書類等雜務，十七歲時考上皇民奉公會擔任歌手，待遇很好，因為家中沒有兄弟，雖然身為女兒，但要負責家庭生計，參加勞軍的配給，可以讓家裡有多一點東西吃。皇民奉公會的歌舞勞軍團共有兩團，團名「帝國少女」，鄭寶珠所屬那團的女孩比較漂亮，人氣比較好，所以部隊會跟皇民奉公會指定要他們這團，有時也會搭軍機去演出。由於軍中日本人、臺灣人都有，所以勞軍的時候日本歌、臺灣歌都會唱，也會開放點歌，除了演唱，還要會跳舞，也會裝扮成原住民，打赤腳，背行李，演出〈サヨンの鐘（莎韻之鐘）〉，邊跳邊唱來勞軍，一直到戰爭結束。[36]

此外，也有一些臺灣藝術家前往日本學習，並參與日本劇團的舞臺訓練與演出。1939 年呂泉生在東洋音樂學校還沒畢業前，便成為東寶旗下的日本劇場東寶舞踊隊的歌手，一度加入松竹旗下的常盤座及金龍館，也曾經參加 NHK 合唱團。東寶歌舞劇團以紐約的舞臺秀為範本，專門表演歌舞劇和歌劇，尤其對於踢踏舞、芭蕾和聲樂的表演進行嚴格的訓練。1940 年成立的東寶聲樂團，是東寶舞

35　〈歌劇を通じて皇民化運動〉，《臺灣日日新報》，1940 年 11 月 2 日，夕刊 2 版。《テイチク歌劇團生る〉，《臺灣日日新報》，1940 年 11 月 2 日，夕刊 4 版。

36　鄭寶珠曾隨皇民奉公會勞軍演唱，後來加入 G.G.S. 跳舞團，為音樂家陳秋霖的太太。2021 年 1 月 27 日，臺灣歷史博物館攝影團隊及助理研究員黃裕元，與收藏家林良哲、陳明章、黃士豪，研究者陳婉菱、廣播主持人倪可、歌手陳景昭，訪問當時 94 歲的鄭寶珠女士。〈鄭寶珠訪談：二戰前後的歌舞團〉，「臺灣音聲 100 年」https://audio.nmth.gov.tw/audio/zh-TW/Item/Detail/3c1db1f0-31e6-4300-aad9-047ca7e5e0bd，擷取日期：2022 年 5 月 2 日。感謝黃裕元老師提供尚未公開的訪問錄音資料。臺灣歷史博物館黃裕元等訪談，〈鄭寶珠訪談：二戰前後的歌舞團〉，2021 年 1 月 27 日。鄭恆隆、郭麗娟，〈陳秋霖－單守花園一枝春大起大落的歌謠作曲家〉，《臺灣歌謠臉譜》（臺北：玉山社，2002），頁 138。

踊隊的專屬合唱團，呂赫若在呂泉生的推薦下，成為東寶聲樂團的一員。[37]

　　楊三郎赴日時原本想進音樂學校，在拜師學藝之後，1940 年離開師門的第一個工作，就是加入當時著名的女子歌舞團之一的東京少女歌舞團，這是由音樂家服部良一出資創立，由舞蹈家鈴木康義為團長帶領的劇團。[38]隨著母親林是好赴日，就讀於日本歌謠學校學習歌唱的林香芸，於 1940 年時考入「大船松竹攝影所」附設的俳優專門學校，學習唱歌、芭蕾、日本舞等課程。[39]

　　歌唱家與作曲家許石 1942 年從日本歌謠學院作曲科畢業，考進東京紅磨坊新宿座（ムーランルージュ新宿座）劇場，駐唱半年，再考入東寶公司歌劇團後，被派赴北海道獻唱。[40]劇作家與導演林摶秋在 1942 年從明治大學政治經濟科畢業，就學期間只因為愛看戲流連東京紅磨坊新宿座，進而寫作投稿，獲得劇院的文藝部邀請入團，以臺灣原住民為題材發表新劇作品《奧山社》，甚至獲得推薦借調到東寶影業擔任導演助理。[41]1943 年呂泉生以臺灣民謠，幫林摶秋導演的厚生演劇研究會的《閹雞》演出負責配樂，這齣戲是臺灣戲劇重要的里程碑。[42]原名辛金傳的辛奇，1943 年赴日留學，就讀日本大學藝術戲劇科，研讀戲劇理論並積極參與劇場演出與舞臺

37　株式會社東京寶塚劇場於 1932 年創立。陳郁秀，孫芝君，《呂泉生的音樂人生》（臺北：遠流，2005），頁 96-112。垂水千惠著，劉娟譯，《奮鬥的心靈：呂赫若與他的時代》（臺北：臺灣大學出版中心，2020），頁 211-219。

38　楊三郎在〈回憶錄〉中寫，「也配備四、五名保鑣在團裡監視四、五十名之舞孃」。楊三郎手稿，〈回憶錄〉、〈絡歷表〉，新北市立圖書館館藏手稿。〈新春の舞台を飾る東京少女歌劇元日から八日間榮座で〉，《臺灣日日新報》，1938 年 12 月 29 日，夕刊 4 版。

39　黃信彰，《工運歌聲反殖民：盧丙丁與林氏好的年代》（臺北：北市文化局，2010），頁 144。

40　黃裕元，朱英韶，《百年追想曲：歌謠大王許石與他的時代》（臺北：蔚藍文化，臺南：南市文化局，2019），頁 53。ムーラン・ルージュ新宿座，1931 年底設立，1945 年毀於戰火，戰後由臺灣人林以文重建，1951 年關閉。稻葉佳子、青池憲司作，黃耀進譯，《台灣人的歌舞伎町—新宿，另一段日本戰後史》（臺北：凌宇，2020），頁 88-94。

41　石婉舜，《林摶秋》（臺北：國立臺北藝術大學，2003），頁 33-51。

42　戰後回到家中的林摶秋，發現所有的劇作、手稿全都無存，原本受邀導演簡國賢創作的《壁》，卻因為考慮政治局勢而噤聲。石婉舜，《林摶秋》，頁 119、126。

製作的實務工作。[43]

　　這些優秀的年輕藝術家，在日本親身參與了極為重要的歌舞劇團，呂泉生以殖民地音樂家的身份加入帝都東京重量級的表演機構；文學家呂赫若熱情投身音樂與戲劇活動；楊三郎離開日本之後，曾前往滿洲國的舞廳參加樂團；林香芸和母親林是好成立「南星歌舞團」，到滿州演出；許石戰爭時期在日本的演藝界穩定發展；《東京新聞》以「臺灣本島人第一位劇作家」為題，介紹林摶秋；辛奇在日本一年多，努力精進戲劇與電影的各種技術，因戰爭當兵而中止學業。這些各具專長、不同才華的藝術家，在戰爭時或戰爭之後回到臺灣。

三、戰後初期歌舞團的發展

　　戰爭結束，躲避空襲疏散到鄉下的臺灣人各自歸家，1945 年 8 月下旬終於取消所有警報和燈火管制，雖然仍然有人囤積糧米，出現通貨膨脹，但臺灣人恢復了因為戰時禁鼓樂而取消的祭神，如同過年一樣上演著戲曲活動，出現了許久不曾出現的熱鬧。[44]

　　戰爭結束一個月，「樂劇オール台灣」在報上刊登廣告，徵求「女優、音樂士、文藝部員、舞踊及歌手研究生」，不需演出經驗，唯有女優（女演員）希望招募到「女學校」出身，受過日本高等女學校教育的女性，這在當時是屬於菁英階層的「新女性」。[45] 不到十天之後，這個強調適合闔家觀賞、有華麗的爵士樂與三十幾個「娘子群」舞蹈的樂劇オール台灣，便在第一劇場展開「新生的臺灣─

43　吳俊輝訪問，〈辛奇訪談錄─歷史・自我・戲劇・電影〉，頁 112。

44　許雪姬，〈台灣史上一九四五年八月十五日前後─一日記如是說「終戰」〉，《台灣文學學報》，13（臺北，2008），頁 176。

45　洪郁如，《近代台灣女性史：日治時期新女性的誕生》（臺北：國立臺灣大學出版中心，2017），頁 15-16。〈「樂劇」オール台灣女優（望女學校出身）十名音樂士十數名文藝部員若干名舞踊及歌手研究生三十名〉，《臺灣新報》，1945 年 9 月 15 日，第 2 版。

歌唱、舞蹈、音樂、樂劇」演出。[46]

　　歌舞團樂劇オール台灣主要是由日本人組成的，在南部巡迴演出時，面臨了因遣返而必須改組的問題，後來是在日本人香村亮蘭與香村千鶴子夫婦率領下，急募女舞者及男女歌手，改稱為「大紅花少女歌劇團」後，才得以繼續演出工作。1945 年 12 月 6 日起在大世界劇院，以「肉體美の氾濫」、「華麗潑剌若さを誇る娘子群五十餘名の飛舞！」，廣告上強調有充滿身體美感的五十多個年輕女孩們的豪華陣容，連續六天，表演日夜兩場。[47] 這場以「省都誕生的藝術」為宣傳，演出大歌舞劇（グランドレヴュー）《華麗島花物語》，以及伊藤不二男的唱歌表演，還有由北川俊夫製作，全員出場，由對話、歌曲和舞蹈組成的富有娛樂性的輕歌劇《ゆもれすく（幽默曲）》。[48] 大紅花少女歌劇團曾在廣告刊登，12 月 22 日至 27 日到臺南演出的預告，之後《臺灣新生報》的廣告欄，不曾再刊出大紅花少女歌劇團的消息。[49]

　　而一些藝術界的臺灣人帶著他們在日本的歌舞團努力學習的演出經驗，為戰後初期的臺灣歌舞劇場付出心力。例如戰爭後期，楊三郎因空襲疏散至土城，被徵調到宜蘭去吹傳令號角，戰後以他演奏的專長參與許多樂團，擔任主要的樂手，並在 1950 年代創辦「黑貓歌舞團」。[50] 林香芸 1946 年回臺後，與母親林是好重新再組「南星歌舞樂團」，於 1947 年 1 月 9 日連續兩天，在臺南的延平

46　樂劇オール台灣在第一劇場演出延長到 1945 年 9 月 30 日，10 月 1 日移到大世界戲院，11 月 15、16 日到南部巡演。《臺灣新報》，1945 年 9 月 24 日 -10 月 1 日，第 1、2 版。《臺灣新生報》，1945 年 11 月 15 日，第 4 版，11 月 16 日，第 1 版。

47　《臺灣新生報》，1945 年 12 月 6 日，第 4 版。呂訴上，〈光復後的臺灣劇運—臺灣省行政長官公署時期〉，頁 75。招收女舞者專科生 20 名，研究生 50 名，男女歌手各 5 名，並要求要有保護者（監護人）的承諾。《臺灣新生報》，1945 年 11 月 15 日，第 1 版。

48　《臺灣新生報》，1945 年 12 月 3 日，第 4 版。1945 年 12 月 6 日，第 4 版。

49　《臺灣新生報》，1945 年 12 月 21 日，第 1 版。

50　楊三郎手稿，〈回憶錄〉、〈絡歷表〉，新北市立圖書館館藏手稿。

戲院，演出有臺灣民謠的歌舞、獨唱與中國的古裝舞蹈。[51] 許石於1946 年回臺後，參加演出總是以「元東寶專屬歌手」作為宣傳。而辛奇更是戰後初期籌組歌舞團的重要的推手。

辛奇接洽戰時擔任「藝能挺身隊新臺灣音樂第一樂團」的班長陳秋霖，以及蘇桐等樂師，由這些人為主體組成了「ホウライ樂團」，在 10 月 25 日以後改用臺語發音的「好來樂團」為名，在大世界戲院公演歌舞劇。[52] 其中團員有楊三郎、周玉池等臺灣一流的樂手，演員那卡諾（中野）、燕姬，舞蹈指導是東京紅磨坊出身的立花薰，女舞者有謝碧雲等，歌手有劉金寶、王弘器。[53] 好來樂團由朝日新聞臺灣支店長石井光次郎負責經營，樂團有超過半數的日本人，跳舞的女孩也以日本女孩為多，樂團裡的日本人面臨分批遣返必須解散的壓力。[54]

辛奇「為了想打破這沈悶的空氣」，找了臺北三大布莊之一的「張亦泰商行」與「臺灣戲院」的經營者張武曲，加上日本時代任職於皇民奉公會，曾登臺演戲的陳登財，與楊文彬、劉哲雄，一起

51　〈南星歌舞樂團今晚首次表演〉，《中華日報》，1947 年 1 月 9 日，第 3 版。〈林是好與其弟子一黨歸台第一屆發表會〉，《中華日報》，1947 年 1 月 9 日，第 4 版。〈「流行民俗舞」的創造者—林香芸（1926 － 2015）〉，「臺灣女人」，https://women.nmth.gov.tw/?p=19374，擷取日期：2022年 2 月 9 日。林香芸之後與王月霞合組「芸霞歌舞團」。

52　在辛奇口述史訪談中，寫的是「蓬萊樂團」，《臺灣新生報》上的演出廣告「好來樂團」旁邊有臺語的假名拼音ホウライ，承中研院臺史所林文凱老師提醒，蓬萊的拼音同為「ホウライ」。吳俊輝訪問，〈辛奇訪談錄－歷史・自我・戲劇・電影〉，頁 112。臺灣演劇協會，〈謹告—藝能挺身隊紹介竝運營に就て—〉，《演劇通信》，1945：29（臺北，1945），頁 3。

53　那卡諾本名黃仲鑫，楊三郎黑貓歌舞團的首席鼓手。謝碧雲後來擔任臺灣藝術劇社的演員女主角，參加「聖烽演劇研究會」《壁》與《羅漢赴會》的演出。王弘器學聲樂，在《羅漢赴會》劇中負責音樂，並以聲樂唱乞食調。辛奇捐贈，國家電影及視聽文化中心典藏，〈聖烽演劇研究會的成立及《古都》《羅漢赴會》的演出始末〉，https://tfai.openmuseum.tw/muse/digi_object/b92305e2fcf8118ac1085cff247fc5d#7353，擷取日期：2022 年 9 月 29 日。呂訴上，〈光復後的臺灣劇運－臺灣省行政長官公署時期〉，頁 75。

54　好來樂團幕後的老闆是日軍報道部長（新聞部長）大久保上校。呂訴上，〈光復後的臺灣劇運－臺灣省行政長官公署時期〉，頁 75。石井光次郎曾任臺灣總督府秘書課長等職，返回日本後曾擔任眾議院議長與副總理等重要職務。〈石井光次郎〉，「維基百科」https://ja.wikipedia.org/wiki/%E7%9F%B3%E4%BA%95%E5%85%89%E6%AC%A1%E9%83%8E，擷取日期：2022 年 5月 2 日。

合資籌組「臺灣藝術劇社」，接收好來樂團的成員。[55] 再募集聲樂科與演劇科各數十人，更擴大招收女子舞蹈成員二百人，阿部正雄、鮫島百合與立花薰擔任舞蹈教師。[56] 臺灣藝術劇社對臺灣文化藝術的未來充滿光明的想像，以中日文雙語刊登廣告，熱情招聘新人。[57]

> 臺灣光復後，已經萌芽了的新鄉土文化，正在欣欣向榮，期待於我們的灌溉，純情的青年男女們，都富有獻身新文化建設的使命。志同道合的青年男女朋友們：我們希望你們能夠參加來共同耕耘新文化園地，佇迎燦爛的收穫。

臺灣藝術劇社七十幾位男女演員參與演出，以芭蕾舞做為序幕開場，隨後演出不同國家所具有代表性的舞蹈、音樂、故事組成的大歌舞劇《新世界採訪記》，共有中國〈天女散花〉、泰國〈甘美朗〉、印度〈佛陀的苦心〉、法國〈白鳥之死〉、義大利〈我的太陽〉、西班牙〈卡門〉與美國〈亞歷山大〉等七個小品組成。這種將充滿地方色彩的民族舞蹈加以藝術化的舞臺表演，與東寶舞踊隊1939年之後以歌舞劇《琉球 Revue》為開端所展開的作品風格非常接近。[58] 演出喜歌劇《鞋店的戀愛》，劉金寶、王弘器獨唱表演〈夜

55　吳俊輝訪問，〈辛奇訪談錄—歷史‧自我‧戲劇‧電影〉，頁112。1947年二二八事件時，官方指控張武曲藉由經營臺灣戲院，組織「民主聯盟」，且被推選為「臺灣省自治青年同盟」會長，維持地方治安，遭當局列為「事變三十首犯」之一，張武曲逃亡後通緝到案後未被入罪，但積憂成疾一病不起。陳登財是臺南人，曾前往滿洲國就讀建國大學，回臺任職皇民奉公會，曾營臺灣戲而結識許多文化界人士，戰後經營歌舞劇團巡迴全臺演出，二二八事件發生時，與蔣渭水之子蔣時欽組「臺灣省自治青年同盟」遭通緝，逃亡時隨劇團移動各地，化名「陳學遠」。張炎憲主編，《二二八事件辭典》（新北：國史館；臺北：二二八基金會，2008），頁346、434-435。《二二八事件辭典別冊》（新北：國史館；臺北：二二八基金會，2008），頁246、356。

56　臺灣藝術劇社徵選的成員不限男女，也不限臺灣人或日本人，舞者年齡限16-20歲，國民學校畢業以上。《臺灣新生報》，1945年11月7日，第1版。吳俊輝訪問，〈辛奇訪談錄—歷史‧自我‧戲劇‧電影〉，頁112。

57　《臺灣新生報》，1945年11月21日，第1版。

58　東寶1939年起，演出具有地方特色的《琉球 Revue》、《八重山群島》、《台灣》、《日向》、《雪國》等作品。垂水千惠著，劉娟譯，《奮鬥的心靈：呂赫若與他的時代》，頁227。

來香〉等曲子及民謠演唱，還有由行政長官公署宣傳委員會供應劇本的「國語劇」《出發》。[59] 混合了日本時代熟悉的表演形式，有舞劇也有獨唱喜劇，演出中加入了中國的歌曲與官方指定以國語演出的劇目，聲樂家使用還不熟悉的語言，或許可以運用旋律與語言的音節，將演唱的歌曲做一番詮釋，然而演員們必須以「國語」演出的「話劇」，對於可能才剛接觸中文的演員，應該不是很能夠勝任需要生動語言的表演。

之後臺灣藝術劇社配合第七十軍政治部主辦的慶祝元旦的公演活動，在改名後的「中山堂」連續兩天演出歌舞劇《迎春譜》。這是分成三段的演出，包含了音樂、舞蹈和喜劇，第一段新編加入中國的元素，以廣東曲選〈恭賀新喜〉、〈娛樂昇平〉、〈漢宮秋月〉、〈桃花鄉〉、〈雨打芭蕉〉、〈小桃紅〉、〈連環扣〉等七首曲子組成的節慶舞曲劇，第二段為芭蕾舞《圓舞曲的季節》，第三段演出歌舞劇《美麗的夏威夷》，又名《美麗的布哇島》，是以 Mr. Dear Hawaii〈懷かしのパリイ〉、Malihini Merry〈マリヒ・メリー〉、Reverie Hawaii〈ハワイ戀しや〉、Love Hawaii〈ハワイの夢〉、Blue Hawaii〈蒼空のハワイ〉、Aloha OE〈アラハ・オエ〉等六段夏威夷民歌與短劇組成的歌舞表演。[60]

這樣的演出劇目仍然是在原本的「日本式」的表演形式前面，加入了「中國式」曲子的節目，也許這樣的演出內容對於觀眾缺乏進戲院花錢消費看表演的吸引力，根據呂訴上的觀察，臺灣藝術劇社這兩回公演的演員大部分是日本人，觀眾則是日人佔十分之六，臺灣人只有十分之三，外省人十分之一，由於日本人面臨必須遣返

59　呂訴上，〈光復後的臺灣劇運─臺灣省行政長官公署時期〉，頁 75。《臺灣新生報》，1945 年 12 月 6 日、8-9 日，第 4 版，10-14 日，第 1 版。

60　呂訴上，〈光復後的臺灣劇運─臺灣省行政長官公署時期〉，頁 76。《臺灣新生報》，1946 年 1 月 2 日，第 4 版。《美麗的夏威夷》演出劇目見《臺灣新生報》，1946 年 2 月 3 日，第 4 版。

的狀況，票房收入並不理想。[61] 且當時臺灣社會因爆發米糧不足的問題，物價飆漲。[62] 臺灣藝術劇社遇到困難，無法維持營運，必須調整公司的組織架構與演出內容，增加觀眾進戲院花錢消費看表演的吸引力，投資經營的臺灣戲院在這次的演出之後，在其直營的藝術劇社底下，改組新設了一個「G.G.S. 跳舞團」，臺灣戲院安排 G.G.S. 跳舞團於每天晚上八點半，在原本最後一場電影的放映時段演出「G.G.S. ナイトシヨウ（夜總會）」，表演的內容有音樂、舞蹈與輕喜劇。關於「G.G.S.」的名稱眾說紛紜，有一說是 "Girls Great Show" 的簡稱，另有一說是辛奇生前曾說過，G.G.S. 是「藝劇社」臺語發音的縮寫，而根據 G.G.S. 跳舞團刊登的 1946 年 12 月在 2 日起在臺南延平戲院演出廣告，則是寫著「G.G.S. 跳舞劇團 GREAT GRAND SHOW」。[63] 最初提議接手好來樂團，合資籌組歌舞團的辛奇，則在 G.G.S. 跳舞團組成之後離開了臺灣藝術劇社。[64] 而臺灣藝術劇社在完成內部的組織人員調整改變之後，以 G.G.S. 跳舞團為主體，重新出發。

G.G.S. 跳舞團的成員幾乎都是臺灣人，人數眾多，分成白鳥組、蜜蜂組與蝴蝶組，1946 年 8 月 8 日有一則「G.G.S. 跳舞團舞踊教室」的招生廣告，以年齡為分組的依據，招收 30 名 16 歲至 18 歲的蜜蜂組成員與 15 名 19 歲至 21 歲的白鳥組成員。[65] 這樣的

61　呂訴上，〈光復後的臺灣劇運—臺灣省行政長官公署時期〉，頁 76。

62　《臺灣新生報》社論〈再談米的問題〉認為目前最嚴重的問題，便是米的問題。《臺灣新生報》，1946 年 1 月 4 日，第 2 版。

63　辛奇生前曾告訴邱坤良「G.G.S.」的名稱就是「藝劇社」的臺語拼音的縮寫，「藝劇社」的臺語羅馬字為「ɡē-kiòk-siā」，(*ɡē-kiòk-siā 的 ò 是台語的第八聲，上面是一豎，不是一橫，教育部有台語輸入法字型) 但發音因為 G、K 音的相近，誤用的拼寫法也是有可能的。邱坤良，〈華麗登場，悄然落幕—紀念白明華和她的年代〉，https://www.storm.mg/lifestyle/141369，擷取日期：2022 年 2 月 8 日。《中華日報》，1946 年 12 月 2 日，第 3 版與 1946 年 12 月 4 日，第 3 版。

64　辛奇轉而投身參與劇作家簡國賢創作的劇本《壁》於六月演出的籌備工作，擔任舞臺監督負責管理與執行製作事宜，並兼任演員與布景設計。吳俊輝訪問，〈辛奇訪談錄—歷史・自我・戲劇・電影〉，頁 112。

65　《臺灣新生報》，1946 年 8 月 8 日，第 1 版。

分組既可以輪流表演，有大型節目的時候，也會由七十幾個表演者併組聯合演出。[66] 臺灣藝術劇社運用靈活的管理方式管理 G.G.S. 跳舞團，以富有彈性的策略多方合作尋找活路，在《臺灣新生報》刊登的廣告有提供折價券，讓讀者可以使用優惠去臺灣戲院看「G.G.S. 夜總會」的表演。這個夜間演出，每天的節目會調整變換，從 1946 年 1 月 11 日開始，一直持續到 3 月初，每場大約一個小時。[67] 除了在臺灣戲院的定點演出，農曆新年期間，臺灣藝術劇社與《臺灣新生報》合作舉辦「本報愛讀者特別優待遊藝大會」，由於《臺灣新生報》隸屬臺灣省行政長官公署宣傳委員會，是屬於官方經營的報社，透過這樣的異業合作，才剛成立不久的「G.G.S. 跳舞團」，很快獲得機會在中山堂進行連演四天、每天日夜兩場，演出元旦期間「臺灣藝術劇社」曾經表演過的歌舞劇《迎春譜》，報紙的宣傳廣告上以日文寫著，「年輕人的律動」、「在心裡時常唱歌，在心裡時常跳舞」、「接著明亮的希望必定會來」。[68]

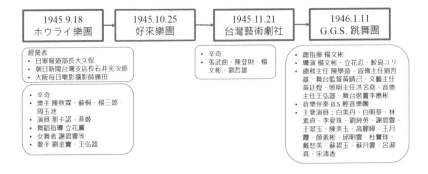

圖 6-1　G.G.S. 跳舞團的沿革

66　廣告以「台灣藝術劇社第 2 回公演」為標題，作為宣傳，詳列出 G.G.S. 跳舞團職員表（圖 6-1）。其中的「杜（Tōo）寶珠」，筆者研判或許是「鄭（Tēnn）寶珠」。《臺灣新生報》，1946 年 2 月 5 日，第 4 版。

67　《臺灣新生報》廣告。之後也有在大世界戲院推出夜間表演。

68　這是一段很長的廣告詞，但資料的印刷模糊，只能以能辨識的部分略譯，感謝政大台史所學妹李翊媗協助。《臺灣新生報》，1946 年 2 月 3 日，第 4 版。

　　1946 年 3 月，行政長官公署訓令各縣市政府，劇本毋庸再事審查，禁止對於言論自由的檢閱。[69] 但儘管規定不用檢閱劇本，8 月時「臺灣省劇團管理規則」訂定之後，包括歌舞團等所有劇團，都必須申請「成立登記」及「上演登記」，申請上演登記時，表上必須記載劇本名稱與著者姓名和著作時間，經核發登記證之後，才准演出。[70] G.G.S. 跳舞團 1946 年 8 月初第 11 回公演時，推出創作劇本「豪華舞曲劇」《幸福的玫瑰》，緊接著在 8 月下旬，再推出李坤炎以「雅玖・雷孫」為筆名創作的滑稽歌劇《王先生老青春》。[71]

　　在公署登記上演劇本的 52 齣戲中，G.G.S. 跳舞團就登記了 9 本創作劇本，上述兩本劇本登記的「作者」黃廷煌為 G.G.S. 的文藝主任，另外還有舞曲劇《桃色的絹片》、《美人島綺譚》與家庭喜劇《家寶的鏡》也是以他的名義登記。以「臺灣藝術劇社 G.G.S. 跳舞團」總經理楊文彬的名字登記的有愛情歌舞劇「青春三部曲」之一的《青春 ALBUM》、臺語偵探舞曲輕歌劇（オペレッタ）《覆面鬼 X38 號》、臺語滑稽創作笑劇（オリジナルプレイ）《結婚「見習簿」》，以及一齣臺語趣味獨創劇《女心》。這些劇本有幾本有註明是臺語劇本，其他則未標註，其中《覆面鬼 X38 號》登記時被發還修正，《女心》被禁演。[72]

　　劇本的上演登記，意味著戲劇內容仍舊受到審查。G.G.S. 跳舞團一直持續演出，從 1946 年創團到二二八事件發生，G.G.S. 跳

69　〈臺灣省行政長官公署訓令：劇本毋庸再事審查〉，《臺灣省行政長官公署公報》，35 年春字第 20 期，1946 年 3 月 29 日，頁 353。收入薛化元、楊秀菁、林果顯主編，《戰後臺灣民主運動史料，九，自由言論（一）》（新北：國史館，2004），頁 91-92。

70　〈臺灣省行政長官公署令：制訂臺灣省劇團管理規則〉，《臺灣省行政長官公署公報》，35 年秋字第 46 期，1946 年 8 月 22 日，頁 724-725。收入薛化元、楊秀菁、林果顯主編，《戰後臺灣民主運動史料，九，自由言論（一）》，頁 97-103。

71　《臺灣新生報》，1946 年 11 月 1 日，第 1 版。廣告內容註明：歌劇界老手李坤炎先生（雷孫）。

72　在行政長官公署登記的劇本共有 53 筆，G.G.S 跳舞團登記時被發還修正的《覆面鬼 X38 號》，以「《覆面鬼 X38 號》上集」重新登記。《結婚「見習簿」》改名《結婚演習》。呂訴上，〈光復後的臺灣劇運—臺灣省行政長官公署時期〉，頁 84。

舞團曾募集藝員，限定未婚女性，供應三餐，月薪六百元，若是有「素養」者會給予特別優待。[73] 也募集女歌手，希望徵求「有教養、未婚女性」加入。[74] 一直到臺灣行政長官公署改組為臺灣省政府前，《臺灣新生報》上 G.G.S. 跳舞團的廣告就有超過一百則，這並不代表演出的實際次數，只是刊登在《臺灣新生報》裡以臺北市的戲院為主的演出廣告。辛奇曾經評論，G.G.S. 跳舞團在中南部公演的成績出色，稱讚這個劇團在臺灣風行一時，得到各界好評[75]。1946 年 10 月，G.G.S. 跳舞團網羅之前大紅花少女歌劇團的香村亮蘭與香村千鶴子夫婦，加入 G.G.S. 跳舞團擔任舞蹈老師。[76] 另外也聘請新劇演員陳金寶、李坤炎，加上白鳥生與二十多個少女舞者，經過訓練，參加「《臺灣新生報》創刊週年優待讀者遊藝大會」，場場滿座創下紀錄。[77]1946 年 12 月臺南新化地震，G.G.S. 在廣告中報平安，並預告將返回北部演出，他們強化了演出陣容，劇團擴充了「舞星 4 名、タップ星（踢踏舞者）2 名、歌星 5 名、珍優（丑角）3 名、ダンシングチーム（舞群）14 名、G.G.S. 輕音樂團 7 名」。[78]

在鄭寶珠的回憶中，當時 G.G.S. 歌舞團裡的歌手只有他一個人而已，劇團有聘請老師任教，除了唱歌，還要學跳舞，之後才能站上舞臺表演，而且 G.G.S. 歌舞團的團員出去巡迴都是住旅館，待遇很好，「不是脫衣舞的那種演出」。[79] 但卻有一位臺南的觀眾看完表

73　《臺灣新生報》，1946 年 11 月 1 日，第 1 版。

74　《臺灣新生報》，1947 年 1 月 21 日，第 1 版。

75　吳俊輝訪問，〈辛奇訪談錄—歷史·自我·戲劇·電影〉，頁 112。

76　1946 年 10 月，香村夫婦在大紅花少女歌劇團解散之後，曾短暫參加樂劇新臺灣歌舞團的舞蹈演出，樂劇新臺灣在南部巡迴後解散。呂訴上，〈光復後的臺灣劇運—臺灣省行政長官公署時期〉，頁 84。

77　《臺灣新生報》，1946 年 10 月 16 日 -19 日，第 1 版。呂訴上，〈光復後的臺灣劇運—臺灣省行政長官公署時期〉，頁 84-85。

78　《臺灣新生報》，1946 年 12 月 22 日，第 1 版。

79　臺灣歷史博物館黃裕元等訪談，〈鄭寶珠訪談：二戰前後的歌舞團〉，2021 年 1 月 27 日。

演之後，寫了劇評投書於《中華日報》，這是一篇非常難得的劇評，在本文主要使用戰後初期的史料《臺灣新報》與《臺灣新生報》中，並沒有看到歌舞團的影像紀錄或者演出內容的敘述報導，不像日本時代的《臺灣日日新報》，可以找到很多當時少女歌劇演出相關的照片與報導。透過《中華日報》上的這篇劇評，可以從其中的意見，得到對 G.G.S. 演出更多的想像。文章中認為「藝術的表現務須嚴肅」，鮮明的描寫 G.G.S. 跳舞團的演員在舞臺上「醜態百出」，接吻、摸乳、掀裙子偷看、摸屁股、伸舌頭、縮脖子、跪在地上匍匐前進，「引得全場觀眾捧腹大笑不已」，而這種「輕挑、打情罵俏的舞劇」，是侮辱了藝術，應該嚴禁。[80]

這位作者楊斯應該是一位懂得技術劇場的觀眾，他認為 G.G.S. 跳舞團把四支聚光燈都放置舞臺外的樓上左右照射，以致於舞臺上完全沒有頂光和腳光，演出的燈光的處理並不調和，造成了觀劇時的干擾，「人影的晃動，使觀目目眩，光色的暗淡，使人沈睡。」而演員的舞臺化妝尚可差強人意。當時被認為是最精彩的節目《幸福的玫瑰》，是最糟糕的，「很難分別它是是唱歌呢，跳舞呢，還是戲劇呢，我只能說它是個混血體，亦歌亦舞，亦做戲，間雜交錯。」也覺得歌舞小品集《亂舞歌曲》，既不具中國的宮廷歌舞「緩歌漫舞凝絲竹」的雅趣，也沒有西洋歌舞的雄渾動人的旋律和情調，也不像馬戲班那樣有驚人的絕技，是個的「雜耍」，看不出有什麼藝術的價值，也無法掌握觀眾的心靈予以教育。然而從如此「亦歌亦舞，亦做戲」、「不古不今不中不西」嚴厲的批評來思考，G.G.S. 跳舞團除了混合了歌、舞、劇三種表演的特殊性，也反映出當時必須在演出中顧及並且加入「中國」元素的微妙情況。

80　本段及以下的引述與對於劇評的相關討論，皆出自楊斯，〈藝術的表現務須嚴肅—評 G.G.S. 跳舞劇團的演出〉，《中華日報》，1946 年 12 月 6 日，第 4 版。

這篇從「社會教育」的角度來看表演的〈藝術的表現務須嚴肅—評 G.G.S. 跳舞劇團的演出〉，儘管認為「藝術就是人類生活的反映」，卻將 G.G.S. 跳舞劇團反映生活百態、深受喜愛的大眾娛樂視為低俗，以 G.G.S. 跳舞團的表演是「為了迎合『小市民』的低級趣味」，污名化臺灣人對於藝術欣賞的品味。1947 年 1 月 21 日，G.G.S. 跳舞團雖然還在鹿港演出，特別在報紙上發布「G.G.S. 消息」，G.G.S. 跳舞團以「受到大眾的大支持，豎立全臺紀錄」的驕傲與自信，回應當時的議論紛紛，「對愛指教的知識份子怎樣應達？」、「對愛顧的市民大眾怎樣報酬？」、「對自己的藝術本領怎樣顯現？」表示大家看到在 2 月中旬即將在臺北首演的第 14 回演出，就能明白！[81]

附表二是將《臺灣新生報》上 G.G.S. 跳舞團廣告中演出的時間、場地與劇目再做整理，可以看到 1946 年 1 月開始，G.G.S. 跳舞團剛成立的前三個月，演出的內容是「日本式」的節目，再加上「中國式」的音樂所編的舞作，之後於 1946 年 7 月臺灣藝術劇社連續三天刊登廣告，預告要大家期待 G.G.S. 跳舞團再度演出，從 8 月起，G.G.S. 開始以劇團新編的劇目表演，並展開全臺的巡迴演出，儘管巡迴演出的節目內容沒有刊登在報刊上面，所以演出內容有幾個月的空白，但正如演出地點所顯示的，G.G.S. 跳舞團在這段時間裡面依然持續的在各地進行表演。

除了 G.G.S. 跳舞團，還有許多人也組織歌舞團。「華麗樂舞團」於 1946 年 10 月 1 日開始營運，主要的招牌明星是過去在日本歌謠界「元東寶專屬歌手」許石，還聘請上海歌星俞萍，演唱「最新上海流行小曲」，也網羅各舞廳輕音樂界之名手登臺，楊三郎是「指揮兼小吹界的霸王 S 楊」，還有「上海手風琴名手趙郁桐」，加

81　《臺灣新生報》，1947 年 1 月 21 日，第 1 版。

上踢踏舞黃燕王與跳舞的高菲菲，混合成「ダンスとミュージックのカクテル（舞蹈與音樂的調酒）」，希望以音樂、跳舞、歌唱、戲劇最豪華的陣容，「最健全的娛樂提供軍民，貢獻藝界的發展」。[82] 對於華麗樂舞團的出資者李榮州來說，這樣的歌舞演出所預設的觀眾，不僅僅是臺灣本地的人，更大的目標客群是戰後湧入的中國人，尤其是提供給軍人與官員的休閒娛樂。

而新劇演員陳金寶（陳小犬）、李坤炎短暫參加 G.G.S. 跳舞團之後，與楊三郎和舞者謝碧雲的父親謝三其合組「梅花樂舞劇團」，在《臺灣新生報》上以大篇幅附圖刊登廣告：一位被五線譜圍著呈舞姿的表演者，著內衣式上衣，長舞裙，露出長腿，後面還有樂團演奏。1946 年 10 月 21 日華麗樂舞團最後一次演出之後，11 月 8 日梅花樂舞劇團「突然無警告的出現！」舉行首次的發表會，演出歐明中創作的偵探歌舞喜劇《疑成怪》，及李坤炎編劇的新式歌舞劇《新西遊記》。梅花樂舞劇團同樣也是以「音樂、歌唱、歌劇、喜劇最豪華的總出動、大競演」為宣傳，號稱是一次製作費用數萬元的偉大作品，是藝術界「本格的（正統的）歌舞劇」。其實在梅花樂舞劇團的演出人員裡，可以發現和參與華麗樂舞團的人多所重複，其中楊三郎擔任編曲並指揮梅花管絃樂團伴奏，許石與「省都新進歌手」偕紅梅擔任演唱，加上曾朝東跳舞與擅長搞笑劇的陳金寶，還有「上海手風琴名手趙郁桐」與「上海天才舞女高菲菲」。[83] 可能是因為劇團經營者改換造成劇團改組更名，然而加入中國來的演出者，應該是時勢所趨的選擇。

這些表演藝術家以各自的專長，進進出出參與不同的歌舞團演出，戰後初期臺灣的表演藝術環境，確實如呂訴上說的，這不到兩

82　華麗樂舞團出資者李榮州刊登啟事，《臺灣新生報》，1946 年 10 月 3 日，第 4 版。

83　《臺灣新生報》，1946 年 11 月 8 日，第 1 版。

年的時間，曾經是臺灣劇人最活躍的一段時期。

四、結語

　　戰後初期當時的臺灣人運用日本時代原本已經有的歌舞團經驗，以他們熟悉的表演方式，很快的重新組團進行演出，集合歌唱音樂舞蹈戲劇不同專長的藝術家，歌舞團裡面的成員主要是女性，但其中的教師、編劇、樂師或演員等，還是有男性參與，沒有限制。這些從事表演藝術工作的人，懷抱著夢想，然而，在當時的政治社會環境下，很多人面臨了要如何堅持創作與演出的抉擇。林摶秋因為看到《壁》的禁演與自己的劇本《海南島》審查沒過，萌生「戲是做不下去了」的體悟。[84] 在楊三郎的回憶裡，1947 年初夏，他把家眷留在臺北，到廈門的舞廳當樂師，因情勢惡化才經由香港回到臺灣，組了樂隊加入中央廣播電臺，才有了安定感。[85] 辛奇回想起這一段對於戲劇懷抱著理想的時空，仍感覺浪漫，卻也不得不在二二八發生之後到廈門避禍。[86] 在鄭寶珠的記憶中，二二八事件發生時，死了很多人，那時，鄭寶珠跟著歌舞團正在苗栗演出，劇團頭家叫他們不要出去，他的丈夫陳秋霖怕太太危險，到旅館找他，說外面到處在燒東西，幸好劇團當時住在旅館裡，才能平安無事。[87]

　　時局不好，社會狀況不穩定，經營歌舞團這種大眾商業劇場，許多劇團經過不斷改組，也有些在短暫演出之後，不久就消失，能夠像 G.G.S. 跳舞團這樣子長期經營，靈活運用管理，創作劇本且持

84　呂訴上，〈光復後的臺灣劇運—臺灣省行政長官公署時期〉，頁 84。石婉舜，《林摶秋》，頁 127。

85　楊三郎手稿，〈回憶錄〉、〈絡歷表〉，新北市立圖書館館藏。

86　吳俊輝訪問，〈辛奇訪談錄—歷史・自我・戲劇・電影〉，頁 114。

87　臺灣歷史博物館黃裕元等訪談，〈鄭寶珠訪談：二戰前後的歌舞團〉，2021 年 1 月 27 日。

續的演出,是很不容易的事。對於 G.G.S. 跳舞團演出發表劇評的楊斯在文章的開頭便說,「G.G.S. 跳舞團被譽為是臺灣唯一的組織最龐大、藝術最超群的歌舞團,擁有優秀的女藝員四十餘人,陣容甚盛,曾在臺北、臺中、嘉義各地演出,深得觀眾歡迎,所以場場『銘謝客滿』。」[88] 儘管如 1947 年 4 月 12 日楊基振在日記寫下,去新世界戲院看 G.G.S. 跳舞團,這是他第一次看臺灣歌舞團的演出,覺得還不成氣候。[89] 但那已經是經歷了二二八事件與三月的屠殺之後,G.G.S. 跳舞團還堅持著繼續完成五個多月來,在全臺灣三十幾個地方的巡迴演出,最後回到臺北的表演,楊三郎和他的樂團也有加入擔任伴奏。而那時的「レヴユー」,有了中文翻譯「麗美優劇」,G.G.S. 跳舞團也成了當時全臺灣僅存唯一的「麗美優劇團」。[90]

歷經戰亂,觀賞歌舞團演出的民眾也許是希望藉由視覺、聽覺等感官的刺激,忘卻現實,稍微紓緩放鬆在保守高壓的年代裡所面臨的困境;而對投身表演藝術者而言,受限於日益增強的政治社會環境壓力下,仍然堅持繼續演出,也許也是另一種展現對於規制的抵抗,透過歌舞團表演的娛樂性與一般大眾保有互動與對話,以保全自主的創作性的方法。

88　楊斯,〈藝術的表現務須嚴肅—評 G.G.S. 跳舞劇團的演出〉,《中華日報》1946 年 12 月 6 日,第 4 版。

89　〈楊基振日記〉,1947 年 4 月 12 日,「臺灣日記知識庫」,https://taco.ith.sinica.edu.tw/tdk/%E6%A5%8A%E5%9F%BA%E6%8C%AF%E6%97%A5%E8%A8%98/1947-04-12,擷取日期:2022 年 2 月 9 日。

90　《臺灣新生報》,1947 年 4 月 2 日 -20 日,第 4 版。

附表一：1945/8/15～1947/5/15《臺灣新報》與《臺灣新生報》歌舞廣告 [91]

演出團體	演出地點	首、末次廣告日期	廣告次數			演出作品與表演內容	附註
			1945	1946	1947		
池野演藝團	第一劇場、臺灣劇場	1945/8/21 1945/8/29	7			曲藝、舞蹈、歌唱與其他	
樂劇オール台灣	第一劇場、大世界館、南部巡演	1945/9/15 1945/11/16	15			歌唱、舞蹈、爵士樂、戲劇	男女優四十餘名演出
ホウライ樂團	大世界館	1945/9/18 1945/9/30	8			爵士樂、歌唱與舞蹈	
好來樂團	大世界館、第一劇場	1945/10/25 1945/11/2	9			歌唱、舞蹈、喜歌劇	
臺灣藝術劇社	公會堂（中山堂）、永樂座	1945/11/7 1946/2/3	15	3		大歌舞劇《新世界探訪記》、喜歌劇《鞋店的戀愛》、國語劇《出發》、獨唱、芭蕾舞、舞蹈、民謠	男女七十餘名演出
羽衣樂劇團	公會堂	1945/11/12	1			名人競演會、舞蹈、劍舞、天才少女、爆笑魔術	
大紅花少女歌舞團	大世界館、第一劇場、臺南宮古座	1945/11/15 1945/12/21	13			大歌舞劇《華麗島花物語》、輕歌劇《鄉愁》、歌唱、舞蹈、音樂、音劇	女子五十餘名演出
ショオ・ファスト	公會堂	1945/12/3 1945/12/5	3			喜劇《笑ひの王手箱》、歌唱、舞蹈、音樂	
臺灣名流會	公會堂（中山堂）	1945/12/11 1946/2/17	7	1		歌唱、合唱、輕音樂、漫才（對口相聲）、梆笛、電影	

91 許多廣告並沒有確切表明是歌舞劇團的演出，表內演出團體主要以廣告中有出現「歌唱」與「舞蹈」的團體為主。其餘如「笑ひ天國漫才大會」、「柴田睦陸陸雄臺告別獨唱會」、「臺中つばみ會」、「新人紹介歌謠祭」等，或是以慈善基金募集的演出如「在日臺灣同胞救濟義金募集」、「本省出身軍人軍屬遭家族慰問金募集樂祭」、「大流球」、「重山民謠發表會」等，或是「京音宣人園」、「閩班新國風」、「臺北大橋調查雲社」、「臺北紅玉歌班」、「臺灣劇團平宣隊」等舊劇型態的演出，或如「制作室」、「臺灣新人話劇社」、「臺灣劇研究會」、「新中國劇社」、「實驗小劇團」、「陸軍第七十部隊宣隊」等以新（話）劇形式的演出，或如臺灣畫報社舉辦的電影座談大會等這種性質的演出則不列入表內。

演出團體	演出地點	首、末次廣告日期	廣告次數			演出作品與表演內容	附註
			1945	1946	1947		
新生爆笑團	公會堂（中山堂）	1945/12/16 1946/1/14	5	3		歌唱、舞踏、音樂、漫才、魔術、人形義太夫、歌舞伎	1946/1/12團名「笑ノ天國中村駒才斯駒一座新生爆笑團」
G.G.S.跳舞團	臺北、基隆及中南部戲院巡迴演出	1946/1/11 1947/4/20		99	14	大歌舞劇、舞踏、輕音劇、輕音樂、獨唱、踢踏舞、創作笑劇、歌舞小品集、短劇	詳見附表二
樂劇シン（SHIN、新）台灣	大世界戲院	1946/2/12 1946/2/14		3		歌唱、舞踏、輕音劇、歌舞劇、踢踏舞、手風琴、舞群	
S.B.S.	新世界戲院	1946/2/14 1946/2/24		7		歌唱、舞踏、輕音樂、漫才、笑劇	S.B.S. ナイトショウ（夜總會）
土林花美女群	第一劇場	1946/2/19		1		歌唱、舞踏	
樂劇上海	國際戲院	1946/3/6 1946/3/9		4		歌唱、舞踏劇、連鎖劇、電影	三十餘名演出
蝴蝶演藝團	中山堂	1946/9/24 1946/9/27		4		喜劇、音樂、獨唱、跳舞、曲藝	
華麗樂舞團	臺灣戲院、大光明戲院、基隆大華戲院	1946/9/30 1946/10/21		20		歌唱、舞踏、輕音樂、手風琴、踢踏舞	楊三郎指揮兼小號，許石演出
梅花樂舞劇團	美都麗戲院、大光明戲院、基隆大華戲院	1946/11/8 1946/11/21		11		音樂、歌唱、歌劇、笑劇、舞蹈 新式歌舞劇《新西遊記》、笑科歌舞劇《疑成怪》	楊三郎編曲、指揮、小號，許石演唱
愛國歌舞劇團	臺灣戲院、大光明戲院	1947/2/16 1947/2/21			6	愛國戲《抵抗日軍領台史》、歌舞	原住民男女四十餘人演出
話劇鐘聲劇團	臺灣戲院	1947/3/20 1947/3/26			7	樂舞隊、音樂、歌唱、豔麗美女群總出演	
總　計			83	156	27		

附表二：《臺灣新生報》G.G.S. 跳舞團的演出廣告

年	月	演出地點	演出內容
1946 年	1 月	臺灣戲院	G.G.S. ナイトショウ（夜總會），白鳥組演出，演出時間約一小時，票價 2 元。舞蹈、輕音樂。
	2 月	中山堂	《臺灣新生報》讀者特別優待遊藝大會，票價 5 元，優待券 3 元。 • 序曲〈恭賀新禧〉：B.S. 輕音樂團 • 《迎春譜》(6 景)：輕歌劇（オペレッタ）、芭蕾（Ballet） 　1. 娛樂昇平 2. 漢宮秋月 3. 桃花鄉 4. 雨打芭蕉 5. 小桃紅 6. 連環扣 • 《美麗的布哇島》(6 景)：大型歌舞劇（Grand Review，グランド・レヴュー）、白鳥組蜜蜂組共演 　1. 懷 か し の バ リ イ（Mr Dear Hawaii）2. マリヒ・メリー（Malihini Merry）3. ハワイ戀しや（Reverie Hawaii）4. ハ ワ イ の 夢（Love Hawaii）5. 蒼 空 の ハ ワ イ（Blue Hawaii）6. ア ラ ハ・オ エ（Aloha OE） • 《小品集》：1〈伊太利の庭〉2〈蘇州の夜〉3〈小ロロ〉4〈ロロ花ロ〉5〈ジプシーの嘆き〉：白明華獨舞 • 獨唱：王弘器（男中音）、牧まり子 1.〈ミネトンカの湖畔〉2.〈ロ・ロロロ〉 • 《乾杯之歌（乾盃の唄）》：全團演出
		臺灣戲院	G.G.S. ナイトショウ（夜總會），白鳥組、蜜蜂組、蝴蝶組輪流主演，DTY 新樂團、獨唱、輕喜劇、輕音樂與舞蹈。票價 3 元，優待券 2 元。 《臺灣新生報》讀者特別優待遊藝大會 • 《迎春譜》：白鳥組、蜜蜂組共演。 • 《小品集》 • 《美麗的布哇島》：白鳥組、蜜蜂組共演。
	3 月	臺灣戲院	優待券 4 元。 • 舞蹈小品集《想ひ出の G.G.S. ナイトショウ（回憶裡的 G.G.S. 夜總會）》：白鳥組、蜜蜂組、蝴蝶組總出演 • 《西の彼方まで（向西行去）》：舞蹈喜劇

年	月	演出地點	演出內容
1946 年	8 月	大光明戲院	• 《乘律歌聲》 • 《王先生老青春》：雅玖・雷孫編劇 • 舞曲劇《桃色的絹片》 • 舞曲劇《幸福的玫瑰》 • 特別小品集《亂舞歌曲》（12 場）
		芳明戲院	• 《亂舞歌曲》 • 《幸福的玫瑰》
		美都麗戲院	• 《亂舞歌曲》 • 《幸福的玫瑰》 • 《王先生老青春》 • 《桃色的絹片》 • 小品集《乘律歌聲》（12 場） • 踢踏舞（タップ）競演會：張春松
	9 月	基隆大華戲院	• 《王先生老青春》：雅玖・雷孫編劇 • 《桃色的絹片》
	10 月	大世界戲院	G.G.S. ナイトショウ，演出時間約一小時，票價 15 元。 • 小品集《乘律歌聲》 • 《圓舞曲的時季》 • 《亂舞歌曲》
1946 年	10 月	中山堂	《臺灣新生報》創刊週年紀念讀者優待遊藝大會，票價 30 元，讀者優待票 15 元 • 舞曲劇《美人島綺譚》：明朗冒險爆笑鉅篇！製作費用數萬元 • 小品集《圓舞曲的時季》（12 場） • 喜歌劇〈鏡〉 • 踢踏舞（タップ、TAP）：張春松 • 戲串戲〈八十八扯〉：在電影放映中插演，音樂、演藝、大笑科
	10 月	新竹新竹戲院、桃園戲院、豐原新新戲院、台中、彰化和樂戲院、員林青年戲院	
	12 月	新營第一劇場、虎尾、高雄、旗山青年戲院、岡山岡山戲院、屏東戲院、鳳山戲院	

年	月	演出地點	演出內容
1947 年	1 月	台中、鹿港興南戲院	• 創作笑劇（オリジナルプレイ）《結婚見習簿》 • 掌片歌舞集（ショウ）《鄉村的馬車》（1 景） • 舞曲劇（オペレッタ）《覆面鬼 X38 號》 • 〈蓬萊島歌曲〉（12 曲）
	2 月	清水、大甲	• 歌舞短劇獨創劇《女心》（1 幕） • 小品集《艷舞春曲》（15 曲） • 舞曲劇《覆面鬼 X38 號》 • シヤロルクネームス第 1 話
	4 月	新世界戲院	• 創作歌舞笑劇《結婚見習簿（結婚演習）》 • 掌片歌舞集舞曲劇《鄉村的馬車》（1 景） • 《青春 ALBUM》（7 景） • 豪華歌舞小品集〈蓬萊島歌曲〉TEMPO TENP（TEMPO OYTEMPO）（15 曲） • 歌舞短劇《女心》 • 掌片歌舞《風景》 • 舞曲劇《覆面鬼 X38 號》 • 小品集《艷舞春曲》

參考文獻

一、史料

1. 《中華日報》（臺南）。
2. 《臺灣日日新報》（臺北）。
3. 《臺灣新報》（臺北）。
4. 《臺灣新生報》（臺北）。
5. 楊三郎手稿，〈回憶錄〉、〈絡歷表〉，新北市立圖書館館藏。

二、專書

1. 石婉舜，《林摶秋》，臺北：國立臺北藝術大學，2003。
2. 呂訴上，《臺灣電影戲劇史》，臺北：銀華出版社，1961。
3. 吳俊輝訪問，〈辛奇訪談錄 — 歷史・自我・戲劇・電影〉，《台語片時代（一）》，臺北：財團法人國家電影資料館，1994。
4. 邱坤良，《台灣劇場與文化變遷：歷史記憶與民眾觀點》，臺北：臺原出版社，1997。
5. 邱坤良，《漂浪舞台：台灣大眾劇場年代》，臺北：遠流出版社，2008。
6. 垂水千惠著，劉娟譯，《奮鬥的心靈：呂赫若與他的時代》，臺北：臺灣大學出版中心，2020。
7. 洪郁如，《近代台灣女性史：日治時期新女性的誕生》，臺北：國立臺灣大學出版中心，2017。
8. 徐亞湘，《臺灣劇史沈思》，臺北：國家出版社，2015。
9. 陳郁秀，孫芝君，《呂泉生的音樂人生》，臺北：遠流出版社，2005。
10. 張炎憲主編，《二二八事件辭典》、《二二八事件辭典別冊》，新北：國史館；臺北：二二八基金會，2008。
11. 黃英哲，《「去日本化」「再中國化」：戰後台灣文化重建》，臺北：麥田出版社，2007。
12. 黃裕元，朱英韶，《百年追想曲：歌謠大王許石與他的時代》，臺北：蔚藍文化，臺南：南市文化局，2019。
13. 黃信彰，《工運 歌聲 反殖民：盧丙丁與林氏好的年代》，臺北：臺北市文化局，2010。

14. 焦桐，《台灣戰後初期的戲劇》，臺北：臺原出版社，1991。

15. 鄭恆隆，郭麗娟，〈陳秋霖 — 單守花園一枝春大起大落的歌謠作曲家〉，《台灣歌謠臉譜》，臺北：玉山社，2002。

16. 稻葉佳子、青池憲司作，黃耀進譯，《台灣人的歌舞伎町 — 新宿，另一段日本戰後史》，臺北：凌宇有限公司，2020。

17. 薛化元、楊秀菁、林果顯主編，《戰後臺灣民主運動史料，九，自由言論（一）》，新北：國史館，2004。

三、學位論文

1. 莊曙綺，〈從報紙廣告看戰後戰後 (1945-1949) 台灣商業劇場的演劇生態〉，臺北：國立臺灣大學戲劇研究所碩士論文，2005。

2. 顏翩翩，〈爵士音樂在臺灣的受容〉，臺北：國立政治大學民族學系博士論文，2019。

四、期刊論文

1. 王白淵著，林至潔譯，〈《壁》與《羅漢赴會》貫穿兩作〉，《聯合文學》，9：6（臺北，1993），頁 45-47。

2. 臺灣演劇協會，〈謹告—藝能挺身隊紹介竝運營に就て—〉，《演劇通信》，1945：29（臺北，1945），頁 3。

3. 呂訴上，〈光復後的臺灣劇運—臺灣省行政長官公署時期〉，《臺北文物》，3：3（臺北，1954），頁 74-89。

4. 徐亞湘，〈管制下的復甦：臺灣省行政長官公署宣傳委員會的戲曲相關法規分析（1945.11~1947.3）〉，《民俗曲藝》，165（臺北，2009），頁 5-45。

5. 徐亞湘，〈省署時期臺灣戲劇史探微〉，《戲劇學刊》，21（臺北，2015），頁 73-95。

6. 許雪姬，〈台灣史上一九四五年八月十五日前後 — 日記如是說「終戰」〉，《台灣文學學報》，13（臺北，2008），頁 151-178。

7. 楊秀菁，〈戰後初期《臺灣新生報》的發展與挑戰（1945~1972）〉，《傳播研究與實踐》，6：2（臺北，2016），頁 55-85。

8. 簡秀珍，〈奇術縱橫三十年：第一代松旭齋天勝與天勝一座 * 在臺灣的演出〉，《民俗曲藝》，199（臺北，2018），頁 5-76。

五、網路資料

1. 《大辞林》，https://24zz.com/go.php?g=itunes.apple.com/tw/app/%E5%A4%A7%E8%BE%9E%E6%9E%97/id299029654?mt=8, 擷取日期：2022 年 2 月 10 日。

2. 《デジタル大辞泉》（小学館），https://dictionary.goo.ne.jp/word/%E3%83%AC%E3%83%93%E3%83%A5%E3%83%BC/#jn-235029, 擷取日期：2022 年 2 月 10 日。

3. 〈石井光次郎〉，「維基百科」，https://ja.wikipedia.org/wiki/%E7%9F%B3%E4%BA%95%E5%85%89%E6%AC%A1%E9%83%8E, 擷取日期：2022 年 5 月 2 日。

4. 《每日新聞》，https://mainichi.jp/articles/20190820/k00/00m/040/281000c, 擷取日期：2022 年 2 月 9 日。

5. 辛奇捐贈，國家電影及視聽文化中心典藏，〈聖烽演劇研究會的成立及《古都》《羅漢赴會》的演出始末〉，https://tfai.openmuseum.tw/muse/digi_object/b92305e2fcf8118ac1085cfff247fc5d#7353, 擷取日期：2022 年 9 月 29 日。

6. 邱坤良，〈華麗登場・悄然落幕 ─ 紀念白明華和她的年代〉，https://www.storm.mg/lifestyle/141369, 擷取日期：2022 年 2 月 8 日。

7. 〈「流行民俗舞」的創造者 ─ 林香芸（1926 ─ 2015）〉，「臺灣女人」，https://women.nmth.gov.tw/?p=19374, 擷取日期：2022 年 2 月 9 日。

8. 〈臺灣接管計畫綱要〉，https://twinfo.ncl.edu.tw/sgp/hypage.cgi?HYPAGE=search/merge_pdf.hpg&sysid=00000620&jid=01282227&dt=35050100&pages=92%2D100&cdno=SGP009, 擷取日期：2022 年 2 月 10 日。

9. 「臺灣日記知識庫」，https://taco.ith.sinica.edu.tw/tdk/%E9%A6%96%E9%A0%81, 擷取日期：2022 年 2 月 10 日。

10. 〈臺灣寶塚：藝霞歌舞劇團〉，「臺灣女人」，https://women.nmth.gov.tw/?p=20053, 擷取日期：2022 年 2 月 8 日。

11. 〈鄭寶珠訪談：二戰前後的歌舞團〉，「臺灣音聲 100 年」，https://audio.nmth.gov.tw/audio/zh-TW/Item/Detail/3c1db1f0-31e6-4300-aad9-047ca7e5e0bd, 擷取日期：2022 年 5 月 2 日。

12. 〈寶塚歌舞劇的魅力〉，「寶塚歌舞劇團」，http://takarazukarevue.tw/about/about3.html, 擷取日期：2022 年 2 月 9 日。

六、口述訪談資料

1. 臺灣歷史博物館黃裕元等訪談，〈鄭寶珠訪談：二戰前後的歌舞團〉錄音資料，臺北，2021 年 1 月 27 日。
2. 陳穎慧訪談，〈陳和平先生訪談〉錄音資料，新北市三重區陳和平工作室，2022 年 3 月 17 日。

07 日本「新左翼」浪潮下的「劉彩品事件」[1]

吳偉立 [2] _____

一、前言

1960 年代末期是日本學運的巔峰期。以日本「新左翼」學生為首的群眾，在校園內封鎖；在街頭上實力鬥爭，風起雲湧的開創激動的時代。

所謂日本「新左翼」（以下簡稱「新左翼」）即對以日共為主的既存左翼之反動。係自 1955 年日共放棄武裝暴力路線，轉向為議會和平路線後，左派學生認為日共「右傾化」[3] 及淪為選舉工具，而與之劃清界線，並鳴鼓攻之。[4] 故「新左翼」係以學生運動為主體，[5] 並採取更積極的武鬥激進路線。但因眾聲喧譁，各宗派組織路線分歧，有的走托派路線；有的走歐式共產主義路線；有的走毛主義路線……等。尤其在 1967 年後，呈現「五系十三派」[6] 的群雄割據局勢。[7] 雖然「新左翼」諸派各有觀點及主張，

---

1 本文係研究者正進行科技部專題研究計畫「關於『劉彩品事件』與日本『新左翼』之關係」之部分成果（計畫編號：110-2410-H-229-001-）。

2 台北海洋科技大學海空物流與行銷管理系助理教授。

3 新左翼理論全史編集委員会，《新左翼理論全史》（東京：流動出版株式会社，昭和 54 年 5 月），頁 13。

4 馬場公彥著，苑崇利、胡亮、楊清淞譯，《戰後日本人的中國觀─從日本戰敗到中日復交（下冊）》（北京：社會科學文獻出版社，2015），頁 558。

5 柄谷行人，〈戰後日本的左翼運動〉，《文化研究》，20（新竹，2015），頁 227。

6 一、日共系：民青同。二、革共同系：馬學同、革馬派、中核派、第四青年國際、第四國際中央書記局、第四國際無產軍團。三、共產同系：ML 同盟。四、社會黨系：解放派、協會派。五、構造改革系：社學戰線、共青同、民學同。

7 田村隆治編，《図解・日本左翼勢力資料集成》（東京：中外調查会，昭和 45 年 12 月），頁 99。

但在「反美、反蘇、反自民、反日共」是趨同且一致的。[8]

在 1960 年的「安保鬥爭」[9] 以失敗收場後,「新左翼」陷入沉寂,但隨著越戰升級等國際局勢動盪、歐美學運、中國文革的影響,及企圖阻止 1970 年安保條約的存續,學生們又紛而開展各項行動,例如 1967 年的「羽田鬥爭」[10] 即是「新左翼」重返舞台的重磅登場。除了原「新左翼」的學生外,以往與各宗派保持距離的學生,也因為 1968 年後各校「全學共鬥會議」(以下簡稱「全共鬥」)的興起,而大舉響應,因為「全共鬥」係以個別學校為單位,主要關心的是學生日常權利的爭取(例如實習費、宿舍管理等),而不再專注於形而上的意識形態及路線之爭。雖然如此,由於原有「新左翼」的宗派組織可參與及介入「全共鬥」,而「全共鬥」在當時氛圍下,亦帶有左派運動的色彩,故在運動的執行面上,仍是以暴力為主軸,再加上參與人數眾多,故有一發不可收拾之勢,至 1969 年 1 月,東京大學的「安田講堂事件」達致最高峰。[11]

承上,「新左翼」主張「國家權力即係暴力,故須以暴力對抗暴力」。[12] 故 1969 年後,暴力的行為逐漸升級。除了日常的校園封鎖與街頭示威外,對軍警的襲擊、炸彈的爆破,甚至亦發生劫機事件。[13] 除了形式的遞嬗外,目標及眼光亦各有不同。當前有學費調漲、校園權益等重要課題;向外有反越戰、反帝、「世界同時革命」等外向思維;向內則因 1970 年「華青鬥告發」造成「新左翼」自

8　外山恒一,《良いテロリストのための教科書》(東京:青林堂,平成 29 年 9 月),頁 79。

9　「安保鬥爭」為 1960 年反對《日美安保條約》的運動。

10　「羽田鬥爭」為「新左翼」各派系於 1967 年 10 月 8 日,為阻止時任首相佐藤榮作訪問南越,而在羽田機場與警方發生的重大衝突事件。

11　橋爪大三郎,〈紅衛兵與「全共鬥」-- 兼談 60 年代日本的新左翼〉,《二十一世紀評論》,36(香港,1996),頁 6-9。

12　張棟材,〈日本左派學生走向暴力化〉,《問題與研究》,7:9(臺北市,民國 57 年),頁 17。

13　栗原正和等,《日本の左翼と右翼》(東京:宝島社,2007),頁 86-87。

我批判反思，[14] 促成在國際主義的立場上，對華人、韓人有歧視之嫌的「入管法」鬥爭的重新省思，也進而對昔日日本戰爭責任批判等內向思考。[15]

就在此思潮激盪、百家爭鳴的 1970 年，發生了牽涉中、日、台三邊關係的「劉彩品事件」。劉彩品（以下簡稱「劉」）係一出身於台灣的女性，1956 年赴日留學，1965 年就讀東京大學（以下簡稱「東大」）博士班期間與日人結婚。雖然劉擁有中華民國國籍，但心嚮中華人民共和國，故在 1968 年護照過期後，便無辦理後續，形同放棄中華民國國籍。[16] 至 1970 年 4 月簽證到期前，赴東京入管事務所（此係入出境事務相關單位）辦理居留期間更新及永住權申請，但遭到拒絕。承辦單位指出必須要提出有效護照，而此「有效護照」則必須赴中華民國大使館辦理。此舉引發劉的不滿，陸續提出抗議及《理由書》。其內容明確表達「拒絕中華民國，並選擇中華人民共和國為自己國家」的立場，並舉數名留日學生因政治關係被遣返回台並被迫害的例子，顯示中華民國特務在日本活動的「得意」，及凸顯自身選擇的正當性。另外，更重要的是提出了「在日本的分裂國家亞洲人應有選擇政權的自由」之主張，此概念超脫狹隘的政治意識形態框架，大格局的照映出基本人權的普世價值，及當時入管體制的枷鎖。故此《理由書》發表後，即獲得各界的關注和同情，便從東大校內開始展開「劉彩品支援運動」。

此運動從校園內擴及至大眾領域，亦舉行多次聲援集會，但有關單位仍不置可否，後劉於 8 月中向中華民國大使館提出形同放棄國籍的《絕緣書》。其中痛陳國民黨政府已成為買辦階級及大官僚

14　れんだいこ，《檢証学生運動―戦後史のなかの学生反乱》（東京：社会批評社，2009），頁243。

15　馬場公彥，〈"文化大革命"在日本（1966-1972）-- 中國革命對日本的衝擊與影響〉，http://www.opentimes.cn/Abstract/1142.html，擷取日期：2020 年 10 月閱覽。

16　何義麟，〈戰後在日臺灣人的國籍轉換與居留問題〉，《師大臺灣史學報》，7（台北市，2014），頁67。

的利益代表，並於文後高呼「中華人民共和國萬歲！毛澤東思想萬歲！」等口號，強烈表達擁護北京政府的決心。此《絕緣書》公開後，亦激起支持群眾的同仇敵愾，接連舉行數波示威遊行，並包圍法務省（相當於我國法務部）。而官方也在各方壓力的衝擊下陷入長考，最終在 9 月 24 日，同意劉延長簽證三年，故「劉彩品支援運動」始趨於落幕。而劉則在 1971 年舉家赴中國大陸定居，任職南京紫金山天文台，後亦當選多屆全國人大代表。[17]

此「劉彩品事件」與「新左翼」在 1969 年投入的「反對入管體制」[18] 之議題契合，故產生發揮的空間及合理性。再者，雖然「新左翼」高喊「解放全世界」及標榜國際主義，但以華僑為主體的「華僑青年鬥爭委員會」（以下簡稱「華青鬥」）進入「新左翼」領域後，才發現「歧視」及「差別」仍根深蒂固，故才會在 1970 年「七・七集會」中進行「告發」，揭發「無產階級國際主義」在「新左翼」中運行的真相，[19] 並順勢與「新左翼」訣別。而「華青鬥告發」則一語驚醒夢中人，對多數的「新左翼」成員造成極大的影響，開始認真思考戰後日本人在思想上的「陷阱」，及以亞洲人作為日本經濟高速成長墊腳石的現實。[20] 所以「劉彩品事件」的出現，給了「新左翼」若干「改過自新」的機會，故在事件中期，諸如「中核派」、[21]「ML 派」[22] 等「新左翼」組織，開始聲援及參加支援劉的集會或遊行，「劉彩品事件」也因此從個人政治選擇的人權法律事

17　鄭栄桓，〈私は「反日」と言ってはばからない -- 七〇年入管闘争の経験から〉，《季刊前夜》，1：8（東京，2006），頁 107-108。

18　1952 年後之日本出入國管理體制，對於「在日」外國人等原就有較不合理之管理方式，至 1969 年欲訂定之「出入國管理法」仍有許多限制與強制內容，故引起日本左派及「新左翼」之反對。

19　〈7・7盧溝橋 33 周年に六千〉，《戦旗》，1970 年 7 月 10 日，第 2 版。

20　馬場公彥著，苑崇利、胡亮、楊清淞譯，《戰後日本人的中國觀—從日本戰敗到中日復交（下冊）》，頁 649。

21　「中核派」為「新左翼」中的派系之一，全名為「革命的共產主義同盟全國委員會」。

22　「ML 派」為「新左翼」中親中之派系，信仰馬列主義及毛澤東思想，全名為「日本馬列主義者同盟」。

件，深化為國家性的政治事件。[23] 而「新左翼」亦因「華青鬥告發」及「劉彩品事件」等，產生若干質變，[24] 進而極端如 1972 年成立的「東亞反日武裝戰線」（「東アジア反日武裝戰線」），即造成了多起傷亡慘重的恐怖爆炸事件。[25]

在關於本研究的文獻回顧方面，除了事件發生當下主流媒體（例如《讀賣新聞》、《朝日新聞》、《朝日雜誌》）及「新左翼」報刊（例如《前進》、《先驅》、《戰旗》）等的報導外，事件之後亦陸續有專書，及散見於各雜誌的評論、訪談等。其中最具代表性為 1971 年出版的，由「守護劉彩品友人之會」（劉さんを守る友人の会）所編的《日本人的「你」和中國人的「我」- 劉彩品支援運動的紀錄 -（日本人のあなたと中国人のわたし―劉彩品支援運動の記録―）》，此書完整的記錄事件的始末，包括依時間敘述事件的進展、各項文書、傳單、信件的收錄，及相關的論述與分析等，堪為研究此事件必備之文獻資料（在此書出版前，該支援團體即將劉的 15 份傳單完整收錄於 1970 年 10 月號的《情況》雜誌）。而在同年發行的《現代之眼》（現代の眼）雜誌，學者長谷川 宏的文章〈劉彩品—所謂日本人是什麼？（劉彩品―日本人とは何か？）〉中，從文學及哲學的角度切入，冷眼 且犀利的看穿了，劉本身與運動及支持者間的不相容性。表示劉成功透過傳單以文字的力量傳達直接的思想，運動從庶民生活為基底擴大到意識型態的思想信條自由。以日本人妻子及兩個小孩母親的身分，獲得一般大眾的同情，也同時以左翼的思想獲得知識分子的聲援。但兩者看似交融實則矛盾，使劉形象彷彿是在現存秩序裡孤獨的存在。另長期參與入管運動的評

23　〈法務省の"小細工"裏目劉さんの訴え中国籍問題また難題〉，《朝日新聞》，1970 年 8 月 31 日，第 12 版。

24　吳偉立，《科技部專題研究計畫申請書（關於「劉彩品事件」與日本「新左翼」之關係）》（2021 年 2 月）。

25　門田隆将，《狼の牙を折れ》（東京：小学館，2013），頁 3。

論家津村喬，則於 1972 年將之前針對入管議題所發表的文章，集結成《歷史的奪還—現代民族主義批判理論（歴史の奪還現代ナショナリズム批判の論理）》專書。此書從同情支援的立場對於「劉彩品事件」有大幅的說明與評論。其指出從該事件可看出日本尚存在對在日亞洲人有形無形的壓抑，且多數日本人對入管的歧視體制是無差別的關心，故引用毛澤東的「丟掉幻想，準備鬥爭」，鼓動以「自我批判」後的日本人立場投入劉支援運動。

由於 1972 年之後，劉長期定居於中國大陸，故所受到關注的也多半是她在中國的發展情形。例如 1991 年的期刊《中國研究月報》即以專題電訪的方式，報導劉一家在中國 20 年的情況及想法。而在 2000 年之後，因為事件的後果及影響早已塵埃落定，所以在各方沉澱後，劉也透過若干媒介，以訪談的做一回顧。例如 2006 年出刊的期刊《季刊 前夜》，藉由劉現身說法，闡述「入管鬥爭」及自身權益維護的經驗，對整體有整合性的回顧與論述。而 2010 年的《與人相遇（人と出会う 1960～80 年代編集者の印象記）》，以散文形式記載描繪曾與作者（著名雜誌總編輯岡崎滿義）相遇相處過的各界人士，而劉亦名列其中，又劉更是作者的中國語老師，因此在事件前便彼此相識，也因此作者能進一步觀察曾參與東大「安田講堂事件」的劉，並給予其「激進者」的稱號，另亦能將心比心的理解，劉對日本人及日本政府的質疑，甚至進入劉的事件時，該《絕緣書》還是作者的中文教材。故由此文章之內容，可從事件的表面深入劉的內心探索其感性的層面。又此事件已然為「新左翼」運動史的重要事件，故在學術著作方面，2006 年由學者 絓秀実所著的《1968 年》，從 1968 年世界性的動亂及思想轉換出發，探索日本國內的政治、公民及學生運動的變化。其中視「劉彩品事件」為「入管鬥爭」的主要聚焦。而 2009 年學者小熊英二的鉅作《1968—年輕人的叛亂及其背景（1968—若者たちの叛乱とその

背景）〉，則從政治、經濟角度描繪評論「全共鬥世代」，對「新左翼」的興衰有扎實的認知，可謂「紀念碑」級的著作。又「劉彩品鬥爭」亦被視為全共鬥世代為了「思想的純粹化」，而秉持「良心」與「原罪」，彷彿在「自我鞭打」中的運動。另外，學者鶴園裕基在2016年發表的論文〈錯綜的「國」與「民」：關於中華民國／台灣的國籍、護照的管制與抵抗（すれ違う「国」と「民」：中華民国／台湾の国籍・パスポートをめぐる統制と抵抗）〉。此文簡述了「劉彩品事件」的概況，並以此證明當時台灣當局對華僑及留學生之管制力削弱的現狀。

此事件亦在後續從婦女運動的視野加以討論。1992年的《資料日本婦女運動史 I 1969-1972（資料 日本ウーマン・リブ史）》中，從日本人的角度，藉由劉的事件，反省日本人對待亞洲諸國人民的差別行為，亦將此事件納入女權運動的框架內，賦予此運動新的意義。另外，日本女權運動家田中美律，在「新左翼」中主導女性主義大旗，故在其2004年的著作〈給命運之女們（いのちの女たちへ）〉中，也從女性主義出發，藉由「劉彩品事件」討論壓抑者與被壓抑者的關係。

另在中文的文獻方面，除了中華民國外交部冊名「劉彩品」的事件檔案資料外，在2015及2016年於中國大陸出版的《不一樣的日本人》及《跨越疆界：留學生與新華僑》中，亦概要性的描述該事件與相關政策的關係。而台灣方面2015年出版的《戰後在日台灣人的處境與認同》（國立台北教育大學台灣文化研究所教授何義麟著）即是國內少數探討此議題的專書及重要資料。該書內容主要討論在殖民地時期即赴日的台灣人，在戰後的處境變化，例如其思想演變、法律地位、國家認同等課題，尤其是在「在日台灣人」的定義上賦予了權威的定義與依歸。雖然劉係於戰後才赴日的台灣人，但本書亦有約略提及之。

承上，本文希冀以「在日台灣人」的研究角度出發，並與日本國內政治、思潮史結合，企從更多元的視野角度加以探究與論述。故以「新左翼」運動於 1967 年回潮後為背景，梳理 1969 年「華青鬥」成立後，至「華青鬥告發」對「入管鬥爭」引起的質變，進而探討在此浪潮下的「劉彩品事件」，及「新左翼」是如何從側面支援及實踐，並成為七〇年代「新左翼」思想的典範源頭。

二、關於日本「新左翼」及「劉彩品事件」之背景

承上所述，「新左翼」係從日本國內學生運動中所產生。[26] 另又受到左派學者竹內 好的「回心」[27] 理論影響，因此紛而退出日共，依據自身的理念，成立各種組織，推動更積極的戰鬥左派路線，及更激烈的鬥爭，以批判日共的官僚主義，並提倡建立更無產階級的、列寧式的、毛澤東主義式的組織，[28] 最後以建立前衛先鋒政黨為目標。[29] 其中主要的兩個集團分別為「共產主義者同盟」（又名 Bund，即德文同盟之義。以下簡稱「共產同」），及「革命的共產主義同盟」（以下簡稱「革共同」）。

在 1960 年「安保鬥爭」之前，「共產同」為主導「新左翼」運動的主流派。但因運動的失敗，導致「共產同」分崩離析為多個派別。[30] 取而代之的是「革共同」成為主流。[31] 但亦因六〇年代初期「新左翼」思潮洶湧，「革共同」後亦分裂為數個宗派，主要係以

26　柄谷行人，〈戰後日本的左翼運動〉，頁 227。

27　「回心」（かいしん）：強調個人因思考而從內心改變，而非一昧服從上級命令。

28　柄谷行人，〈戰後日本的左翼運動〉，頁 230。

29　安藤丈將著，林彥瑜譯，《新左與公民社會－日本六〇年代的思想之路》（新北市：左岸文化，2018），頁 35。

30　社會問題研究会，《全学連各派－学生運動事典》（東京：双葉社，昭和 44 年 7 月），頁 29。

31　橋爪大三郎，〈紅衛兵與「全共鬥」-- 兼談 60 年代日本的新左翼〉，頁 7-8。

「中核派」及「革馬派」[32] 為大宗。[33] 1965 年之後，除了上位的政治理念外，也開始關注校內的學權等議題。1968 年後，各大學「全共鬥」如燎原般紛紛成立。在「新左翼」意識形態大旗下，對抗校內的不公與維護學生的權益。「全共鬥」的性質是以個別學校為單位，且超越宗派的學生共同鬥爭活動。[34] 由於各校皆有全校性的組織，並融合了各派系的成員，因此局勢趨於複雜，故運動的強度與規模便節節升高，進而失控化，甚至發生頻繁爆發宗派武鬥或內鬥等暴力事件。

1968 年中，東大醫學部學生因為實習的權益受損而發動抗爭，此抗爭如摧枯拉朽般獲得廣大共鳴，亦廣納眾多派系，風雲際會的占領校內的禮堂—「安田講堂」，並打出徹底抗戰的方針，堅守講堂使之要塞化，遂成為「新左翼」的精神堡壘。但到了翌年（1969）元月底，在校方忍無可忍的情況下，導入警方超過萬名的機動隊（即鎮暴警察）員，展開對「安田講堂」的攻堅，隨即爆發雙方汽油彈與催淚彈的攻防，耗時兩日後，警方才攻克並解除封鎖，當年東大的入學考試亦因此取消。此便是震撼世界的東大「安田講堂事件」，亦揭開了大學紛爭的序幕。自此大學 379 校中，有 173 校陷入鬥爭，其中有 149 校發生類似東大的校園封鎖。[35]

此時期主導運動的「全共鬥」，其主要政治哲學為「自我否定」，即「反覆地反省自己的狀態」。[36] 從對內反省自身高高在上的菁英階級，到對外反省日本在越戰中「加害者」的地位，皆全盤地

32　「革馬派」全名為「革命的共產主義者同盟・革命的馬克思主義派」。

33　吳偉立，《「人民外交」的特質與侷限：以文革前期中共與日本左派的交流為中心》（臺北市：中國文化大學史學系博士論文，2019），頁 117-118。

34　菅孝行，《FOR BEGINNERS シリーズ全学連》（東京：株式会社現代書館，1982 年 9 月），頁 124-125。

35　山野車輪，《革命の地図—戰後左翼事件史》（東京：株式會社イースト・プレス，2016 年 8 月），頁 66-75。

36　安藤丈將著，林彥瑜譯，《新左與公民社會—日本六〇年代的思想之路》，頁 135。

「自我否定」。另,「新左翼」運動在越戰升級並融入反戰議題之後,才會體會到越南人民實為冷戰的「被害者」,[37] 而日本支援美國參加越戰,其實就是冷戰犯罪結構中的「加害者」,以往自原爆後的「被害者意識」自此轉換為「加害者意識」的反省。[38] 如此的方向再向內深入,日本內部傳統的、唾手可得的底層「被害者」—部落民、[39] 阿依努人、[40]「在日」中國人、朝鮮(韓國)人,及沖繩問題等,便是需要加以反思的對象。故在 1969 年的一場名為「我和戰後民主主義」的集會中,日本大學「全共鬥」代表便表示:

> 包括我在內,在戰後的日本生活下的人們,都應該回過頭來重新思考「戰後民主主義」。例如,戰後日本的確和平、有秩序、繁榮、物質上也很充裕。但事實上,是沖繩這 100 萬在美軍政府下被我們利益交換犧牲的人們,成就了日本國內和我們家庭的和平。另外,「在日」朝鮮人、中國人、部落民等這些被虐待的人們,這一切不都是我們戰後該擔負的責任嗎?日本戰後的和平與民主主義的成立,乃是以最卑劣的型態所維持而來的。因此,難道不需要將「戰後民主主義」本身,稱作為種種破壞的一個過程嗎?[41]

而在「新左翼」運動意識轉換的當下,日本政府則欲推出由《出入國管理令》升級的《出入國管理法》。此法案強化外國人的入境、在留活動等規定,並擴充無限制的居留或驅逐出境體制等,在「新左翼」的認知中,此為壓抑、歧視、斷絕「在日」亞洲人的

37　馬場公彥,〈從書籍出版看戰後日本亞洲意識的變遷〉,《二十一世紀》,94(香港,2006),頁91。

38　小熊英二,《1968(下)》(東京:新曜社,2009),頁 232。

39　部落民為日本封建時期賤民階級的後代。

40　阿依努人為北海道原住民。

41　〈8.15 記念パネル討論「私と戰後民主主義」〉,《朝日ジャーナル》,1969 年 8 月 31 日,頁116。小熊英二,《1968(下)》,頁 234。

「惡法」。再加上充滿民族歧視性的《外國人學校法案》，及強制外國人押捺指紋的《外國人登錄法》等，[42] 使得因 1967 年「善鄰學生會館事件」[43] 而受到「新左翼」啟發的「在日」華僑青年，組織名為「華僑青年鬥爭委員會」的團體，以反抗現行「入管體制」。若梳理歷史的順序脈絡，1969 年 3 月「華青鬥」成立後，「新左翼」各派才意識及展開與在日亞洲人及既存左翼黨派，共同進行「反對入管體制」的運動，[44] 可謂基於 1968 年之前聚焦日本國內「戰後民主主義批判」的基礎，亦秉持「國際主義」及「世界革命」理想，將視野擴大至因現行的「入管體制」造成亞洲人民（尤其是昔日的殖民地居民）的歧視或差別待遇，而遂行反對。[45]

1969 年 4 月，來自台灣並活躍於運動的華僑青年李智成輕生，留下寫著「帶著滿腔的憤怒，抗議佐藤反動政府的《出入國管理法》、《外國人學校法案》。」的簡短遺書。[46] 此後，「華青鬥」遂展開全面的行動。除了與「新左翼」各大派系聯合執行「入管鬥爭」外，更獨立在熱鬧的東京新宿西口地下廣場進行絕食抗議，並在現場拉起標語，上書「1. 告發入管法 2. 告發政府自民黨 3. 告發無意識的日本人民 4. 告發無法將入管鬥爭推向前方的鬥爭 5. 告發我們自己，並將問題深化」，由此可見「華青鬥」係具出自「被害者」的「告發主義」風格。亦自此，多次與「新左翼」派系共同參與示威集會。

雖然「新左翼」陣營展開「入管鬥爭」，但大多數的成員仍把重點放在阻止佐藤首相訪美的「11 月決戰」及七〇年的「安保鬥

42　〈入管闘争資料集〉，《南部労働者》，創刊號（東京，1970），頁 25-27。

43　「善鄰學生會館事件」為 1967 年 2 月發生在日中國學生與日本共產黨人員之衝突事件。

44　福岡愛子，《日本人の文革認識：歴史的転換をめぐる「翻身」》（東京：新曜社，2014），頁 342。

45　吳偉立，《科技部專題研究計畫申請書（關於「劉彩品事件」與日本「新左翼」之關係）》，頁 6。

46　津村喬，〈或る《異邦人》の死〉，收入絓秀実編，《津村喬精選評論集—《1968》年以後》（東京：論創社，2012 年 7 月），頁 16。

爭」，並將心思轉向武裝鬥爭的升級，故「入管鬥爭」的議題僅放置於次要的地位。此從「新左翼」主要派系「中核派」的機關報《前進》，自 1969 年 9 月 8 日後即無「入管鬥爭」相關報導（至 1970 年 2 月始有）即可證之。[47]

到了 1970 年，隨著「11 月決戰」的失敗，及對七〇年「安保鬥爭」的茫然，「新左翼」開始回過頭來關心「入管鬥爭」，並視為日本革命的戰略及綱領。[48]「華青鬥」亦將當年紀念「盧溝橋事件」33 週年的集會視為「入管鬥爭」的重點。此活動原由「華青鬥」及「日中都活」（日中友好協會（正統）全都活動者會議）等 4 個團體合辦，但為了擴大戰線，遂廣納「新左翼」各派系。於是「中核派」開始介入。但其實際上動機是基於派系鬥爭，欲牽制以敵對「ML 派」為主的「日中都活」。故「中核派」除了導入「全國全共鬥」、「全國反戰」等組織外，更刪除原有「恢復日中邦交」等口號。眼見此活動籌備已由「中核派」把持，及淪為派系鬥爭的場合，於是「華青鬥」於集會前夕的 7 月 4 日宣布退席。原來的主角退出，應為活動的大事，但是「中核派」的成員卻在會議中表示「作為主體的華青鬥退場，這不是很好嗎。」這番發言引發「華青鬥」的不滿，認定此為「歧視發言」，並要求其「自我批判」。三日後舉辦的集會，實有山雨欲來之勢。

7 月 7 日集會當日，會場（日比谷野外音樂堂）即聚集了四千多名群眾。[49] 當「華青鬥」代表上台發言時，進了活動最高潮。代表一開始便直指「本日參加集會的，作為壓抑民族的各位日本人」且「各位在日帝的影響下，必須要有作為壓抑民族的自覺」，接著便論述目前日本在昔日殖民地的經濟侵略是「壓抑民族的排外意識形態」且在場的日本人只能有「作為壓抑民族的自覺並脫離而出，

---

47 革命的共產主義者同盟，《《前進》數位縮刷版第 2 卷》（東京：前進社，2018 年）。

48 小熊英二，《1968（下）》，頁 256-258。

49 絓秀實，《1968 年》（東京：株式会社筑摩書房，2006），頁 154-173。

或無自覺繼續前進的兩種立場」，另外認為「我們在新左翼中，明確的努力對抗排外主義，與防止這種意識形態的構築…但是主要的「新左翼」派系卻以任意隨便的態度對待…這是一種利用主義，且是對日本階級鬥爭的背叛」，最後指稱「不論在戰前或戰後，日本人都在權力的屈服下，對我們殘酷的壓抑，只能說已不再相信各位…只希望各位能站在被壓抑的立場上徹底的檢討…這就是我們的訣別宣言」，[50] 此即為著名的「華青鬥告發」。另外，同日出刊的「華青鬥」機關報《底流》中，亦以名為〈從入管鬥爭中將民族之魂恢復〉之文章指控「當初申稱要連帶且發揚國際主義的日本人，卻將運動「利用」且導向○○決戰等政治鬥爭，但沒有解決我們任何的訴求」、「我們被壓抑民族在帝國主義國內，被帝國主義者壓榨，從諸多的生產關係中被排除，變成慢性的失業者」並指出「因為「戰後民主主義」被讚揚，所以多數的日本人都遺忘了過去的侵略、掠奪、虐殺等事實，包括號稱「前衛」的部分日本人等」接著控訴實際的狀況「雖然朝向亞洲再支配的民族排外主義，聲稱保障人民生活的基礎，但我們被壓抑民族的生活水準卻比日本人的底層生活還要低落」，最後總結「入管鬥爭的意義是被壓抑民族在帝國主義國內，對於恢復民族之魂未完的偉業，此外，將在與日本人史無前例的鬥爭中，看清他們是否與我們是真正的團結。」[51]

此從言語及文字，雙管齊下的指控，當下對「新左翼」各派系產生極大的震撼，故紛紛提出「自我批判」與檢討。另外，雖然「華青鬥」在告發後，即如宣言中所述的訣別並解散，但所留下的後續效應，卻影響整個七〇年代。[52] 因為「新左翼」在反美、安

50　〈七.七集会における華青闘代表の発言〉，《前進》，1970 年 7 月 13 日，第 3 版。革命的共產主義者同盟，《《前進》數位縮刷版第 2 卷》。

51　華僑青年闘争委員会，〈入管闘争を闘うなかから、民族の魂の復権を〉，《底流》，1970 年 7 月 7 日。新左翼理論全史編集委員会，《新左翼理論全史》，頁 505-512。

52　林麗雲、呂怡婷，〈「在日華人」的日本、大陸及台灣左翼運動連帶〉，《人間思想》，21（新北市，2019），頁 158-159。

保等抽象議題的茫然中，轉移到對入管的關心，但是在「華青鬥告發」的衝擊下，宛如大夢初醒般，各派系的「機動戰」等武裝實力鬥爭已不再具實際意義，[53] 而開始積極真切地面對歧視、戰爭責任、天皇制、民族、環保、女權等昔日視為次要的問題，亦將重點擺放在「國際主義鬥爭的日常化」，認清自己是「壓抑民族」的身分，並要站在「被壓抑民族」的立場展開鬥爭，[54] 並視入管行政具有非人道的性格，且入管法是敵視人類的惡法。[55] 故「新左翼」的方向因「華青鬥告發」而產生轉換，[56] 並形成所謂的「七‧七思想」，[57] 而產生影響後續路線的「典範轉移」。[58]

準此以觀，1969 年 3 月「華青鬥」成立後，「新左翼」派系始與之合流，以進行「入管鬥爭」。但因「新左翼」主要宗派的敷衍與怠慢，導致 1970 年 7 月的「華青鬥告發」。而 1970 年 4 月起達半年的「劉彩品事件」恰與「華青鬥」的消長係處於同一時間軸。在 4 月至 6 月，「劉彩品事件」僅受到少數劉的友人關注及支援，但在 7 月 7 日「華青鬥告發」之後，因其訴求內容與「入管鬥爭」相似，且融入歧視、戰爭責任、民族、女權等議題，所以被控訴的「新左翼」派系，在亟欲「自我批判」的情緒下，紛紛視「劉彩品事件」為「典範轉移」之後的「開幕戰」。

53　吳偉立，〈對「日本亞洲主義」結構的反動─從「華青鬥告發」到「東亞反日武裝戰線」〉。內容前於「耀其輝光．前型不遠─辛亥革命 110 周年紀念學術研討會」（2021 年 10 月 25 日）口頭發表。

54　笠岡良夫（入管体制粉砕明大实行委员会），〈入管法粉砕へ向けて他民族抑圧の総決算ファッショ化する国家の露呈〉，《明治大學新聞》，昭和 45 年 7 月 16 日，第 3 版。

55　るたん，〈人間敵視の悪法〉，《読売新聞》，昭和 45 年 7 月 17 日，第 14 版。

56　馬場公彥著，苑崇利、胡亮、楊清淞譯，《戰後日本人的中國觀─從日本戰敗到中日復交（上冊）》（北京：社會科學文獻出版社，2015），頁 311-321。

57　中沢慎一郎，〈「7‧7 思想」と入管闘争〉，《展望》，6（東京，2010），頁 50-106。

58　小熊英二，《1968（下）》，頁 262。

三、「劉彩品事件」之始末及「新左翼」的介入

「新左翼」在 1970 年 7 月「華青鬥告發」後，產生了化學的質變，首當其衝的便是對「劉彩品事件」的支援。以下便是對「劉彩品事件」之始末及「新左翼」的介入，做一梳理與陳述。

（一）關於「劉彩品事件」

承前言所述，出身台灣嘉義的劉，於 1956 年留學日本，就讀東大天文學系大學部。之後一路向上攻讀，並於 1963 年進入同系博士班，隨後於 1965 年與同系助教木村 博（以下簡稱「木村」）結婚，並於婚後育有兩子。

1968 年 3 月，劉的中華民國護照已到期，但基於因之前日本政府遣送留日的異議學生回台，並於後受到中華民國政府的審理判刑，而產生對國民黨政權的不滿，及對中華人民共和國的嚮往，故其並無意願予以更新。直到 1970 年 4 月，始因應日本簽證即將到期，而赴東京入管事務所辦理簽證更新及申請永住權。但因無有效護照，故須提出相關出面申請，及代替護照的證明書。5 月 18 日，劉樂觀的希望以〈居留資格證明書〉取代護照，但卻遭到拒絕。感到不平的劉在兩天後，發表了以〈**入管否決了我的簽證**〉為題的傳單，寄望訴諸於大眾。此傳單主要表明身為日本人的妻子及兩個幼小孩子的母親，可能因此遭受強制遣返，及控訴有關單位每年輕率的遣返二千多名「在日」朝鮮、中國人。但對於劉的舉動及內容，其周邊的日本人尚處於一片茫然與疑惑。

5 月 25 日，劉再度提出申請，希望以「日本人的母親」為根據獲得諒解。但仍糾結於護照問題，最後主管官員以「總而言之請去中華民國大使館一趟」作結。對於此，劉以〈**入管再次否決了我**

的簽證〉為題製作了第二份傳單，其指控入管單位與中華民國大使館有所勾結，此舉係請君入甕，使劉自投羅網，並將自身及入管體制下「在日」亞洲人的處境，訴諸所有日本人。此第 2 份傳單，深切將劉的危機感傳達至周遭的日人，故其的遭遇與行動漸漸受到注目。終於在 6 月 2 日，劉公開表明「我拒絕中華民國，而選擇中華人民共和國作為我的國家」之立場，並於同日在名為 **〈難道我要為了思想與信條，而與丈夫、孩子分離嗎？〉** 的第 3 份傳單中陳述。此外，支援劉的組織「守護劉彩品友人之會」（「劉さんを守る友人の会」。以下簡稱「守劉友人會」）亦應運成立，並舉行支援集會。不過，入管單位仍要求劉提出相關 **〈理由書〉**，而劉亦將近日來的過程與思想信念，洋洋灑灑的寫成一篇長文，並於 6 月 11 日提出。

雖然送繳了〈理由書〉，主管官員仍去電要求劉親自赴法務省說明，並希望劉「拿出誠意來」。此舉雖讓劉感到質疑與恐懼，但仍在 6 月 15 日親赴法務省，[59] 但卻被打了「不認可〈理由書〉之理由」、「拒絕中華民國的想法是很奇怪的」、「不認可拒絕申請中華民國護照的想法」之回票。基於此，劉仍堅強地連續發出題為 **〈我不想成為第二個陳玉璽、柳文卿〉** 及 **〈我的理由書正在法務省入管局哭泣〉** 等兩份傳單，分別強調不願重蹈陳、柳等台灣留日學生，被日本政府強制遣返的覆轍；及還原赴法務省的過程和再次強調自己只是單純的選擇分裂國家的其中一方而已。

支援劉的行動開始擴大。6 月 24 日，東大若干教授與學生帶著聲援的簽名簿，赴法務省請願，而官方僅以「如果在沒有護照的情況下，給予劉居留許可的話，那今後的影響會非常大，入管行政則會陷入混亂。」歸結。

---

59 〈中国人留学生に"法のカベ"旅券切れ東大生の劉夫人〉，《読売新聞》，昭和 45 年 6 月 17 日，第 14 版。

很快地劉發表了第 6 份傳單。在〈**給我居留許可**〉中，比喻自己在日本的生活猶如行屍走肉，所以作為人類及母親，她決定真實的面對和活著，而對於法務省的歸結，則強調這不是她的責任。

7月1日，入管局提出居留許可的四個條件，如下：

（一）赴中華民國大使館申請護照。赴中華民國大使館申請護照。

（二）如否，就取得無國籍身分。

（三）歸化日本國籍。

（四）如是，即可合法居留。[60]

基於此，7月6日劉發出〈**再次呼籲，請給我居留許可**〉。重申身為分裂國家的人民，而選擇其中一方的正當性。並表示自己是中國人，且不論中華民國或中華人民共和國皆是中國人的政權，所以選擇哪個政權是中國人自己的問題，而她選擇中華人民共和國。由此可見劉不考慮歸化日籍，並心嚮中華人民共和國的決意。同日，劉快刀亂麻再發具有指標性的〈**日本人的「你」和中國人的「我」**〉。首先提到最近許多日本人常對她為何不歸化而感到困惑，但她經過思考後，漸漸明白日本人和中國人之間的差異。尤其是當下對於「國家」的看法。例如對於「去大使館」與否，她認為是道德問題，但日本人卻認為只是單純手續問題；另對於「拒絕歸化」則因日本至今尚未對侵略他國的行為負起責任。另由於日本人與中國人間的共通點太多，使得她時常將自己的思維加諸在日本人的他人身上，而無法獲得理解，但在不同歷史、社會下的日本人的「你」和中國人的「我」各方面都會有不同，所以她提到要消解這樣的矛盾，路途或許還很遙遠，但希望日本人尊重她的訴求，因為這是基本人權的要求，也希望找到彼此的連接點。[61]

60　石岡俊也，〈不可解な入管の背信〉，《朝日ジャーナル》，12：36（東京，1970 年），頁 120。

61　鄭栄桓，〈私は「反日」と言ってはばからない -- 七〇年入管闘争の経験から〉，頁 104。

　　由於受到 7 月 7 日「華青鬥告發」的影響，支援團體以東京為中心展開了多場聲援集會，[62] 及包括「日中友好協會（正統）」等左派組織親赴法務省請願等。7 月 10 日，劉再度連發名為〈**行屍走肉？媽媽？→拓時，耕時**〉及〈**麻煩的地方在這裡**〉兩張傳單。在第一篇中，除了批判入管機關指控她「恣意行動」、「頑固主張」及「異常」之外，更訴諸親情的預言如果她被遣返，其兩個兒子剩下人生將會成為行屍走肉及沒有母親的孩子。而第二篇則批判入管機關對於媒體及支援者的說法。對媒體說麻煩的地方在於，劉不去大使館辦護照，又不歸化；而對於支援劉的東大教授表示，現在的問題是缺乏代替護照的證明書。而劉認為當時的替代作法甚或是理由書都被否決了，有關單位現在又說這些不負責的話，使一切彷彿又回到了原點。

　　在各界聲援劉的聲浪日漸擴大之際，劉在〈**為什麼要支援劉彩品？**〉的第 11 篇傳單中，將目光轉移到日本人身上。首先就部分日本人對她諸如「是否全面支持毛政權？」；「你不是應該要負起對於群眾運動的責任嗎？」；「你為何批判日本人卻又和日本人結婚？」的問題提出質疑，認為這是將抽象主觀的政治理論強加於她的身上。另一方面，又似乎感到支援劉的日本人保持著施恩的優越感，故在最後以「你們為什麼要支援我？是因為我可憐的兩個孩子？還是可憐的我？或者只是單純地進行鬥爭？」提出詰問。[63]

　　7 月 20 日，東大師生再度前往法務省請願。當日相關官員表示，為了表明脫離中華民國國籍的意志，劉應該向大使館提出〈絕緣書〉，後如被剝奪中華民國國籍的話，其外國人登錄證仍以「中國」登錄。對於此，劉於數日後發表〈**給我無條件居留許可！**〉的

62　〈私は"北京"を選ぶ〉，《朝日新聞》，1970 年 7 月 10 日，第 12 版。

63　鄭榮桓，〈私は「反日」と言ってはばからない -- 七〇年入管闘争の経験から〉，頁 106。

第 12 份傳單。其中表示如果她選擇中華人民共和國，卻被當作無國籍者，這無異是對該國存在的抹殺，且如果以無國籍者身分才能夠獲得居留的話，也是對他思想與信條的壓迫。此外更嚴重的是，她懷疑日本政府與中華民國大使館有秘密協議，故可能一旦成為無國籍者後，又仍以「中國」登錄的話，而日本政府邏輯中的「中國」等於「中華民國」，如此可能遭受被遣返的命運，所以「成為無國籍者後，他們就掌握了生殺大權」。最後，劉引用了毛澤東的文章〈關於正確處理人民內部矛盾的問題〉：「我們必須學會全面地看問題，不但要看到事物的正面，也要看到它的反面。在一定的條件下，壞的東西可以引出好的結果，好的東西也可以引出壞的結果。」語重心長地下了結尾。

自此至 8 月初，各支援團體及個人之討論、請願焦點，皆圍繞在「絕緣書」、「無國籍者」、「中國登錄名」等議題上。主要訴求為：

（一）中華民國大使館不要利用**〈絕緣書〉**剝奪劉的國籍。

（二）如是，則日本政府應將大陸亦視為「中國」，而不要取消以「中國」的登錄名。

雖然對於〈絕緣書〉有著眾多的雜音，劉還是在 8 月 14 日向大使館寄出了〈絕緣書〉。該文書之重點如下：

（一）首先再次表明〈理由書〉中，其拒絕中華民國護照，而選擇中華人民共和國作為國家的權利。

（二）表示此〈絕緣書〉係由日本政府指示，要求她正式向大使館表明反對中華民國的態度。但其亦質疑此文書的作用，及令她擔心之處如下：

1. 因為台灣尚處於戒嚴，且有動員戡亂、懲治叛亂條例等恐怖統治。

2. 之前日台間有像人口買賣似的，陳玉璽、柳文卿遣返等事實。雖有疑慮，但日本政府保證大使館絕不擅將其的國籍撤銷，而依舊保持中國籍，如此她答應了這個〈絕緣書〉之提案，而覺得應趁此機會向中華民國政府表達心情了。

（三）〈絕緣書〉給了她捫心自問的機會。在留日至今的 14 年間，她有機會學習在台灣無法接觸的事物，例如毛澤東的著作、中共的歷史，及酷愛魯迅的反抗精神。但她反問自己，其實並沒有去實踐與反抗，因為民國的嚴刑惡法等恐怖，已經在其內心生根發芽，使她變成了「奴才」，於是她現在不得不寫，以清算這奴才的根性。所以她表示要表裡一致，且已經可分清青紅皂白，要與中國人民站在一起反對昏庸的人民公敵—國民黨政府。

（四）接著提出三個反面教材：

1. 第一個是「國民黨的史觀」。其批判國民黨將中共妖魔化，且直指當權的國民黨買辦官僚地主出賣人民血汗。

2. 第二個是「出身台灣的自己，回顧台灣的歷史」。指出日本統治台灣時期，台灣人像奴才一樣，一面被壓迫，一面與受帝國主義壓迫的同胞及亞洲人民處於敵對關係；等到戰爭結束後，看到國民黨作威作福，就想一起依靠美帝、日帝，這只是變成另一種奴才而已。另引用毛澤東的文章〈丟掉幻想，準備鬥爭〉，指看到現在台灣部分知識分子，向美國及聯合國求救，所以不免痛苦地想到這段歷史。

3. 第三個是「國民黨政府本身」。首先回想起 1960 年安保鬥爭時，包圍國會的群眾高喊「反對日本帝國主義的復活」，而現在的國民黨政府正在台灣提供了實驗平台。例如吸引日商在台灣投資，只是為了國民黨統治及買辦官僚的利益。日商壓榨台灣人民，甚至會因為工廠汙染而「死島化」。又曾是戰犯

的日本首相表示「維持台灣地區的和平與安全，對日本的安全是極為重要的。」這是日本再次以宗主姿態地出現，而奴才就是國民黨政府及其買辦官僚。

最後，劉激昂地表示「再說一遍：反求諸己。我要反對你們國民黨，因為你們是帝國主義的走狗，是中國人民的敵人。」並以「中華人民共和國萬歲！毛澤東思想萬歲！」結尾，清楚明白地表達其所嚮往及政治立場。[64]

原本法務省在劉將〈絕緣書〉寄達大使館的當下，即表示大約數日後，劉的簽證就可通過。但卻因怕因此引起外交事件，而在8月22日後急轉直下指出此猶如「檄文」[65]的文書內容使問題爭議化、複雜化，最後的決定尚需要時間評估。對於此，劉在8月25日發表**〈法務省是不合理的！〉**第13篇傳單，表達這是日本政府的背信行為，及對「在日」外國人的思想管控。此外，支援團體亦發動了三波的抗議行動。

9月7日，法務省表示，因為〈絕緣書〉使問題複雜化，且此文書中表示皆係由日本政府指示撰寫，此與事實不符，故直接提供〈解釋書〉樣本，[66]上述「日本政府指示我正式以〈絕緣書〉方式，向大使館表明反對中華民國的態度，係與事實相反」，希望劉照本宣科來解釋、說明更正，以化解可能的外交衝突。對於這又突如而來的變化，劉再度提出**〈為什麼要做「擦屁股」的事情？〉**的第14篇傳單。首先抨擊日本政府這顛倒黑白，且不合理的要求，並舉出數次由官方人員指示要寫〈絕緣書〉的事證，最後指出要她提出〈解

64　〈絕緣書〉（1970.8.14），《外交部檔案冊名：劉彩品》，中央研究院近代史研究所檔案館（藏），檔案號：007.1/89008。民國59年7月17日-民國60年7月21日。

65　岡崎滿義，《人と出会う1960～80年代編集者の印象記》（東京：岩波書店，2010），頁158。

66　田中宏，〈有關中國留學生工作的幾個法律與政策問題〉，收入廖赤陽主編，《跨越疆界：留學生與新華僑》（北京市：社會科學文獻出版社，2015年1月），頁26-27。

釋書〉是官員的濫用權力，是法務省將事實放置不管，並要她「擦屁股」去善後的行為。

自〈解釋書〉問題發生後，支援劉的抗議行動愈趨擴大及激烈，甚至需動用警方的機動隊前來排解。9 月 17 日，在渾沌不明的狀態下，劉再度發表〈**斷然拒絕幫官員「擦屁股」**〉的第 15 份傳單。認為法務省官員因為要平息中華民國大使館的不滿，而陷入前後矛盾，現在反而要他寫〈解釋書〉來粉飾太平。最後再度強調日本政府的不合理。

由於聲援劉的教授與相關人士，皆認為此〈解釋書〉是劉是否拿到簽證的關鍵，且是臨門一腳，故接連動員與有關單位協商。此刻的癥結點便是「法務省是否有指示劉寫〈絕緣書〉」。之後經過再三的協商，終於獲得劉、支援團體與官方取得共識，並將爭議點模糊化的內容，如下：

> 依據日本政府的意向，要向大使館表明今後與中華民國斷絕關係的決心，這也是獲得日本居留許可所必需的要件。今年 8 月 15 日，我給中華民國駐日大使館寄去了書函。正如其中明確記載的那樣，該書面的內容是我認為無論如何也不能不說的。

9 月 24 日，品川地區的入管事務所周邊，早已被機動隊森嚴戒備的佈署，因為這天劉將要再度提出簽證申請。在群眾的集結聲援及鎮暴警察的陣勢下，為了怕劉一旦進入層層封鎖的所內，恐有不測的風險，故在取得同意後，由劉的丈夫木村擔任代理人，進入辦理申請手續。而亦很順利的，在木村入館後不久，官方即宣布以「特例」方式，[67] 給予劉三年的簽證，且國籍欄以「中國」註記，歷

67　〈劉さんに（中国人留学生）に在留許可法務省 3 年期限のビザ交付〉，《朝日新聞（夕刊）》，1970 年 9 月 24 日，第 3 版。

經半年的「劉彩品事件」亦在此漸趨平息。[68]

10 月 9 日，劉以最後一篇〈**我們獲得了什麼？我和你們獲得了什麼**〉傳單，為整個事件做了總結。首先強調日本友人支援運動的正當性，也指其他諸如朝鮮人、越南人等「在日」亞洲人，同樣能照樣有選擇國家的自由，接著分述「各方面」的獲得：

（一）在「劉」本人方面：則是在無護照情況下取得簽證，及與國民黨政權正式訣別並正面抨擊。

（二）在「我們」方面：以一「在日」外國人的要求，串聯由政治鬥爭轉變而成的入管鬥爭，並能突破法務省的「法律之壁」而使之屈服，並突出了民主主義與帝國主義間的矛盾，這是最大的成果。另外也感受到因為入管鬥爭的興起，而使她的訴求得到了重視之幸運感。

（二）關於「新左翼」介入劉彩品支援運動

在「華青鬥告發」後，使「新左翼」運動產生「質」的變化。首先便是在「贖罪」的情緒下，開始認真對待「入管鬥爭」。具體的作為便是針對「在日」亞洲人實際受到入管壓迫的救援鬥爭。[69] 而近在咫尺的便是現在進行式中的「劉彩品事件」，亦為「典範轉移」後的第一個「特寫」。[70]

在事件初期，支援劉的人員及團體僅侷限在其校內友人及師長，而活動的地點也多在校園內，且人數並不多。例如 6 月 6 日在

68　〈"国籍騷動"に異例の解決「中国」で在留更新 "北京を選ぶ" 国府留学生〉，《夕刊読売新聞》，昭和 45 年 9 月 24 日，第 4 版。

69　津村喬，〈入管体制とは何か－〈七・七〉集会がつきつけたもの〉，《現代の眼》，11：9（東京，1970），頁 152-161。

70　絓秀実，《1968 年》，頁 161-162。

東大校園內舉行的支援集會，亦僅二百多人參加。[71] 但隨著事件不斷的波折及劉所發出傳單的效果，使問題漸成為眾人關注的焦點。除了報刊媒體的報導之外，在 7 月 1 日，以東京都（或鄰近縣市）為範圍，各大學「入管鬥爭」組織、「越平連」[72]、日中友好運動團體等，共同成立了「劉彩品支援全都連絡會議」（以下簡稱「劉支援全都連」）。而在 7 月 7 日「華青鬥告發」之後，前述效應開始發酵，7 月 15 日的支援集會人數就增至八百多人，還引起媒體之報導。[73]

「劉支援全都連」係來自外部的支持力量。如究其參與組織，則係以「新左翼」陣營為主，又因為時間點的湊巧，故無論當初成立的初心為何，在「華青鬥告發」之後，整個劉彩品支援運動之「質」的轉換是無法避免的。原本只有小圈子支援時，希望運動能夠擴大，但在「新左翼」介入後，運動的能見度是提升了，但是本質上除了聲援劉的訴求之外，亦使「阻止入管法再提出」及「入管體制解體」等議題一起納入運動體系構築的射程範圍之內。這使自始純粹的支援者感到困惑，但亦不得不被動的接受，以完成「接受支援劉的各方，才能使運動成立」的等式。故支援運動遂漸擴大化及與「新左翼」結合化。[74]

在「華青鬥告發」中受到批判的「中核派」，亦在 7 月 20 日於其機關報上大幅報導劉的現況及 715 的集會。而也如前所述，「新左翼」將整個運動層次提升至國際主義與帝國主義的對抗，如文中提到「這次的鬥爭將產生無產階級國際主義與帝國主義式民族排外

71　劉さんを守る友人の会，《日本人のあなたと中国人のわたし—劉彩品支援運動の記録—》，頁 233。

72　「越平連」全名為「給越南和平！市民連合」，係一反戰及反美之團體。

73　〈「劉さん守れ」と集会 "北京" 選んだ留学生のビザ延長求めて八百人〉，《朝日新聞》（1970 年 7 月 16 日），第 12 版。

74　劉さんを守る友人の会，《日本人のあなたと中国人のわたし—劉彩品支援運動の記録—》，頁 90-93。

主義的對抗，並準備以勞動階級意識型態為武器與之死鬥」。[75] 7 月 30 日，「劉支援全都連」於東大校內召開會議。其中「中核派全學連」[76] 代表將「劉彩品事件」與「華青門告發」相提並論，提出要有壓抑民族的自覺，並站在無條件防衛「在日」亞洲人被壓抑民族的立場，達成「劉彩品鬥爭」的勝利。而以「中核派」為主的派系則以主導運動自居，表示如果沒有「全學連」的「白頭盔」，[77] 這次運動也不會成功。[78] 另在 8 月 4 日「革共同」的政治集會中，亦展開聲援劉的聯署活動，共匯集了千餘人員的簽署。而「中核派全學連」則誓言打破目前運動無主要派系主導及方針混亂的現狀。[79] 綜上，頗有在「華青門」運動時期，「中核派」亟欲主導運動的既視感。姑且不論此次是否係「中核派」經自我批判後的認真面對，「新左翼」各宗派爭奪掌握主導權及發言權則為不爭的事實。

8 月 16 日，「劉支援全都連」召開集結七百人的集會，而劉亦有參加。這是〈絕緣書〉提出的隔日，在會中劉表示「〈絕緣書〉是向中華民國大使館的對決，且日本人民不得不與日帝的入管攻擊對決」。「中核派全學連」委員長則表示「堅決擔任防衛劉的先鋒」。[80] 緊接著在 8 月 26 日，亦以「中核派全學連」為中心，在日比谷公園舉行四百人的緊急集會，表示「劉彩品鬥爭」係為了入管鬥爭勝利

75　〈劉彩品さんに在留許可を〉，《前進》，1970 年 7 月 20 日，第 3 版。革命的共產主義者同盟，《《前進》數位縮刷版第 2 卷》（東京：前進社，2018 年 12 月）。

76　「中核派全學連」為「中核派」主導的一支「全學連」（全日本學生自治會總連合）組織。

77　「中核派」於運動中所使用的頭盔色為白色，故「白頭盔」亦係指「中核派」。

78　〈劉さん支援全都連絡会議開かる法務省の最後通告粉砕へ〉，《前進》，1970 年 8 月 3 日，第 3 版。革命的共產主義者同盟，《《前進》數位縮刷版第 2 卷》。

79　〈劉さんの無条件在留許可を全学連のよびかけに八・四集会で千名が署名〉，《前進》，1970 年 8 月 10 日，第 4 版。革命的共產主義者同盟，《《前進》數位縮刷版第 2 卷》。

80　〈劉彩品さん支持全都集会開く〉，《前進》，1970 年 8 月 24 日，第 2 版。革命的共產主義者同盟，《《前進》數位縮刷版第 2 卷》。

的先鋒。[81]另「劉支援全都連」亦在 8 月 26 日、[82] 28 日、9 月 2 日於法務省前展開三波抗議行動。[83]

在如此激昂的鬥爭氣氛中，則發生了非「新左翼」且與之保持距離的「守劉友人會」與「新左翼」派系、及「新左翼」派系之間矛盾的插曲。係起因標榜毛主義的「ML 派」在 9 月 2 日發行之機關報《赤光》中，全文刊載劉的〈絕緣書〉，令「守劉友人會」認為此舉可能會危害劉的人身安全，及恐使外界產生劉與「ML 派」有直接關係的「想像」，而成為被強制遣返的藉口。故批判「ML 派」創造了危害「在日」亞洲人的條件，而做出了背叛自己立場的行為。[84]除此之外，與「ML 派」對立的「中核派」，也以「劉支援全都連」的名義提出抗議。對此，在「自我批判」情結作祟下，「ML 派」很快在隔日發出道歉聲明。首先表達該派系在近日各場支援劉的行動係無役不與，聲明鬥爭的不落人後。接著承認在不留意之中，造成了使外界產生「想像」的根據，故此即展開全面的自我批判，並停止該期刊物的販售和回收之。[85]

另由於法務省在 9 月 7 日要求劉提出〈解釋書〉，使整個事件出現未知的變數，故「劉支援全都連」便在 8 日再度召開緊急抗議集會，並與各支援團體洽商籌劃規模更大的行動，以徹底強化抗議的

81　〈劉彩品支援法務省に緊急デモ「公約」無視に抗議〉，《前進》，1970 年 8 月 31 日，第 5 版。革命的共產主義者同盟，《《前進》數位縮刷版第 2 卷》。

82　〈劉さんに在留許可を学生ら支援デモ〉，《朝日新聞》，1970 年 8 月 27 日，第 12 版。

83　劉さんを守る友人の会，《日本人のあなたと中国人のわたし―劉彩品支援運動の記録―》，頁 239-240。

84　劉さんを守る友人の会，〈「赤光」一〇四号の劉彩品「絕緣書」掲載に対する抗議文〉，收入劉さんを守る友人の会，《日本人のあなたと中国人のわたし―劉彩品支援運動の記録―》（東京：ライン出版，1971），頁 192-193。

85　日本マルクス・レーニン主義者同盟中央委員会機関紙編集局，〈「赤光」一〇四号の劉彩品「絕緣書」掲載に対するおわび〉，收入劉さんを守る友人の会，《日本人のあなたと中国人のわたし―劉彩品支援運動の記録―》，頁 193-194。

力道。[86] 而值得注意的是，因為事件到了非常的關頭，前述的「守劉友人會」，也在此次加入了與「新左翼」共同行動的行列。[87] 9 月 13 日，千餘名人員集結清水谷公園，召開「核准劉彩品無條件居留！全都總動員集會」。首先由「劉支援全都連」代表發言報告，很快地即上綱到要與支配台灣的日帝對決。「東大入管鬥」代表亦在相同的語境中表示要粉碎日、韓、台反革命體制。[88] 接著由「ML 派」代表針對前述的〈絕緣書〉刊登，進行公開自我批判，後續登場的「中核派全學連」代表則抓住機會，落井下石的再度抨擊，表示「ML 派」將「劉彩品鬥爭」當作毛主義宣傳運動的工具，是全盤的錯誤，等於是背叛的行為。而其他派系如「第四國際」（第四イン ター）、「社會主義學生戰線」（フロント）亦參加此次集會，形成「新左翼」廣泛集結的現象。此外，「新左翼」與警方衝突的慣象，也於隊伍移行至法務省時爆發了。[89] 另在此後的十日內，相關派系也舉辦了各式的聲援集會，[90] 使「劉彩品鬥爭」達到了最高潮。

承前所述，9 月 24 日，品川地區入管事務所外，早已因為劉要提出簽證申請，而匯集了四面八方的聲援群眾及派系。爾後官方也核准劉三年的簽證居留許可。雖然「劉彩品事件」看似已經平息，但將此事件看做「入管鬥爭」前哨戰的「新左翼」，則認為沒有「劉彩品鬥爭」的話，「入管鬥爭」就無法開啟，[91] 且鬥爭並沒有結束，[92]

86　〈今度は釈明書を要求法務省入管局劉さんに新たな脅迫〉，《前進》（1970 年 9 月 14 日），第 6 版。革命的共產主義者同盟，《《前進》數位縮刷版第 2 卷》。

87　劉さんを守る友人の会，《日本人のあなたと中国人のわたし―劉彩品支援運動の記録―》，頁 240。

88　〈劉さんの在留許可へ　闘いは続く〉，《先驅》，1970 年 9 月 18 日，第 2 版。

89　〈反戰派など法務省へデモ劉さんの無条件在留を要求〉，《前進》，1970 年 9 月 21 日，第 2 版。革命的共產主義者同盟，《《前進》數位縮刷版第 2 卷》。

90　〈反代々木系の 25 人逮捕入管法阻止デモ〉，《朝日新聞》，1970 年 9 月 16 日，第 12 版。

91　〈劉支援運動総括集会基調報告〉，《京都大學新聞》，1970 年 10 月 12 日，第 5 版。

92　〈入管闘争が論争の焦点にプロレタリア国際主義の検証〉，《京都大学新聞》，1970 年 10 月 12 日，第 1 版。

這只是另一個新階段的開始。[93]

四、結語

「劉彩品事件」就本質而言，係一可依據法律定奪或彈性處理的單純問題。但若置入 1970 年日本政治、社會及外交的框架中，則會演變成一道複雜的習題。因為從問題的本身而言，「雖護照失效，但仍取得居留資格」的案例在此之前也曾發生（為受越戰影響的越南學生），[94] 故係有判例可循的，但劉彩品是因為政治理念而放棄中國民國國籍，並欲取得中華人民共和國國籍，這令當時仍與中華民國有邦交，且與中共關係不佳的日本政府十分為難。就連一般的日本人也覺得困惑，對劉因為思想而爽快的放棄國籍而感到不解。[95]

另如果跳脫政治層面，由外向內觀之，此亦為人權議題。承前所述，劉對當時國民黨特務充滿反感，也忌憚重演前人被遣送迫害的情況，更何況她是日本人的妻子及兩個小孩的母親，故其之選擇及作為便具有正當性，也因此獲得從校內至社會的廣大聲援。此層次的支持大多出於單純的同情，及對普世人權價值的維護。[96] 但當時正值「新左翼」熱火朝天、方興未艾之際，在整個「入管體制」得不到民心、[97] 又在爆發「華青鬥告發」的當下，所以「新左翼」為了彌補心中的「敗北」感，又在「自我批判」的同時，找到了「劉

---

93 〈劉さん在留許可かちとる不屈の闘い　新たな段階へ〉，《前進》，1970 年 9 月 28 日，第 2 版。革命的共產主義者同盟，《《前進》數位縮刷版第 2 卷》。

94 東大天文學大學院生代表石川〈劉さんの在留延長認めて〉，《読売新聞》，昭和 45 年 6 月 26 日，第 11 版。

95 〈人その意見劉彩品國府と"絕緣"在留が認められた中國人留學生〉，《朝日新聞》，1970 年 10 月 7 日，第 10 版。

96 吳偉立，《科技部專題研究計畫申請書（關於「劉彩品事件」與日本「新左翼」之關係）》。

97 〈人の心に介入するな〉，《読売新聞》，昭和 45 年 9 月 25 日，第 14 版。

彩品事件」這塊浮木。

　　「新左翼」在此時聲援「劉彩品事件」（入管鬥爭）之心態，即以加害者「日本人」的身分自居。企藉由參加運動使自己「純粹化」，而深怕成為「共犯者」，而秉持自律主義與良心，彷彿在自我鞭打中參加鬥爭活動。所以這亦係受到「全共鬥」自我變革、自我否定、自我批判的意識形態影響，加上導火線的「華青鬥告發」而引爆，驚覺自己是壓抑民族而獻身於鬥爭，以求洗淨換取純潔之身。因此，參與「劉彩品」或之後的「○○○」支援運動[98]是不得不的當然。在「良心」和「原罪」的緊縛及高道德標準的衡量下，許多參加者害怕自己因各種理由而落後運動的步伐，也因此產生七○年之後「新左翼」的通病，即組織內抱持「優越感」的進步者對於落後者、或是組織之間因「優越感」的矛盾而「權力行使」。而此「權力」不外乎暴力的使用，使得組織內或組織間的「內部暴力」（內ゲバ）層出不窮，甚或造成人員的傷亡。例如 1972 年的「連合赤軍事件」[99]即為血腥的證明。[100]除此之外，在「華青鬥告發」後，「新左翼」諸派皆高舉「國際主義」的旗幟，並批判民族中心主義。[101]雖然如此，作為「日本亞洲主義」[102]中的日本人，其民族主義的「核心」仍深植於傳統結構中，所以自此之後，「新左翼」派系都在這符合政治正確的難解問題下，迷失於各式各樣的方向之中。而在「日本人＝加害人」、「原罪論」及「劉彩品事件」等效應發酵，並在「新左翼」運動漸趨黯淡之時，從「日本人」的角度反思「日

98　「劉彩品事件」後亦有類似的例如劉道昌案等事件。

99　「連合赤軍事件」為 1972 年「連合赤軍」組織於山中進行軍事訓練時，因自我批判及內鬥等，造成十數人死亡的慘案。

100　鈴木邦男監修，《「右翼」と「左翼」の謎がよくわかる本》（東京：株式会社 PHP 研究所，2015），頁 178-181。

101　外山恒一，《良いテロリストのための教科書》，頁 99-100。

102　「日本亞洲主義」源於明治維新之後，核心為日本要做為亞洲的領袖，並領導之。

本人」過去及現在對於內外部族群的歧視與壓迫,並在「自我否定」的思維,及「反日思想」否定「日本人」及「日本」的想法使然下,[103] 亦在當時運動普遍的暴力氛圍中,許多表現直接跨進了恐怖攻擊的領域。例如 1974 年的「東亞反日武裝戰線」即是因此朝向極端性傾斜的組織,其認為一旦打倒日本帝國主義,便能解決國族主義的問題,並在「新左翼」高喊「世界同時革命」之際,提出日本人要在向日本民族主義自我否定的情形下,才能實現真正國際主義的世界革命。[104] 故在日本國內製造多起形式及實質的恐怖活動,欲藉由摧毀空虛的物件,達到道德主義式的滿足與救贖,與在革命路徑上前進的追求。另亦因為此多重暴力的展示,使這政治正確失去普遍的存在意義。[105]

另在「劉彩品事件」與「新左翼」的關係方面,則可依前所述,以「華青鬥告發」前後劃切為兩個階段。在之前僅是劉單打獨鬥後,而引起校內師長及友人的關注,才逐漸導向「小團體式」的運動。但在「七‧七」之後,面對「新左翼」支援的湧現,劉及「守劉友人會」的態度是「公開」、「開放」,且要貫徹將運動擴大的初衷。因為這個運動從一開始就具有「政治性」,所以只有接受這樣的政治性,並通過群眾運動,才能實現劉的要求。而為了實現這一目標,就有必要盡可能地將支援的戰線擴大。因此,運動需要涵蓋廣泛的階級。一方面,不惜一切代價阻止她被驅逐出境或受法律的干擾;另一方面,運動也必須要充分表達她主張的攻擊性和政治意義。另雖然她的丈夫係「新左翼」參與者,[106] 且劉自身亦同情

103　高沢皓司、高木正幸、蔵田計成,《新左翼二十年史》(東京:新泉社,1981),頁 189-192。

104　黒川芳正,〈ともに祖国を絞め殺す戦いを!〉,收入東アジア反日武裝戦線 KF 部隊(準),《祖国を撃て》(東京:KQ 通信社,1981 年 5 月),頁 6。

105　絓秀実,《1968 年》,頁 186-271。

106　臺灣警備總司令部函〈有關留日僑生劉彩品涉嫌資料送請參考〉(民國 59 年 8 月 3 日),《外交部檔案冊名:劉彩品》,中央研究院近代史研究所檔案館(藏),檔案號:007.1/89008。民國 59 年 7 月 17 日 - 民國 60 年 7 月 21 日。

並支援「新左翼」，[107] 但並沒有全讓「新左翼」把持及收割運動。因為其很技巧的將非「新左翼」的原始運動者，與中途加入的「新左翼」做了有效的劃分。故可見在此運動中區分了圍繞在劉身邊的、非「新左翼」的「守劉友人會」；及屬「新左翼」的「劉支援全都連」，故劉與「新左翼」則維持著既合作又緩衝的關係。[108] 雖然若干組織亦抓住機會將此運動當作派系鬥爭的平台，或是想主導之，但也在此有效區別與管控下，不至於重蹈「七·七集會」淪為「新左翼」的鬥爭舞台而被侵蝕的覆轍，及「華青鬥」與「中核派」攤牌的窘狀，而使運動在最後獲得了正面的結果。

承上，可將在日本「新左翼」浪潮下的「劉彩品事件」做一總結：1968 年後，日本「新左翼」學生運動的訴求漸趨多元化，亦在「華青鬥」運動之中，展開關注「在日」亞洲人的「入管鬥爭」。但卻在隨後「華青鬥告發」的當下，暴露了日本人深層的歧視結構。並在「自我否定」、「自我批判」的情結下，開始正視在這個結構當中「壓抑」與「被壓抑」的分野，亦將之「道德化」與「純潔化」，遂積極聲援「在日」亞洲人所遭遇到的困境。[109] 而「劉彩品事件」剛好在時間軸上與這樣的現象碰撞，自然而然成為「新左翼」為了贖罪而聲援的對象。但該運動中的「新左翼」並未完全取代或佔據領導核心，而是以劉為中心的非「新左翼」與「新左翼」間形成了緩衝，甚至兩者間還因為刊登劉的〈絕緣書〉問題，而產生批判。直至運動的晚期，兩者才展開共同行動，可謂是在保持距離狀態下的分進合擊。

在當時日本的入管體制之下，類似劉的事件層出不窮，例如劉在

---

107 岡崎滿義，《人と出会う 1960 ～ 80 年代編集者の印象記》，頁 155。

108 劉さんを守る友人の会，《日本人のあなたと中国人のわたし—劉彩品支援運動の記録—》，頁 215-217。

109 田中美津，《いのちの女たちへ—とり乱しウーマン・リブ論》（東京：株式會社パンドラ，2004），頁 252-254。

傳單中即直指的陳玉璽、柳文卿事件等。但不同的是，首先，劉的勇於表達主張，及在短時間內訴諸群眾及輿論，很快的形成受到矚目的事件。而影響最大的還是「華青鬥告發」之後，「新左翼」的轉化及投入。雖然劉及核心支持者與「新左翼」派系劃分了一道界線，但也由於這樣的區別，保持了運動的底蘊，再加上「新左翼」義助性質又慣性的急進表現模式，使整個運動廣泛化、政治化及尖銳化，反而達到最後正向的成果。前述諸如陳、柳等人的案例，皆未搭上這班風風火火的列車，故增加導致結果不同的因素。而在「劉彩品事件」後不久，亦爆發類似的「劉道昌事件」等，而面對這些後續的狀況，「新左翼」派系皆比照甚或擴大來進行所謂的「防衛」，以貫徹自身的意識形態。

此外，前述之各案例個人，例如陳玉璽、柳文卿，皆是思想左傾或主張台獨，而被中華民國情治單位鎖定，進而在日本政府的遣返下，遭到審理。另劉道昌則是「在日」中國人較單純之居留問題。反觀「劉彩品事件」是：已與日人結婚，且具中華民國國籍的台灣人，在心嚮中華人民共和國，而拒絕接受中華民國護照之情況下，欲取得日本簽證的複雜習題，也因此深具特殊性。而對於此戰後赴日且處於冷戰狀態下的台灣人，其身分認同及關於台灣前途等思維，都是值得探討的議題，此亦是以台灣史為基礎範疇，邁步展開與日本國內政治、思潮結合，多元視野角度的跨界交錯探討之旅程。[110]

110　何義麟，《戰後在日台灣人的處境與認同》（臺北市：五南圖書出版股份有限公司，2015 年 3 月），頁 231。

參考文獻

一、中文文獻

（一）學術專書

1. 安藤丈將著 林彥瑜譯，《新左與公民社會—日本六○年代的思想之路》新北市：左岸文化，2018 年 3 月。

2. 何義麟，《戰後在日台灣人的處境與認同》臺北市：五南圖書出版股份有限公司，2015 年 3 月。

3. 馬場公彥著苑崇利、胡亮、楊清淞譯，《戰後日本人的中國觀—從日本戰敗到中日復交（上冊）》北京：社會科學文獻出版社，2015 年 1 月。

4. 馬場公彥著苑崇利、胡亮、楊清淞譯，《戰後日本人的中國觀—從日本戰敗到中日復交（下冊）》北京：社會科學文獻出版社，2015 年 1 月。

5. 莊慶鴻，《不一樣的日本人》臺北市：崧燁文化，2020 年 1 月。

6. 廖赤陽主編，《跨越疆界：留學生與新華僑》北京市：社會科學文獻出版社，2015 年 1 月。

（二）期刊論文

1. 何義麟，〈戰後在日臺灣人的國籍轉換與居留問題〉，《師大臺灣史學報》，第 7 期（臺北市，2014 年 12 月），頁 67。

2. 林麗雲 呂怡婷，〈「在日華人」的日本、大陸及台灣左翼運動連帶〉，《人間思想》，第 21 期（新北市，2019 年），頁 158-159。

3. 柄谷行人，〈戰後日本的左翼運動〉，《文化研究》，第 20 期（新竹，2015 年春季），頁 227。

4. 馬場公彥，〈從書籍出版看戰後日本亞洲意識的變遷〉，《二十一世紀》，第 94 期（香港，2006 年 4 月），頁 91。

5. 張棟材，〈日本左派學生走向暴力化〉，《問題與研究》，第 7 卷第 9 期（臺北市，民國 57 年 6 月），頁 17。

6. 橋爪大三郎，〈紅衛兵與「全共鬥」-- 兼談 60 年代日本的新左翼〉，《二十一世紀評論》，第 36 期（香港，1996 年 8 月），頁 6-9。

（三）學位論文

吳偉立，《「人民外交」的特質與侷限：以文革前期中共與日本左派

的交流為中心》（臺北市：中國文化大學史學系博士論文，民國 108 年 11 月），頁 117-118。

（四）檔案資料

中央研究院近代史研究所檔案館藏，《外交部檔案 冊名：劉彩品》，檔案號：007.1/89008，民國 59 年 7 月 17 日 - 民國 60 年 7 月 21 日。

（五）網路及其它資料

1. 吳偉立，〈對「日本亞洲主義」結構的反動—從「華青鬥告發」到「東亞反日武裝戰線」〉。內容前於「耀其輝光．前型不遠—辛亥革命 110 周年紀念學術研討會」（2021 年 10 月 25 日）口頭發表。

2. 吳偉立，《科技部專題研究計畫申請書（關於「劉彩品事件」與日本「新左翼」之關係）》（2021 年 2 月）。

3. 馬場公彥，〈"文化大革命"在日本（1966-1972）-- 中國革命對日本的衝擊與影響〉，2009 年，《開放時代》，http://www.opentimes.cn/Abstract/1142.html，2020 年 10 月閱覽。

二、日文文獻

（一）學術及一般專書

1. れんだいこ，《検証学生運動—戦後史のなかの学生反乱》東京：社会批評社，2009 年 2 月。

2. 小熊英二，《1968（下）》東京：新曜社，2009 年 7 月。

3. 山野車輪，《革命の地図—戦後左翼事件史》東京：株式會社イースト・プレス，2016 年 8 月。

4. 外山恒一，《良いテロリストのための教科書》東京：青林堂，平成 29 年 9 月。

5. 田中美津，《いのちの女たちへ—とり乱しウーマン・リブ論》東京：株式會社パンドラ，2004 年 11 月。

6. 田村隆治編，《図解・日本左翼勢力資料集成》東京：中外調査会，昭和 45 年 12 月。

7. 岡崎滿義，《人と出会う 1960 〜 80 年代 編集者の印象記》東京：岩波書店，2010 年 5 月。

8. 東アジア反日武装戦線 KF 部隊（準），《祖国を撃て》東京：KQ 通信社，1981 年 5 月。

9. 社会問題研究会，《全学連各派—学生運動事典》東京：双葉社，昭和44 年 7 月。

10. 門田隆将，《狼の牙を折れ》東京：小学館，2013 年 10 月。津村 喬，《歴史の奪還 現代ナショナリズム批判の論理》東京：せりか書房，1972 年 1 月。

11. 栗原正和等，《日本の左翼と右翼》東京：宝島社，2007 年 1 月。

12. 高沢皓司 高木正幸 蔵田計成，《新左翼二十年史》東京：新泉社，1981 年 8 月。

13. 絓 秀実，《1968 年》東京：株式会社筑摩書房，2006 年 10 月。

14. 絓 秀実編，《津村 喬 精選評論集—《1968》年以後》東京：論創社，2012 年 7 月。

15. 菅 孝行，《FOR BEGINNERS シリーズ全学連》東京：株式会社現代書館，1982 年 9 月。

16. 新左翼理論全史編集委員会，《新左翼理論全史》東京：流動出版株式会社，昭和 54 年 5 月。

17. 鈴木邦男監修，《「右翼」と「左翼」の謎がよくわかる本》東京：株式会社 PHP 研究所，2015 年 3 月。

18. 福岡愛子，《日本人の文革認識：歴史的転換をめぐる「翻身」》東京：新曜社，2014 年 1 月。

19. 溝口明代 佐伯洋子 三木草子，《資料日本ウーマン・リブ史 I》京都：松香堂書店，2018 年 12 月。

20. 劉さんを守る友人の会，《日本人のあなたと中国人のわたし—劉彩品支援運動の記録—》東京：ライン出版，1971 年 5 月。

（二）期刊論文及資料

1. 〈入管闘争資料集〉，《南部労働者》，創刊號（東京，1970 年 8 月），頁 25-27。

2. 〈中國滞在 20 年 - 劉彩品 木村博さんに聞く -〉，《中国研究月報》，第515 号（東京：，1991 年 1 月），頁 1-11。

3. 中沢慎一郎，〈「7・7 思想」と入管闘争〉，《展望》，第 6 期（東京，2010 年 3 月），頁 50-106。

4. 石岡俊也，〈不可解な入管の背信〉，《朝日ジャーナル》，12（36）（東京，1970 年 9 月 13 日），頁 120。

5. 長谷川 宏，〈劉彩品—日本人とは何か？〉，《現代の眼》，12（5）（東

京，1971 年 5 月），頁 74-83。

6. 津村 喬，〈入管体制とは何か─〈七・七〉集会がつきつけたもの〉，《現代の眼》，11（9）（東京，1970 年 9 月），頁 152-161。

7. 鄭栄桓，〈私は「反日」と言ってはばからない -- 七〇年入管闘争の経験から〉，《季刊前夜》，第 1 期 8 号（東京，2006 年夏），頁 104-108。

8. 劉彩品，〈日本人のあなたと中国人のわたし〉，《情況》，通巻 25 号（東京，1970 年 10 月），頁 87-106。

9. 鶴園裕基，〈すれ違う「国」と「民」：中華民国／台湾の国籍・パスポートをめぐる統制と抵抗〉，《アジア遊学》，第 204 号（東京，2016 年 12 月），頁 35-47。

（三）報刊資料

1. 《夕刊 読売新聞》

2. 《先駆》

3. 《京都大學新聞》

4. 《明治大學新聞》

5. 《朝日新聞（夕刊）》

6. 《朝日新聞》

7. 《戦旗》

8. 《読売新聞》

（四）資料庫

革命的共産主義者同盟，《《前進》數位縮刷版 第 2 卷》東京：前進社，2018 年 12 月。

08 日本NHK電視中文教學講座教材探析——以臺灣影視娛樂文化內容為中心

張瑜庭[1] ─────────────────────────

一、前言

　　日本放送協會（簡稱 NHK）定時透過廣播及電視進行語言教學並發行附屬教材，作為日本社會教育、生涯學習的一環行之有年。NHK 透過大眾媒體以不特定多數為對象所進行的語言教學，不僅有著長時間歷史，內容至今仍不斷更新，因此無論從教學或是歷史文化的角度，都有其值得關注的價值，更是日本中文教學史上不可忽視的歷程。本文特別聚焦於電視中文講座教材的分析，因為教材除了刊載電視節目中的學習重點以外，亦有不少獨有的內容。透過教材中的內容，可以得知 NHK 為吸引不特定群眾學習所選擇的題材和呈現的手法與其他教材有別，獨樹一格，將其視為在日本社會教育範疇中的中文教學的代表性刊物也不為過。

　　教材前半部以語言本體教學為主，與電視教學節目的內容相輔相成；教材後半部為連載專欄，提供關於文化、時事、歷史等諸多訊息—這些訊息提供了語言學習者更多關於目標語地區的資訊，也提供對文化有興趣的民眾一個學習管道，內容多為教材所獨有。[2] 讀者回信欄位讓學習者有發表

1　　大阪大學言語文化研究科言語社會專攻博士生。

2　　筆者將教材前半部分由講師規劃、以語音、語法、詞彙等教學為主的部分稱為主教材，後面其他部分稱為副教材。兩者之間，在某些年度出現文化介紹的內容，儘管亦於電視教學節目當中播出，但由於與語音、語法、詞彙等由講師進行教學的內容無直接關聯，故筆者將其歸類為副教材。

意見、互相交流的空間；廣告欄位則提供更多可接觸、實踐該語言的機會。由於是以不特定群眾為對象所進行的語言教育，在展現教學專業的同時，選擇什麼樣的內容主題、如何運用以吸引民眾並展現有別於一般教材的特色，是值得關注的焦點。換言之，做為社會教育的一部分，NHK 中文教材以哪些內容、以何種方法、形式進行教學，值得探究，並做為未來教育的參考。若想一窺日本 NHK 的中文教學情況與特色，或可從保留至今的教材得到線索，對於掌握隸屬於社會教育範疇中的日本中文教學史亦有所幫助。

根據筆者初步的爬梳，發現 NHK 的電視中文教學講座教材有以影視娛樂文化作為教學素材的情形，這是其他教材所罕見的。特別是在主教材中可見以中國的電影和連續劇臺詞進行教學的情形，進一步探究則又可以發現，2001 年以後在副教材中，更頻繁地出現相關訊息。[3] 而選材的範圍並不侷限於中國，更擴及臺灣，使臺灣的影視娛樂訊息，透過 NHK 教材進入日本民眾的視野，[4] 此外，教材中的廣告與讀者回信欄位，也可以發現臺灣影視娛樂的相關訊息。那麼，這些訊息在教材中集中在哪些年代？以什麼樣的形式出現？具體有哪些？這些素材如何被運用？學習者透過這些內容可以獲得什麼訊息？若能說明以上問題，即能進一步指出此一時期 NHK 電視中文教學講座教材的一項特色，同時也顯現日本社會教育範疇中中文教學的一項特徵。特別是在以普通話和簡體字為主要教學內容的方針下，選取臺灣的影視娛樂作品作為教學素材，似乎有意拓展學習者對中國語圈的認識，使其接觸更多的訊息。

至目前為止，無論是針對 NHK 中文教學的研究或是與上述問題相關的研究，皆仍有拓展的空間。先行研究皆尚未具體指出電視

3　包括電影、連續劇的介紹，演員、導演的專訪等。

4　此處除了臺灣出身的歌手、演員或導演，以及在臺灣上映或發行的作品以外，以臺灣為主要發展、活動場域或是以臺灣為其發展重心的人物亦將之納入。

教材中階段性的重要特色，也皆未提及臺灣影視娛樂文化在其中出現的現象。[5] 因此，若欲說明日本社會教育脈絡下 NHK 電視中文教學講座教材的階段性特色，此一將素材擴及臺灣影視娛樂文化的現象，有整理並說明的必要。此次聚焦於 2001 年後於副教材中出現、與臺灣影視娛樂相關的內容進行探討。

本文首先簡要說明 NHK 電視中文教學節目和教材的形式內容，將其歸納出幾項特色，再以臺灣影視娛樂文化較為密集出現的 2001 年後的電視中文講座教材內容為研究主體，包括一般教材所罕見的廣告與讀者意見投書，透過分析文本，整理歸納出具體的內容與呈現手法，藉由所得到的情況，指出特定時期的特徵及素材運用的情況，最後從教學的視角說明這樣一套以不特定對象為主的教材，為了吸引、提高學習者的興趣所選擇的內容與教學方法，並從教學史的角度勾勒出其階段性特色，進而了解日本社會教育範疇中中文教育之一隅。[6]

---

5 關於 NHK 的中文教育的研究，本間理繪指出日中戰爭時廣播教材內容的特色，並說明是作為國策的一部分政府希望人民學習的語言（本間理繪，〈日中戦争時のラジオテキスト『支那語講座』に関する考察〉，《出版研究》，42（東京，2012），頁 105-122。鎌倉千秋與平高史也從戰前外語講座開始的社會背景談起，論及在日本多語言教育方針之下語言學習與社會的關係（鎌倉千秋、平高史也，〈多言語教育における放送メディアの役割〉，收入《多言語主義社会に向け》（東京：くろしお出版，2017），頁 43-55。宇治橋祐之則針對電視節目的變遷進行說明，著眼於播放時間的變化及視聽者學習形態的變化。宇治橋祐之，〈教育テレビ 60 年高校講座、語学番組の変遷〉，《放送研究と調査》，69：10（東京，2019），頁 52-75。日本放送協會所出版的《NHK 出版　80 年のあゆみ》從歷史的角度指出 NHK 出版的情況與發展。NHK 出版，《NHK 出版 80 年のあゆみ》（東京：NHK 出版，2011）。觸及戰後教材內容與節目製作的則有曾任講師的喜多山幸子的〈NHK ラジオ中国語講座〉與榎本英雄的〈NHK テレビ中国語会話〉兩篇。兩位講師皆在文章中以自身經驗說明工作情況、回顧歷史變遷。前者提及收聽群眾多元與取材內容廣泛；後者提到中文學習在社會上已向下紮根，對社會具有貢獻。喜多山幸子，〈NHK ラジオ中国語講座〉、榎本英雄，〈NHK テレビ中国語会話〉收入《日本の中国語教育：その現状と課題 2002》（東京：日本中国語学会、好文出版，2002），頁 59-62。另一位講師郭春貴在著作中提及透過 NHK 所進行的中文教育可以說是日本涵蓋範圍最廣的教學，利用者必不在少數。郭春貴，《第 2 外国語中国語教育の諸問題》）東京：白帝社，2020），頁 100。

6 此研究進行之時正值新冠疫情期間，日本各地圖書館利用、資料調閱等皆有所限制，再加上本語言教材保存狀況不盡理想，相關資料蒐羅之際遇到不少難題。在此特別感謝所澤潤教授、林初梅教授、古川裕教授提供寶貴資料，方得使研究持續進行。此外，感謝羅慧雯教授於第六屆臺灣與東亞近代史青年學者學術研討會中給予的寶貴建議，以及川島真教授、黃英哲教授及其他與會人士的提問與建言。

二、NHK 中文教學講座與教材概述

（一）NHK 中文教學講座歷史沿革與現況

　　目前 NHK 提供英、德、法、中、韓、義大利、西班牙、俄羅斯、阿拉伯與葡萄牙語，共十種類的語學節目。[7] 聚焦於中文教學，最早於 1931 年透過廣播進行，當時作為國策的一部分政府鼓勵民眾學習外語，[8] 曾因戰爭中斷，1952 年短暫復播並於隔年 4 月開始全年度教學的廣播中文教學。[9] 另一方面，電視中文教學講座節目則始於 1967 年，並持續至今。

　　目前 NHK 的中文教學節目有三個，分別是廣播的《まいにち中国語》、《ステップアップ中国語》，以及電視的《中国語！ナビ》，[10] 三者內容各自獨立，分別由不同的教師主持，[11] 皆有同名教材提供學習者購買。節目與教材所使用的字體與發音表記為簡體字與羅馬拼音，以中國普通話為教學基準。以電視教學節目實施方式為例，主要由講師以日語進行解說，再安排母語者擔任助教為學習者示範發音。講師並不限定以中文為母語的教師，共通的特點是皆為具有專業知識背景的教師，多數於日本大學任教且大多具有留學經驗，節目中亦出現藝人明星擔綱學習者的角色，與各地民眾實際一同學習，也藉由虛擬角色創造更多不同形式的對話機會。在節目中

7　葡萄牙語自開播以來僅有廣播教學節目，俄羅斯、阿拉伯語的電視教學節目於 2022 年 3 月結束。其餘都有廣播和電視二種教學節目提供民眾學習。

8　本間理絵，〈日中戦争時のラジオテキスト『支那語講座』に関する考察〉，《出版研究》，42（東京，2012），頁 105-122。

9　1952 年的 7 月 8 日到 9 月 13 日，由時任東大教授的倉石武四郎主持名為「中國語入門」的短期中文講座。參見喜多山幸子，〈NHK ラジオ中国語講座〉，《日本の中国語教育：その現状と課題 2002》（東京：日本中国語学会、好文出版，2002），頁 60。

10　從撰文發表至校對出版的過程中，經歷日本學年度轉換，中文電視講座名稱從原本的《テレビで中国語》，於 2022 年 4 月的新學年度變更為《中国語！ナビ》，教學講座教材名稱亦同步更新。

11　2021 學年度的廣播教學節目長度為每集十五分鐘（不含集中播出時間），電視教學節目則為二十五分鐘。2022 年 4 月新學年度開始，電視教學節目時長則變更為每集二十分鐘。

透過時而正經時而逗趣的對話，讓民眾在歡樂活潑的氣氛中學習。

課程進度安排大部分以年為單位，[12] 按日本制度從每年四月開始，難度按月逐漸提高，重點詞彙和語法皆收錄在附屬教材當中。除了廣播和電視，現在也能透過網路學習和手機應用程式學習。[13] 由此可知，NHK 透過大眾媒體提供日本民眾不受時空限制的學習機會，不僅歷史悠久，亦從多方面提供學習者相關支援且與時俱進，是研究日本中文教學時不可忽視的一環。

若從宏觀的日本中文教學史的角度來看，古川裕老師提到，大致可將自 19 世紀中葉明治維新以後到現在的 150 多年間的日本中文教育分成如下四個階段：成立階段（1868-1894 年）、起步階段（1895-1945 年）、發展階段（1946-1979 年）、飽和階段（1980-現在）。[14] NHK 透過廣播所進行的中文教學橫跨了三個階段，透過電視所進行的中文教學也走過半世紀，在教材出版和語言教學史上，要找到如此具有歷史性的似乎不容易。因此 NHK 的中文教學是研究日本中文教學史上不可忽視的部分，其教學內容如何在飽和的情況下持續發展、闢出新逕，如何帶給民眾新知並吸引不特定多數人學習，皆有關注的價值。

（二）電視教學節目附屬教材內容及特色

隨節目所發行的教材，不僅提供學習者掌握節目內容、自主複

12　早期偶有以季為單位，同一年度由不同講師授課的情況。

13　於 https：//www.nhk-book.co.jp/pr/text/d_text.htmlNHK 出版可購買電子版教材，https：//gogakuru.com/chinese/index.html ゴガクル，可以看到教材中的句子並自行練習。https：//www2.nhk.or.jp/gogaku/ 提供下載語言學習的應用程式。另有確認聲調專用的應用程式可以下載，與母語者的發音進行比對。https：//www2.nhk.or.jp/gogaku/hatsuon/，擷取日期：2022/02/07。

14　在成立階段，乃以實用、進行交易為目的；起步階段乃為了擴大勢力，以富國強兵為目的；發展階段則是以實現日中友好、期能廣泛交流為目的；至於 80 年後至今的飽和階段，中文學習情況有所消長。古川裕，〈近 150 年來日本中國語教學的歷程〉，發表於 2020 年 12 月由國立清華大學主辦之第一屆華語教學史國際研討會，並收錄於會後論文集。

習和預習的機會，亦有教材所獨有的訊息，在日本大型書店中幾乎都能看到專門的販售區域，[15] 紙本教材能見度相較於其他教材可說是最高的，亦有電子版教材。NHK 中文講座的教材儘管隨著時代的不同名稱稍有變更，內容也隨講師不同各具特色，然而所構成的形式仍有固定模式。前面主教材部分是由講師所設計、也是電視節目中主要的教學內容，其後的副教材多以專欄連載形式呈現，內容包括歷史、文化、文學、社會現狀以及學習建議等，為教材獨有，而讀者回信專欄和廣告欄位的設置，更是一般教材少有的特色。

NHK 教材與一般教材不同的特點有以下幾項。首先在出版速率方面，每月出版使內容更新迅速，提供給學習者較新、與目標語地區相關的情報。[16] 內容構成方面，儘管同樣具備發音、生詞、語法、會話等教學內容，但隨著講師不同，呈現的風格相異。而連載專欄中，提供目標語地區的相關知識和最新消息，除了以文章的形式，更透過食譜、歌曲、電影內容和訪談記錄等多樣化的型態，滿足不同程度的學習者需求。為了促進雙向交流，教材中設計猜謎填答等活動與讀者進行互動，並提供禮品鼓勵讀者參與、分享學習心得。廣告則提供其他進修管道、書籍情報或旅行、留學等訊息。總而言之，教材透過多元的型態提供學習內容，同時也改善了獨學缺乏互動與不易持續的問題。

事實上，由 NHK 所出版的教材還有一項特點，且成為吸引學習者不可忽視的元素—影視娛樂素材的運用。這不僅顯現在節目方面，在教材中我們也可以發現以影視娛樂素材內容進行教學、引起學習動機的情形。教材封面設計的變遷即是相當明顯的例子。中文教材在 2001 年度開始以講師、助教以及藝人明星的合照為封面，

15　如：淳久堂、紀伊國屋書店、book1st.、文教堂等。

16　早期每兩個月出版，從 1985 年 4 月開始每月出版。

2008 年度的教材開始，幾乎皆以該年度擔任學生角色的藝人照片為封面，這樣的改變，從讀者回信也可以發現的確有其效益。至於內容部分，按照目前可得的資料，從 1980 年代開始，就有以電影臺詞作為教學內容的情況並持續到 90 年代。特別是在每年的 8 月，多以電影為主題進行教學，[17] 其後雖然沒有「8 月電影月」的安排，但副教材頻繁地出現影視娛樂文化的訊息，且擴及大範圍的華語圈。筆者認為，這樣以影視娛樂素材進行教學並提供真實語料的情況，是 NHK 電視中文教材的重要特色。

（三）NHK 中文教學講座在日本中文教學史上的特殊性

除了從歷史發展與附屬教材內容可以得知 NHK 中文教學的獨特性之外，外部評價與民眾的利用情形也可作為線索。參照其他刊物，在探討如何學習中文的雜誌專題中，即推薦以 NHK 的中文講座學習；針對外派回來以後欲維持語言水平的人，也推薦使用 NHK 的中文講座。[18] 語言學習專題更以「NHK 人氣講師」為標題，邀請曾經擔任節目講師的荒川清秀給讀者建議，[19] 這些都顯示了在日本社會中對於 NHK 中文教學的正面評價，講師榎本英雄、輿水優、相原茂、郭春貴等人也皆曾在著作中肯定其重要性與價值。[20]

17　1981 年 10 和 11 月號的教材中，講師榎本英雄介紹了中國喜劇電影《瞧這一家子》，也預告接下來的課程，會以電影中的內容進行教學。根據目前可掌握到的教材資料檢視往後幾年的內容，可以發現 1989 年 8 月號以中國電影《秋天裡的春天》和《絕響》兩部電影作為教學素材、1990 年 8 月為《青春祭》、1992 年 9 月為《鴛鴦樓》、1993 年 8 月為《留守女士》、1994 年 8 月為《闕裡人家》，1995 年 8 月則是介紹《女人故事》。

18　杉本りうこ等〈日本にも徐々に浸透華流の実力と学習利用法〉《東洋経済》，6312（東京，2011），頁 60、61、65。

19　杉本りうこ等〈日本にも徐々に浸透華流の実力と学習利用法〉，《東洋経済》，頁 38-41。

20　相原茂，《中国語の学び方》（東京：東方書店，1999），頁 59。輿水優，《中国語の教え方学び方 ─ 中国語科教育法概説 ─》（東京：日本大学文理学部，2005），頁 11。榎本英雄，《蹣跚の思い出─中国語六十年》（東京：伴想社，2017），頁 124-142、頁 159-163。

　　從讀者回信專欄，確實可以發現達成以不特定群眾為教學對象的目標。以年齡檢視，可發現有小學生也有年屆八十的學習者；以利用情況檢視，可發現既有初次接觸也有長期利用的民眾，甚至中斷一段時間又再次學習的人。程度亦分散，不乏有基礎而藉此繼續學習的人，[21] 透過讀者來信，可以看到受眾來自四面八方，學習的理由與情況也各式各樣，顯示出被不特定多數學習者利用且內容不受學習時間與程度限制的特點。這套教材能夠吸引學習者長期利用的其中一個原因，筆者推測乃因教學內容與教材每月推陳出新，使民眾不感單調，進而提升持續學習的意願。根據讀者的回饋，每週配合節目的教學形式及讀者投書專欄的設置，皆是能維持學習動機的原因；也有期待教材出版、喜歡專欄連載的回響。[22] 由此可知，NHK 所推出的中文教材與節目可相輔相成亦可獨立運用，這也是一般語言教學所不容易做到的。

　　NHK 的中文教學講座能夠得到正面評價並受到不特定多數學習者利用，筆者歸納出幾項特色：

1. 方便性：透過大眾媒體進行教學且教材購得容易，學習者亦能透過網路學習，不受時空限制。

2. 專業性：由具有專業背景的大學教師擔任講師進行解說，並由母語者示範正確發音。

3. 娛樂性：營造輕鬆活潑的學習氣氛，並邀請明星藝人擔任學生角色實際學習；運用影視娛樂相關素材，以提升學習動機與興趣。

21　比如曾在目標語地區工作，回到日本以後想要繼續維持語言能力的學習者，或是戰後從中國回到日本的民眾，也有正在大學修習第二外語的大學生等。

22　《テレビで中国語》，2021 年 2 月，頁 97。有讀者提到，回饋專欄的設置，促使學習者受到其他學習者激勵，產生繼續學習的動機。《テレビで中国語》，2021 年 3 月，頁 90。這解決了獨學的孤獨感，讓讀者知道在日本各地都有「同學」一起學習。

4. 多樣性：內容與教學方法隨著時間與講師更替，單本教材中多樣性的內容也可滿足不同程度的學習者。

5. 即時性：節目每週更新，甚至前往目標語地區取材，提供第一手訊息與真實語料；教材每月出版，提供目標語地區及其他出版的最新訊息。

6. 發展性：學習者可從教材中得到更多與語言學習相關的資訊，擴展學習的視野。

7. 互動性：猜謎活動與讀者回饋專欄的設置，讓學習者能分享心得、表達意見，並與教學方進行互動。

總的來說，NHK 其語言教學的內容與實施方法有其獨到之處，娛樂性、即時性且多樣化的學習內容，是一般教材與教學方式較難企及的，此一情況具體反映在利用影視娛樂內容進行教學的現象。特別是 2001 年後的數年間，相關內容不僅頻繁地出現，選材也擴大到更廣泛的華語圈，使得臺灣的影視娛樂的傳播延伸至日本的中文教學場域。接下來將以電視中文教學講座教材內容為主進一步說明。

三、電視中文教學講座教材中關於臺灣影視娛樂內容與呈現情況

（一）教材專欄中的臺灣影視娛樂文化

檢視教材，可以發現在 2001 年以後，副教材的內容已不侷限於介紹歷史、社會與文化的篇章，當中頻繁地出現了電影、電視連續劇、流行音樂的介紹，以及導演、演員、歌手的專訪內容。[23] 提供了學習者目標語區最新的影視娛樂文化訊息。在這樣的教學內容框架之下，值得注意的是頻繁地出現了來自臺灣的影視娛樂內容。當

23　比如訪問導演陳凱歌、賈樟柯、演員劉德華、古巨基、張靜初、張柏芝、周迅、梁詠琪、以及女子演奏樂團的團員等。

中有音樂、電影介紹也有導演、藝人專訪，透過教材將當時臺灣的電影、音樂、戲劇等訊息介紹給中文學習者。選擇臺灣的影視娛樂文化作為素材，對一向以普通話與簡體字教學為主要教學方向的教材而言，似乎擴大了視角；而這樣以影視娛樂素材進行教學並提供訪談的真實語料的情況，在一般語言學習教材並不多見，[24] 更可視為是 NHK 電視中文教學講座教材的特色。

透過筆者對於教材文本的爬梳，發現 2001 年到 2011 年左右的這段期間，教材較密集地提供了作品介紹與人物專訪等影視娛樂文化訊息給學習者。故以下以這段時間為主，透過文本整理，列出當時教材中所介紹的臺灣影視娛樂文化作品與人物專訪等訊息，以說明臺灣影視娛樂文化在 NHK 中文教材中出現的情況。[25]

年	月	欄位標題	姓名	教材內主要介紹之作品名	分類
2001	8	文化コーナー オンラインミュージック	RURU	美麗心情	歌曲
	9	文化コーナー オンラインミュージック	五月天	終結孤單	歌曲
2003	4	インタビュー	侯孝賢	千禧曼波	電影
	5	インタビュー	舒淇	夕陽天使	電影
	6	インタビュー	王力宏	月光遊俠	電影
	9	インタビュー	陳柏霖	藍色大門	電影
	10	インタビュー誌上再録	陳柏霖 桂綸鎂	藍色大門	電影

---

24 以歌曲作為教材較為知名的有古川典代《中国語で歌おう！決定版　テレサテン編》，主要以鄧麗君的歌曲為主。一共介紹了七首歌，作為教材，呈現的形式相當完整，除了樂譜和歌詞和翻譯以外，還有生詞片語的解說，後半收錄關於鄧麗君的文章，以及跟朋友去唱歌時可能用到的生詞短語。

25 此處表列的所謂臺灣影視娛樂文化標準採取較寬鬆的方式，除了作品以外，將臺灣出生、以臺灣為據點進行發展的人所演出的作品與訪問列入。譬如王力宏受訪時的作品〈月光遊俠〉雖非臺灣電影作品，但他作為歌手在臺灣出道，而日本雜誌也將他列入臺流藝人，因此將其列入。舒淇亦然，她受訪時所提及的兩部電影作品皆非由臺灣出品，但她出生於臺灣，且教材中也提及，故亦將其列入。

年	月	欄位標題	姓名	教材內主要介紹之作品名	分類
2004	9	聞く中国語 耳をすまそう	侯孝賢	珈琲時光	電影
	10	聞く中国語 耳をすまそう	朱孝天	天空之城	電視劇
	11	聞く中国語 耳をすまそう	任賢齊	無。擔任歌唱比賽評審	歌曲
	11	インタビュー誌上再録	侯孝賢	珈琲時光	電影
	12	インタビュー誌上再録	朱孝天	天空之城	電視劇
	12	インタビュー誌上再録	任賢齊	無。擔任歌唱比賽評審	歌曲
2005	1	聞く中国語 耳をすまそう	何潤東	鬼來電 2	電影
	1	インタビュー誌上再録	任賢齊	無。擔任歌唱比賽評審	歌曲
	3	インタビュー誌上再録	何潤東	鬼來電 2	電影
	5	文化情報コーナー	周渝民 徐熙媛 賴雅妍 安鈞璨	戰神	電視劇
	7	文化情報コーナー	陳柏霖 范曉萱	關於愛	電影
	7	インタビュー誌上再録	周渝民 徐熙媛 賴雅妍 安鈞璨	戰神	電視劇
2005	8	文化情報コーナー	陳柏霖 范曉萱	關於愛	電影
	9	インタビュー誌上再録	陳柏霖 范曉萱	關於愛	電影
	10	文化情報コーナー	周杰倫	頭文字 D Initial J	電影 歌曲
	10	文化情報コーナー Amin この 1 曲	鄧麗君	但願人長久	歌曲
	12	文化情報コーナー	楊祐寧	十七歲的天空	電影
		インタビュー誌上再録	周杰倫	頭文字 D Initial J	電影 歌曲

年	月	欄位標題	姓名	教材內主要介紹之作品名	分類
2006	2	インタビュー誌上再録	楊祐寧	十七歲的天空	電影
	4	文化情報コーナー インタビュー創作の舞台裏	舒淇	見鬼2	電影
	6	文化情報コーナー インタビュー創作の舞台裏	王力宏	蓋世英雄 日正當中的星空	歌曲 電影
	7	文化情報コーナー インタビュー創作の舞台裏	林育賢 林育信	翻滾吧！男孩	電影
	8	インタビュー誌上再録	王力宏	蓋世英雄 日正當中的星空	歌曲 電影
	9	文化情報コーナー インタビュー創作の舞台裏	蔡明亮	不散	電影
	9	インタビュー誌上再録	林育賢 林育信	翻滾吧！男孩	電影
	10	文化情報コーナー インタビュー創作の舞台裏	曹格	格格 BLUE	歌曲
	10	文化情報コーナー インタビュー創作の舞台裏	郭品超	摯愛	電影
	11	インタビュー誌上再録	蔡明亮	不散	電影
	12	インタビュー誌上再録	曹格	格格 BLUE	歌曲
	12	インタビュー誌上再録	郭品超	摯愛	電影
2007	3	文化情報コーナー インタビュー創作の舞台裏	鄭元暢	相關作品介紹	連續劇
2008	4	文化コーナー インタビュー	周杰倫	滿城盡帶黃金甲	電影
	5	文化コーナー Chai うた	F.I.R 飛兒樂團	彩色拼圖	歌曲
	7	文化コーナー インタビュー	周渝民 王也民	鬥茶	電影
	9	文化コーナー インタビュー	周杰倫	不能說的秘密	電影
	10	文化コーナー インタビュー	張震	赤壁	電影
2009	6-12	オープニングテーマ曲	周杰倫	魔術先生	歌曲

年	月	欄位標題	姓名	教材內主要介紹之作品名	分類
2010	1-3	オープニングテーマ曲	周杰倫	魔術先生	歌曲
2011	4	中国情報ファイル C-POP 情報華語音樂消息	飛輪海	太熱	歌曲
	8	中国情報ファイル C-POP 情報華語音樂消息	羅志祥	獨一無二 Only You	歌曲
2017	8	課文	宇宙人	那你呢？	歌曲

資料來源：筆者整理。

　　從上表中可知，教材中介紹臺灣當時流行的影視娛樂文化的內容涵蓋音樂、電影和電視連續劇三個面向，型態從一開始只有作品的介紹，到後來針對人物進行訪問；電影和連續劇有臺灣原創作品，亦有跨國合作或改編自日本的作品。從 2003 年開始，相關訊息較為頻繁地出現於教材當中，尤以 2004 下半年到 2006 年最為密集。

　　根據目前所掌握的教材內容，在這段期間最早被介紹的臺灣影視娛樂文化內容是流行音樂。[26] 2001 年 8 月，由時任東京的廣播電臺的 DJ 馬驊，在專欄中介紹了在臺灣發展的本多 RURU 和她在臺灣所發行的專輯與歌曲。[27] 次月五月天登上了教材版面，當時以「五位來自臺灣的好青年」為標題介紹他們以及〈終結孤單〉這首歌曲。[28]

26　必須補充說明的是，若要論最早出現的臺灣流行音樂，事實上在 1991 年 4 月名為「本月之歌」的欄位裡，刊登蔡琴所演唱的〈恰似你的溫柔〉一曲。但是此處僅有曲譜和歌詞，沒有其他的文字說明與介紹。在教材中有文字記載和介紹的，按照目前的資料，為 2001 年開始。又，詞曲部分將梁弘志誤植為梁志忠。《NHK テレビ中国語会話》，1991 年 4 月，頁 80、81。

27　本多 RURU 是中國出生、日本出道、在臺灣發展的歌手。《NHK テレビ中国語会話》，2001 年 8 月，頁 68、69。

28　文中提及在東京採訪五月天的經驗，並將五月天的團名由來和簡歷等介紹給讀者，當中也提到 10 月因兵役問題，五月天欲暫時休息 2 年的事情。而從文章中也可以得知當時五月天不僅唱中文歌也唱臺語歌的情況，雖篇幅僅兩頁但介紹詳細。《NHK テレビ中国語会話》，2001 年 9 月，頁 60、61。

　　在臺灣的流行音樂部分，除了介紹了本多 RURU、五月天、羅志祥、飛輪海的音樂作品，也對到日本擔任歌唱比賽評審的任賢齊，以及馬來西亞出生、以臺灣為主要活動據點的曹格進行專訪並刊載於教材中。周杰倫和王力宏的音樂作品也在介紹電影作品時被提及。關於臺灣的流行音樂，除了在副教材中呈現之外，另一個值得注意的是，中文教學節目曾幾次使用臺灣歌手的歌曲作為主題曲，相關訊息也順勢出現在教材中。[29] 舉例來說，從 2002 年的讀者來信可知當年度的節目主題曲為鳳飛飛的〈好好愛我〉，從 2004 年 8 月的教材目次則可以發現當年度節目使用的歌曲有陳綺貞的〈吉他手〉、〈1234567〉、〈小步舞曲〉。2008 年度選用了 F.I.R 飛兒樂團的〈彩色拼圖〉為主題曲、2009 年度則是周杰倫的〈魔術先生〉，近期則有 2017 年度為宇宙人的〈那你呢？〉。臺灣的流行音樂隨著節目進入學習者的聽覺經驗，歌詞與歌手介紹也透過教材，使學習者有了以音樂與文字的不同形式接觸臺灣流行音樂文化的機會。[30]

　　除了當時所流行的歌曲，鄧麗君與鳳飛飛的歌曲也依然受到矚目。在「Amin この 1 曲」專欄中，即曾介紹鄧麗君的歌曲〈但願人長久〉，[31] 在介紹〈玫瑰玫瑰我愛你〉時，提到小時候常常聽臺灣歌手鳳飛飛的歌。[32] 這樣間接介紹臺灣音樂的情況也出現在 2008 年 5 月的文化記事專欄，介紹日本團體 Kiroro[33] 之時，提到劉若英翻唱

29　在教材當中，並非每年度都清楚寫明節目主題曲曲名。在此以教材中找到線索的為例說明。

30　2008 年度介紹 F.I.R 飛兒樂團的〈彩色拼圖〉時，以兩頁的篇幅刊登了歌詞與樂團介紹；2017 年不僅以列出〈那你呢？〉的歌詞，更以專訪宇宙人的內容作為課程的教學內容，連帶使臺灣的景點與名產也隨訪談內容進入學習者視野。在 2017 年 8 月號第 20 課中，刊載由母語者助教王陽專訪宇宙人的內容。歌詞部分以繁體字呈現，內容除了關於歌詞的討論之外，也請宇宙人教觀眾臺灣的流行語，以及希望觀眾學會的一句中文。《テレビで中国語》，2017 年 8 月，頁 66-72。

31　文中提到為了紀念鄧麗君逝世十周年，故選擇鄧麗君的但願人長久為主題教學。《NHK テレビ中国語会話》，2005 年 10 月，頁 68、69。

32　《NHK テレビ中国語会話》，2005 年 4 月，頁 27。

33　由玉城千春與金城綾乃所組成的女子團體。

她們歌曲，並記載她們前往臺灣時唱中文版受到讚賞一事。[34]

　　另一方面，與電影相關的內容比起音樂佔了更多比例。與上述音樂作品不同，若對照電影上映時間推測有為電影進行宣傳的可能性，[35] 而這些電影有亞洲跨國合作的作品，亦有臺灣電影與紀錄片。[36] 相關訊息在教材當中呈現的方式，有介紹與專訪兩種型態，一般而言先刊登影片與演員介紹，演員或導演的訪問文字檔刊載於次月甚至隔月。在教材中也會提醒學習者，教材內容與節目中的訪問內容兩者之間可能略有增減。

　　專訪的部分以中日文並列的形式，記錄雙方的對談，既針對作品內容也會請受訪者發表創作心得。由於是語言學習的教材，因此也會請受訪者給予日本學習者學習建議，或是談及與學習中文有關的話題。透過教材的內容，可以得知是以中文進行訪問，所列出的回答偶爾也包含句末助詞以及停頓的部分，呈現在教材上的是真實語料。而介紹時也提及與日本的關係並試著用比喻的方式向日本讀者介紹，以拉近距離。[37]

　　值得注意的是，透過教材中的介紹，讀者有機會了解演員或導演的經歷，並得到其他關於臺灣影視娛樂作品的訊息。比如在介紹朱孝天的時候提及數部連續劇；[38] 介紹楊祐寧時，提到連續劇《孽子》與《國士無雙》，[39] 介紹郭品超時，其演出的《薔薇之戀》以及

34　《テレビで中国語》，2008 年 5 月，頁 116。

35　根據目前的資料所示，大部分是把握演員、導演到日本的時候進行採訪。這樣的情況若從取材訪問者的角度來看，可增加教材的豐富性；從受訪者的角度來看，可為即將上映的電影做宣傳，可謂雙贏的模式。

36　在介紹跨國合作的作品時，有時受訪者不只一人，但由於此次的焦點因此僅關注臺灣藝人的部分。

37　比如在介紹陳柏霖時，提及他參加日本電視節目並組成期間限定的偶像團體，同時將其冠以臺灣的木村拓哉的稱號，讓日本民眾能更快認識他。

38　包括：《流星花園》、《麻辣鮮師》、《貧窮貴公子》、《橘子醬男孩》、《來我家吧！》、《Hi！上班女郎》、《狂愛龍捲風》等。《テレビで中国語》，2008 年 12 月，頁 102。

39　《NHK テレビ中国語会話》，2005 年 12 月，頁 26。

代表作《鬥魚》也映入讀者視野。介紹導演時亦然，過去的作品和得獎經歷皆躍然紙上。又如在趙薇的簡介中，言及她受到臺灣電視臺的矚目，曾演出古裝劇《還珠格格》；訪問古巨基時，《情深深雨濛濛》和《還珠格格》也成為話題。透過訪問過程一來一往的對話，以及受訪者的介紹，提供讀者更多影視娛樂作品的消息。因此，教材中所出現的臺灣影視娛樂作品，實際上應比所列篇章更多，這無疑提供了對影視娛樂文化有興趣的讀者更多相關訊息與在教材之外可能的學習提示。

由上觀之，透過 2001 年後教材內容，確實可以看見臺灣的演員、歌手及作品，作為語言文化學習的一部分，出現在日本中文教材當中的現象。這些資訊與消息，是一般教材中幾乎沒有也較不容易掌握的，因此筆者認為可將這點視為這一年代 NHK 電視中文教學講座教材內容的特色。

（二）教材中廣告所呈現的臺灣影視娛樂訊息

由 NHK 所出版的語學教材的廣告部分，也是與一般教材相當不同的地方。在以 NHK 出版品、語言課程、遊留學訊息等為大宗的廣告當中，我們可以發現臺灣流行音樂出版品的相關資訊。

關於中文流行音樂的廣告，首先是在 1994 年 8 月的教材後面，可以看到由日本 WEA ミュージック公司為葉蒨文專輯所刊登的廣告，占了半頁。當中除了提到她是登上臺灣和香港音樂排行榜寶座的常客，也以飛鳥涼贈曲一事作為宣傳。[40] 1994 年 10 月的教材後面，則可以發現該公司以「香港台湾のトップアーティストが日本上陸」為標題，刊載了郭富城、劉德華、吳奇隆、王傑、葉蒨文和林志穎的中文專輯廣告。為了增加親近感，以「台湾版の少年隊—小虎隊」單飛的成員介紹吳奇隆，至於林志穎則被定位為兩大臺灣

40　日文曲名 You are free。在日本市場發行的專輯，除了有解說、歌詞翻譯，也特別收錄另外 3 首歌。

偶像之一。劉德華專輯旁邊以「刷新臺灣紀錄」為副標作為宣傳，或許也顯示了臺灣市場在當時具有代表性的證明。據此，我們可以得知當時日本唱片公司把中文流行音樂、臺灣的唱片與歌手介紹到日本時，不僅明確指出歌手在臺灣的事蹟與定位，為了融入日本市場也與日本的情況相較、進行連結，並特別為日本的聽眾增加歌曲數量，這顯示繼歐陽菲菲與鄧麗君之後，再度展現對中文流行音樂以及華語圈歌手關注的情況，並將其引進日本。他們選擇在中文教學教材後面刊登廣告，以對中文感興趣的群眾為目標進行宣傳，無形中也可讓學習者意識到使用中文溝通的場域並不僅限於一地。[41]至於臺灣唱片公司的廣告，則出現在 2001 年。

在 2001 年 4 月號教材後，由滾石唱片以全版面形式刊登了兩張該月 21 日發行、名為「烏龍茶でニイハオ（你好）」的專輯廣告，各收錄 6 首中文歌，以下列出曲目及歌手：[42]

	VOL.1		VOL.2	
	歌手	曲名	歌手	曲名
1	ウーバイ 伍佰	愛你一萬年	ヂャオ・チュアン 趙傳	我是一隻小小鳥
2	ボビー・チェン 陳昇	把悲傷留給自己	リッチー・レン 任賢齊	傷心太平洋
3	チャン・チェン ユエ張震嶽	愛的初體驗	エミール・チョウ 周華健	愛相隨
4	サラ・チェン 陳淑樺	夢醒時分	ウィニー・シン 辛曉琪	領悟
5	ターシー・スー 蘇慧倫	被動	YUKI 徐懷鈺	怪獸
6	レネ・リウ 劉若英	很愛很愛你	サンディ・ラム 林憶蓮	不必在乎我是誰

資料來源：筆者整理。

41　唱片公司也集結華語圈各地的歌手的單曲推出合輯，當中除了臺灣、香港的歌手，還有新加坡歌手 Dick Lee 李炳文（後改名為李迪文）。

42　為方便閱讀，中文姓名為筆者所加。

　　這樣的專輯最大的特色，除了選取不同特色歌手的作品彙集成中文專輯以外，尚有下列幾項特色。首先，在原曲外附有音樂伴唱版本，讓受眾不只是接觸臺灣的流行音樂，亦提供透過唱歌學中文的機會。而歌詞附有翻譯與拼音，，甚至包括基礎的拼音指導，這些顯然都是為了中文學習者所設計的。

　　2002 年 4 月號教材後面的廣告欄位中，則刊登了臺灣歌手專輯以及布袋戲「聖石傳說」電影原聲帶廣告。在伍佰和 China Blue「夢的河流」專輯的廣告中，可以看到特別為日本聽眾加上其中兩首歌的拼音的情況；趙之璧「在你和天空之間」專輯的廣告中提及「快樂是自找的」一曲原曲來自日本[43]推測應是為了降低陌生感。同年 5 月的廣告欄位中，出現了蘇慧倫「戀戀真言」專輯和收錄亞洲電影主題曲、插曲及配樂專輯的廣告，以及另一張名為「J-POP 裏ベスト in Chinese」專輯的訊息。當中收錄翻唱自日語的中文歌曲。詳細如下表：[44]

	曲名	歌手	歌手	日文原曲
1	很愛很愛你	レネ・リウ	劉若英	長い間
2	讓我歡喜讓我憂	エミール・チョウ	周華健	男と女
3	閃著淚光的決定	ベース・ウー	吳佩慈	TOMORROW
4	後來	レネ・リウ	劉若英	未来へ
5	就是喜歡你	チャン・チェンユエ	張震嶽	悲しい気持ち
6	收穫	レネ・リウ	劉若英	逢いたい
7	盛夏的果實	カレン・モク	莫文蔚	水色
8	飛向你飛向我	ウォーキー・トーキー	錦繡二重唱	スマイル・フォー・ミー
9	成全	ヂャオ・チュアン	趙傳	ふたつの心
10	解套	イボンヌ・パン	彭靖惠	夏の月

43　翻唱自廣瀨香美作曲，椎名法子所演唱的歌「青空だけが空じゃない」。

44　《NHK テレビ中国語会話》，2003 年 3 月，廣告頁。中文姓名為筆者所加。

	曲名	歌手	歌手	日文原曲
11	愛你一萬年	ウーバイ＆ボビーチェン	伍佰＆陳昇	時の過ぎゆくままに

資料來源：筆者整理。

在滾石唱片的廣告頁面最上方，可以發現以「最新ポップスで楽しく中国語を覚えよう」為題，要大家從流行音樂開心學中文，顯示其掌握特定群眾進行宣傳的情況。而 2003 年 3 月，五月天 2001 年演唱會的 CD 和 DVD 也進入日本市場，以「台湾の NO.1 バンド - メイデイ（五月天）」臺灣第一天團之姿被介紹，為了更親近日本市場，也特別下了功夫。[45] 種種跡象顯示，當時滾石注意到中文學習者的市場，主動在中文教材上刊登廣告，這樣的行為讓學習者有機會注意到臺灣的中文流行音樂，而其之所以能夠有這樣的行動，不外乎是因為 NHK 教材提供了與一般教材不同的欄位、發行速度與通路，讓臺灣的相關產業有機會掌握潛在客群，並進入日本市場推廣華語流行音樂。

（三）讀者回饋所呈現的訊息

教材中刊載讀者意見的專欄「你來我往」，提供讀者針對教學內容提問與發表感想，或是分享自己的學習方法、旅行見聞、學習中文心得、影音作品觀後心得等的平臺，建立了雙向交流的管道。從這一欄位中的讀者來信，可以發現臺灣的影視娛樂文化進入學習者知識領域的情況。或做為學習中文的動機，或做為強化學習的動力。而讀者也有機會藉由其他人的訊息，獲取關於臺灣影視娛樂的資訊，甚至覓得知音。以下即舉數例進行說明。

45　寫出收錄了日本樂團 GLAY 成員參加演唱會時所唱的歌曲，顯示臺日兩大樂團合作的情況。專輯同時也附贈 16 頁的迷你寫真，並以盒子的形式包裝，亦推出抽獎活動作為宣傳方法。

在 1991 年即有愛媛縣的小學生讀者提到看了香港和臺灣電影，因此希望自己會說中文，[46] 若將 2000 年後的讀者回信專欄作一簡單的統整，可以發現偶像團體 F4、《流星花園》、以及 F4 成員的作品，成為某些學生的學習動力。比如在 2005 年 7 月號中，有讀者提到想學中文的理由，即是因為言承旭。[47] 而同年 9 月 [48] 和 2010 年 5 月號 [49] 的「你來我往」專欄中，東京和岡山的讀者分別提到學中文的契機即是臺灣連續劇《流星花園》。除了連續劇以外，透過回信內容也可以得知 F4 的歌曲是歌迷從零開始慢慢學習中文的契機，[50] 而有朝一日訪問他們的願望，也成為推進學習的利器。[51]

而讀者也能透過回信專欄，提出期望。比如可見讀者去函，表示希望負責當時歌曲專欄的 Amin 巫慧敏可以演唱 F4 的〈流星雨〉；[52] 也有讀者提到除了朱孝天、陳柏霖和周杰倫以外，希望可以邀請言承旭上節目的心願。[53] 此外，曲調輕快的節目開場曲，也引起關注。2002 年即有讀者透過此管道詢問該年開場曲〈好好愛我〉的歌詞，編輯部給予回應之餘，也附上日語翻譯讓讀者了解詞意，[54] 顯示 NHK 與讀者的互動情況。

除此之外，2001 年 9 月有讀者提到因教材的介紹而成為王力宏的歌迷，[55] 2008 年 11 月也有周杰倫粉絲的投書。[56] 而歌曲對學習者

46　《NHK テレビ中国語会話》，1991 年 4 月，頁 97。

47　《NHK テレビ中国語会話》，2005 年 7 月，頁 124。

48　《NHK テレビ中国語会話》，2005 年 9 月，頁 124。

49　《テレビで中国語》，2010 年 5 月，頁 88。

50　《NHK テレビ中国語会話》，2005 年 12 月，頁 125。

51　《NHK テレビ中国語会話》，2006 年 1 月，頁 143。

52　《NHK テレビ中国語会話》，2005 年 10 月，頁 137。

53　《NHK テレビ中国語会話》，2006 年 1 月，頁 141。

54　《NHK テレビ中国語会話》，2002 年 9 月，頁 125。

55　《テレビで中国語》，2010 年 9 月，頁 116。

56　《テレビで中国語》，2008 年 11 月，頁 118。

產生的影響也可見一二，比如讀者透過歌曲發現「的」和「了」在歌曲中的發音有別與一般說話的情形，也有因為喜歡鄧麗君，開始翻譯傳記、調查關於何日君再來這首歌的歷史的情況。[57] 值得一提的是，鄧麗君也促使讀者之間的溝通。[58] 透過讀者專欄，看到因鄧麗君的歌曲，聯繫了原本可能素昧平生的兩位讀者的情況。從這些內容，實不難發現影視娛樂文化給學習帶來的正面影響。

若稍把眼光擴及廣播講座，從 2002 年 5 月廣播教學講座教材的讀者回饋專欄可以得知有學習者受到金城武的影響，開始跟臺灣人老師學習中文，並購買來自中國和臺灣的雜誌閱讀的情況；[59] 同年 7 月有讀者表示，聽了張惠妹的 CD 後成為了她的粉絲。[60] 此外，另一名讀者提到，透過此專欄發現很多人是王菲的歌迷，而他自己則是張震嶽的粉絲，表示非常喜歡他的聲音，也因此發現臺灣的中文與普通話的發音有些不同。[61] 影視娛樂文化對學習者的影響可見一斑。

從上述訊息可以發現臺灣的影視娛樂文化內容，能在教材中後面的讀者回信欄位找到蹤跡，曾經成為讀者與製作單位間，甚至讀者彼此之間交流的話題。相關話題的出現，顯示學生受到臺灣影視娛樂文化影響開始對中文產生興趣，甚至找到同好知音的情況，改善了獨自學習可能的問題，同時也顯示透過社會教育學習中文的學習者，能夠善用其他資源主動學習的情況。

57　《NHK テレビ中国語会話》2005 年 12 月，頁 137。

58　比如 2005 年 10 月的讀者下村提到，終於把鄧麗君〈何日君再來〉記住，認為通過唱歌來學習語言是很好的方式；兩個月後的同一專欄，另一名讀者竹之內先生亦給予下村先生回應。《NHK テレビ中国語会話》，2005 年 10 月，頁 137、《NHK テレビ中国語会話》，2005 年 12 月，頁 123。

59　《NHK ラジオ中国語講座》，2002 年 5 月，頁 121。

60　《NHK ラジオ中国語講座》，2002 年 7 月，頁 113。

61　《NHK ラジオ中国語講座》，2002 年 7 月，頁 114。

四、臺灣影視娛樂文化在 NHK 電視中文教材中出現所顯示的特色與意義

　　透過臺灣影視娛樂文化在 NHK 教材中出現的情形，可以了解 NHK 在社會教育領域中，所進行的語言教學方法與教材的幾項特徵，而這些特徵同時也有助於理解日本社會教育中特定年代中文教學的情況。

　　從語言教學方法來看，以這樣較為輕鬆的主題作為素材，乃是希望能引起學習動機並使學習者享受學習的樂趣，特別是面對年齡與程度分歧的學習者所進行的教育。一旦學習者享受到學習的樂趣，並對目標語地區抱持好感，期望能有更多的了解，就會形成對學習有利的態度，也會增強學習動機，[62] 而動機增強，就可能主動持續地利用、學習，形成正向循環，這正是社會教育利用者所需要的動力之一。[63] 換言之，NHK 所實施的語言教育即有藉由影視娛樂文化以期達成上述目標的情況。

　　而以當時臺灣的影視娛樂文化訊息作為教學素材，不僅符合教材編寫的趣味性原則，亦顯現筆者先前提到的娛樂性與即時性特色。從副教材選取的內容我們可以發現，無論是電影或是音樂介紹，皆能讓學習者獲取當代影視娛樂的新訊息，是與以往不同的情況。[64] 除此之外，若與同一年代在日本所形成的一股華

62　劉珣，《漢語作為第二語言教學簡論》（北京：北京語言大學出版社，2002 年），頁 50。

63　《東洋経済》即曾揭示臺灣藝人與連續劇所帶動的商機以及對語言學習產生推力，也指出因華流而讓日本人意識到臺灣華語。杉本りうこ等，〈日本にも徐々に浸透華流の実力と学習利用法〉，頁 74、75。

64　儘管在 90 年代的教材中也有歌曲簡譜及歌詞的內容，但是並不是當時所發行的唱片。2000 年後所介紹的歌曲、電影與連續劇，幾乎都是當時的作品。究其原因，電影方面之所以會受到矚目，也許與臺灣電影在 90 年代的發展不無關係。聞天祥曾提到臺灣電影向海外影展擴張的嘗試，在侯孝賢拿下金獅獎時完成里程碑意義，之後臺灣電影成為 90 年代各大國際影展手相關注的對象。聞天祥，《過影 1992-2011 台灣電影總論》（臺北：書林，2012 年），頁 36。音樂方面，翁嘉銘曾提到，由於 90 年代起臺灣掌握了亞洲華語音樂的趨勢，華語圈歌手來到臺灣發片，促使流行音樂發展、同時受到關注，使臺北成為華語流行音樂的中心。翁嘉銘，《樂光流影：台灣流行音樂思路》（新北：典藏文創，2010 年），頁 157。

流 [65] 風潮相對照，筆者認為亦是能體現本教材與一般教材不同之處。前人研究指出，2003 年連續劇《流星花園》在日本播出以後華流順勢成形，[66] 參考同一時期在日本發行的刊物中提到的華流人物可以發現，[67] 陳柏霖、郭品超、鄭元暢、周杰倫等曾接受 NHK 教材專訪的藝人皆被視為是接續 F4 後，引領華流風潮的人物，[68] 後期雜誌中訪問的人物也與接受 NHK 中文節目訪問的人物吻合。[69] 再與以《台流スター》[70] 為名的系列雜誌比對，五月天、楊祐寧也是當時相當受到日方注目的。此外，2005 年中訪問《戰神》演員群以及周杰倫、2006 年訪問郭品超時，皆以華流做為話題之一；[71] 由此或許可推估，在 2005 年以後，華流的風潮有促使製作端選擇相關人物作為教學素材的可能性。

　　教材中所記載的人物訪問內容則傳遞了受訪者的想法與理念，有助於學習者的跨文化理解。具體來說，在何潤東在專訪中比較了臺灣、香港、中國和日本的電影；[72] 楊祐寧受訪時則提到臺灣很多

65　對於華流的定義，在《東洋経済》雜誌提到，是以臺灣為中心活躍發展、中華圈出身的年輕偶像的總稱，發展的契機是連續劇《流星花園》。杉本りうこ等〈日本にも徐々に浸透華流の実力と学習利用法〉，頁 74。《AERA》則提到，中國、香港、臺灣等中國語文化圈的娛樂，稱之為華流。〈進化する華流時代の超ガイド〉《AERA》，20：1（東京，2007），頁 48。華流始自臺灣，在日本也有以「臺流」為名的娛樂雜誌，本處因研究對象 NHK 教材中使用「華流」一詞，故也以「華流」表示，但本文重點仍以臺灣藝人為主。

66　周昱伶，《華流偶像的日本 30 代女性迷群研究》，國立臺灣師範大學大眾傳播研究所碩士論文，頁 10。

67　2005 年、2007 年《AERA》。〈華流・韓流 Asian Entertainment〉，《AERA》，18：43（東京，2005），別冊，頁 2。

68　桑畑優香、坂口さゆり，〈進化する華流時代の超ガイド〉，《AERA》，頁 47-51。

69　《AERA》於 2010 年訪問吳尊和羅志祥，並提及當時亞洲最受歡迎的團體為飛輪海。(坂口さゆり，〈華流スターとの心地よい時間〉，《AERA》，23：23（東京，2010），頁 48-50。而 NHK 教材 2011 年所介紹的歌曲恰好也是飛輪海和羅志祥的作品。

70　由 TOKIMEKI パブリッシング發行，從 2005 年 2 月到 2006 年 11 月，共出版了以《恋してるっ!!台流スター》為名的 6 本雜誌。

71　《NHK テレビ中国語会話》，2005 年 12 月，頁 84。《NHK テレビ中国語会話》，2006 年 12 月，頁 102、103。

72　《NHK テレビ中国語会話》，2005 年 3 月，頁 100。

年輕人透過網路交友，這也是該部電影想表達的主題。[73] 換言之，透過專訪的內容，學習者有機會對臺灣的情況有更進一步的認識。又如五月天的音樂、《千禧曼波》、《藍色大門》、《十七歲的天空》、《翻滾吧！男孩》這樣以臺灣社會為背景的作品，也讓學習者有機會接觸到臺灣的文化，提供了解臺灣的機會。[74] 相關內容以真實語料的形式呈現，則有助於學習者一窺語言使用的真實面貌，促進理解與學習。

再者，將訪問內容以中日文並列的方式刊載於教材中，不僅提供學習者兩種語言對比的機會，也為以不特定多數學習者為對象的教學模式所潛藏的程度落差問題提供了解套方式 -- 學習者可以按照自己的程度選擇閱讀中文或日文，又或者配合節目訪談的內容進行聽力理解的訓練。不同程度或需求的學習者都有機會找到合適的進修方式。而學習者透過這些，亦有機會接觸到不同於普通話的中文發音與表達方式，意識到臺灣華語。[75]

無論是介紹臺灣的電影或連續劇，在引介這些新知的時候，NHK 教材善用已知帶未知的方式，試圖將新訊息與學習者既有的知識做連結，期望學習者能夠快速聯想或理解。[76] 能夠以這樣的形式說明、介紹，與臺灣對日本作品的接受度以及華語圈之間的影視、動漫的傳播與交流不無關係。這也顯現了日本中文教學教材的一項

73　《NHK テレビ中国語会話》，2006 年 2 月，頁 93。

74　比如 2003 年 9 月教材對電影《藍色大門》的介紹中，提到這部電影是繼侯孝賢《戀戀風塵》、楊德昌《牯嶺街少年殺人事件》、蔡明亮《你那邊幾點》之後，屬於臺灣青春電影系列的作品。學習者可以透過這樣的記述內容，得知其他臺灣電影的資訊。

75　東洋經濟在當時即點出在華流風潮中，所使用的語言並非是中國的普通話，而是臺灣華語。〈日本にも徐々に浸透華流の実力と学習利用法〉，頁 75。

76　譬如說明與日本的某位明星合作拍攝或作品改編自日本的某作品等。具體來說，比如介紹《戰神》時，提及改編自日本漫畫。介紹陳柏霖時，提及他在日本發展的經驗，並以「臺灣木村拓哉」為喻。介紹王力宏時，則提到與日本明星鈴木京香、香椎由宇共同演出的電影《日正當中的星空》即將上映。

特色。

　　除了副教材，廣告、讀者回信專欄亦是乘載臺灣影視娛樂文化訊息的主要場域。讀者透過「你來我往」專欄，表達受到臺灣的影視娛樂文化而學習中文的心情，也針對教學節目與教材中的相關內容發表回應。事實上，當讀者透過這樣的園地表達對於臺灣影視娛樂文化的感想之際，其他讀者也透過這些內容接觸到相關訊息，換言之，臺灣影視娛樂文化透過教材的刊登，有映入更多讀者眼簾的可能性，訊息透過這個欄位再次進行傳播，中國普通話為教學了橋樑的角色，顯示出與一般語言教學教材的不同。至於廣告欄位的設置，則提供了在節目主題曲之外，讀者接觸亞洲華語流行音樂、特別是來自臺灣的流行音樂的機會，也讓學習者有其他管道，譬如透過歌唱的方式學習中文。[77] 這都顯示 NHK 在不與以中國普通話為教學的主旨產生矛盾的情況之下，於副教材等其他欄位，刊載能引起學習動機、符合時代潮流、關於臺灣影視娛樂文化的內容，以拓展學習者對華語圈、對臺灣文化認識的情形，而在往後幾年的教材中，也似乎有延續此一現象的情況。[78] 這或許可以視為 NHK 有意擴展學習者對中國語圈範圍認知的觀點，讓學習者對於世界上中文使用的地區和實況有更進一步的了解。

　　綜上所述，在日本社會教育領域中，NHK 將影視娛樂文化融入語言教育，這不僅是 NHK 中文教學的一大特色，同時也可視為日本中文教學史上階段性的特色。這些特徵出現在 2001 年後以不特

---

[77] 同一時期並沒有看到中國唱片公司流行音樂的廣告訊息。

[78] 將原本以普通話為主的教學範圍擴大，也反映在之後的教學內容與教材中。2013 年 3 月，擔任學生角色的田中直樹和母語示範者阿部力，來到臺灣旅行以驗收一年的學習成果；在 2013 年 10 月的角色介紹裡面，可以看到當年有駐點臺灣的特派員ねんど大介；2014 年度 7 到 9 月的教材，則以到臺灣出外景訪問的語料作為主要的教學內容。換句話說，NHK 的中文教學講座，將對臺灣的介紹從影視娛樂文化方面擴及到常民生活，並接觸臺灣真實的語言狀態，提供學習者參考。

定多數人為教學對象的教材當中，顯示 NHK 發揮其優勢，提供讀者一般教學與教材較難企及的內容與模式。

五、結語

NHK 的中文教學講座節目以及出版的教材，在日本的中文教學領域中佔有重要地位。筆者認為，其所具備的方便性、專業性、發展性、娛樂性、多樣性、即時性、互動性等幾項特色，是使其能走過半世紀並吸引學習者的重要關鍵，特別是以影視娛樂融入教學的部分，更是不可忽視的重要特點。NHK 透過目標語地區的影視娛樂文化豐富了教學內容，吸引學習者注意並提升學習動機，改善透過大眾媒體進行語言教學可能隱含的缺點。

透過此次分析，可以具體得知在 2001 年往後的數年間，NHK 的電視中文教學講座教材有以臺灣影視娛樂文化作為部分教學內容的情況。2003 年開始較為頻繁地出現，以 2004 下半年到 2006 年為最。在副教材裡，以電影、連續劇、音樂等為主題，透過介紹、記錄訪談內容等形式讓學習者接觸真實語料與影視娛樂文化，同時也與當時社會潮流相應；而採雙語刊登、與電視節目配合的模式也體現滿足不同程度學習需求的情況。在廣告與讀者回應部分，則提供學習者更為廣泛的學習內容與管道，於此可看出 NHK 電視中文教學講座教材的特出之處。

以臺灣影視娛樂文化做為素材所顯示的最大意義，筆者認為在於拓展了學習者對於中文使用地區亦即所謂華語圈的認識。NHK 並未改變其中文教學節目一直以來以普通話、簡體字為教學內容的主張，但是透過這些與臺灣相關的作品與人物，提供學習者接觸語法、語音等與普通話稍有不同的臺灣華語的機會，擴大了對華語圈的認識，並透過這些作品，進一步了解臺灣的歷史與文化。換言之，透過臺灣影視娛樂文化內容，學習者有機會從中發掘更多新知

識與語言的多元樣貌，進而繼續主動探索或學習。

　　若參閱其他時期的電視中文教學講座教材，並沒有密集以臺灣影視娛樂文化做為素材的情況，因此在 2001 年後出現這樣的現象，顯現了教材與教學內容的年代性特徵，這既是 NHK 中文教材的特色之一，也可視為日本社會教育範疇中，中文教學史上階段性的特色。

　　然而，關於目前的主題，尚有以下幾點問題需要繼續探究。比如在此一時期選擇以大量的影視娛樂訊息作為教學素材的理由為何？是否受到華流風潮的影響，致使副教材的選材方向有所改變？這些皆待筆者日後訪問製作人以釐清問題。另外值得注意的是，根據筆者的觀察，2022 年度 4 月似乎再次運用影視娛樂文化進行教學，詳細情況有待今後持續關注。

　　時至今日，以影視娛樂文化內容進行語言教學的部分仍有待開拓，在社會教育脈絡中的語言教育亦有持續發展與關注的必要性。了解過去的語言教學歷史，乃是為提供更好的語言教學做準備。NHK 在語言教學中所呈現的情況，為我們提示了在社會教育場域中，實踐語言教學所應具備的特點與可運用的素材，不失做為日後臺灣推進語言教育時的參考之一。由此觀之，NHK 中文教學教材的價值不言可喻。

參考文獻

一、日文

（一）史料與主要研究資料

1. 《NHK 中国語入門》，東京：日本放送協會。

2. 《NHK ラジオ中国語講座》，東京：日本放送協會・NHK 出版。

3. 《NHK 中国語講座》，東京：日本放送協會。

4. 《NHK テレビ中国語講座》，東京：日本放送協會・日本放送出版協會。

5. 《NHK テレビ中国語会話》，東京：日本放送協會・NHK 出版。

6. 《テレビで中国語》，東京：日本放送協會・NHK 出版。

7. 《中国語！ナビ》，東京：日本放送協會・NHK 出版。

（二）中文

1. 編集部，〈華流・韓流 Asian Entertainment〉，《AERA》，18：43，東京，2005。別冊。

2. 桑畑優香、坂口さゆり，〈進化する華流時代の超ガイド〉，《AERA》，20：1，東京，2007。

3. 坂口さゆり，〈華流スターとの心地よい時間〉，《AERA》，23：23，東京，2010。

4. 杉本りうこ　等〈日本にも徐々に浸透華流の実力と学習利用法〉，《東洋経済》，No.6312，東京，2011。

5. 本間理繪，〈日中戦争時のラジオテキスト『支那語講座』に関する考察〉，《出版研究》，第 42 號，東京：日本出版學會，2012。

6. 宇治橋祐之，〈教育テレビ 60 年高校講座、語学番組の変遷〉，《放送研究と調査》，69：10，東京：NHK 出版，2019。

（三）專書著作

1. 相原茂，《中国語の学び方》，東京：東方書店，1999。

2. 日本中国語学会中国語ソフトアカデミズム検討委員会編，《日本の中国語教育：その現状と課題 2002》，日本中国語学会、好文出版，2002。

3. 輿水優，《中国語の教え方学び方─中国語科教育法概説─》，東京：日本大学文理学部，2005。

4. 古川典代，《中国語で歌おう！決定版　テレサテン編》，東京：アルク，2008。

5. 荒川清秀，《体験的中国語の学び方─わたしと中国語、中国とのかかわり》，東京：同学社，2009。

6. NHK 出版編，《NHK 出版　80 年のあゆみ》，東京：NHK 出版，2011。

7. 平高史也、木村護郎クリストフ編，《多言語主義社会に向け》，東京：くろしお出版，2017。

8. 榎本英雄，《躑躅の思い出─中国語六十年》，東京：伴想社，2017。

9. 郭春貴，《第 2 外国語中国語教育の諸問題》，東京：白帝社，2020。

二、中文

（一）期刊與論文

1. 周昱伶，《華流偶像的日本 30 代女性迷群研究》，國立臺灣師範大學大眾傳播研究所碩士論文，2012。

2. 古川裕，〈近 150 年來日本中國語教學的歷程〉，發表於由國立清華大學主辦之第一屆華語教學史國際研討會（2020 年 12 月），並收錄於會後論文集。

（二）專書著作

1. 劉珣，《漢語作為第二語言教學簡論》，北京：北京語言大學，2002。

2. 翁嘉銘，《樂光流影：台灣流行音樂思路》，臺北：典藏文創，2010。

3. 聞天祥，《過影：1992-2011 台灣電影總論》，臺北：書林，2012。

跨域青年學者臺灣與東亞近代史研究論集（第六輯）

國家圖書館出版品預行編目 (CIP) 資料

跨域青年學者臺灣與東亞近代史研究論集. 第六輯 / 林果顯, 若林正丈, 川島真, 洪郁如, 黃英哲主編. -- 初版. -- 臺北市 : 國立政治大學台灣史研究所 ; 高雄市 : 巨流圖書股份有限公司, 2022.12
　　面；　公分
ISBN 978-626-7147-14-6(平裝)
1.CST: 臺灣史 2.CST: 近代史 3.CST: 文集
733.2107　　　　　　　　　　111017268

主　　　編	林果顯、若林正丈、川島真、洪郁如、黃英哲
責 任 編 輯	張如芷
書 封 設 計	楊曜任
內 文 排 版	徐慶鐘
出 版 者	國立政治大學台灣史研究所 116302 臺北市文山區指南路二段 64 號 政治大學季陶樓後棟 521 室 電話：02-29387575 傳真：02-29387573
合作出版者	巨流圖書股份有限公司 802019 高雄市苓雅區五福一路 57 號 2 樓之 2 電話：07-2265267 傳真：07-2264697
法 律 顧 問	林廷隆律師 電話：02-29658212
出版登記證	局版台業字第 1045 號
I S B N	978-626-7147-14-6（平裝）
初 版 一 刷	2022 年 12 月

定價：350 元